El banquete, Fedón
y Fedro

20 - 128 -

Platón:
El banquete, Fedón y Fedro

LABOR / Punto Omega

Traducción y presentaciones: Luis Gil. Catedrático de Filología griega de la Universidad de Madrid

4.ª edición, 5.ª reimpresión: 1988

© Editorial Labor, S. A., 1975
　　Calabria, 235-239 - 08029 Barcelona
Depósito legal: B. 45.220 - 1988
ISBN: 84-335-0051-1
Printed in Spain - Impreso en España
Impreso en Romanyà/Valls, S.A.
Verdaguer 1 - 08786 Capellades (Barcelona)

PRESENTACION DE «EL BANQUETE»

El Banquete es un diálogo en estilo indirecto en el que se refieren los discursos que en torno al Amor se pronunciaron en casa del poeta Agatón, con ocasión del festejo de su triunfo trágico. El momento en que se sitúa la escena[1], lejana ya cronológicamente, de la conversación entre Apolodoro —el narrador— y sus curiosos amigos, corresponde al 416 a. C., al período del entusiasmo organizador de la expedición a Sicilia y de la máxima popularidad de Alcibíades, a quien precisamente se verá irrumpir estruendosamente al final del diálogo en la comedia fiesta del poeta. El hacer por turno un elogio del Amor lo propone a los postres del banquete el médico Erixímaco, aunque el verdadero padre del discurso no sea él, sino Fedro, un personaje que con similar caracterización será el interlocutor de Sócrates en el diálogo de su nombre. Fedro, en efecto, parecía estar indignado de que hasta

---

[1] Sobre esta cuestión y toda la problemática filológica y filosófica de *El Banquete*, siguen siendo fundamentales de R. G. BURY, *The Symposium of Plato. Edited With Introduction, Critical Notes and Commentary*, Cambridge, 1909, y de L. ROBIN, Platon, *Le Banquet*, París, 1951, y *La théorie platonicienne de l'amour*, París[3], 1964. Aparte de la bibliografía que se indicará en las notas sucesivas, recomendamos la lectura de los apartados correspondientes a este diálogo en las conocidísimas obras de conjunto de RITTER, WILAMOWITZ, FRIEDLÄNDER y las más recientes de H. GAUSS, *Philosophische Handkommentar zu den Dialogen Platos*, II, 2, 81-117, Berna, 1958, y W. BRÖCKER, *Platos Gespräche*, Francfort[2], 1967, 145-167.

aquel entonces ningún poeta ni sofista hubiera compuesto himno, peán o alabanza alguna en honor de dios tan grande, algo que suena un tanto extraño si se piensa en la categoría de los poetas eróticos griegos —Safo, Anacreonte— o en los famosos estásimos de la Antígona *sofoclea o el* Hipólito *de Eurípides* [2]*, que forzosamente tendrían que conocer los comensales de Agatón. Pero la exageración aparente ya no se nos antoja tanto, cuando se repara que hasta entonces ninguno de los poetas griegos había considerado los aspectos apacibles del amor, sino los destructivos de la pasión* [3]*. Eros no se había convertido aún en el niño travieso y juguetón de la poesía alejandrina, y era tenido por divinidad terrible cuya embestida, más que felicidad, causaba el tormento o la ruina de los hombres. De ahí que las protestas de Fedro puedan considerarse muy justificadas, dada la unilateralidad del enfoque de este importante factor de la vida humana. El tema, pues, resultaba sugestivo en extremo para aquella élite de la sociedad ateniense reunida en casa de Agatón.*

Es el primero, como es de justicia, Fedro en tomar la palabra. Su discurso (178 A—180 B) se encuadra dentro de la línea tradicional del pensamiento mítico, donde teogonía y cosmogonía son una misma cosa, y está respaldado por los ideales de la "cultura del pundonor" heroica, dentro de la cual —aunque en Homero brilla por su ausencia— desempeña un primordial papel la pederastia. El Amor es un dios, el más antiguo de todos de atenerse al testimonio de Hesíodo y de Acusilao, y así lo proclama el hecho de que carezca de progenitores. Si de la unión de las primeras

---

[2] *Antígona*, 781-99, *Hipólito*, 525-34.
[3] Cf. C. M. Bowra, *Introducción a la literatura griega*, Madrid, Guadarrama, 1968, pp. 137-141, 145-146, 358, 362-363.

divinidades fueron naciendo aquellos seres de perfiles monstruosos o amables que pueblan el Cosmos, la pasión amorosa —personificada en dios— que les impelía a unirse, evidentemente debió de antecederles en el tiempo. De aquella aurora cósmica Fedro salta a las condiciones de la sociedad ateniense de su época que había hecho suyos los ideales del epos, *para afirmar tajantemente que es el Amor lo que mejor le hace al hombre vivir honestamente, por cuanto que la vergüenza y la emulación ante nadie se sienten con tanta intensidad como ante el amado, por no hablar de ese "divino valor" que Amor inspira y lleva a hombres y a mujeres a los mayores actos de sacrificio y de heroísmo.*

El discurso de Fedro, que introduce de golpe al lector en el embarazoso mundo de la pederastia, dentro de su trivialidad aparente, cumple maravillosamente la función prologal de abordar un tema por sus implicaciones más obvias, dejando expedito el camino para ulteriores análisis de la realidad óntica de ese ser llamado Eros, de los efectos psicológicos que produce en los hombres, y de los beneficios para la sociedad que de éstos se deducen. Fedro no duda, a pesar de no recibir Eros culto, salvo en raros lugares, de su carácter divino y parece estimar su doble acción en el alma del enamorado —inhibitoria de los actos vergonzosos y propulsora de los nobles— como un fenómeno de "inspiración" que anticipa la teoría del "entusiasmo" amoroso del Fedro. Asimismo, sitúa la acción divina en el alma del amante y no en la del amado, como posteriormente habrá de hacerlo Sócrates, y anticipa, en la conexión establecida entre el amor y el acto heroico, la identificación ulterior del amor y de la aspiración a la fama con el deseo de inmortalidad ínsito en todo ser humano.

Con dirección semejante se orienta el discurso siguiente de Pausanias *(180 C-185 C)* que, al abundar en los aspectos constructivos de la pederastia trazando su sociología en Grecia, preludia lo que con el discurso de Sócrates quedará como doctrina sentada: los hijos del espíritu son superiores a los de la carne y los únicos que reportan, en última instancia, gloria a los hombres. Regusto muy socrático, aunque Gould [4] descubra aquí una reminiscencia de la teoría hesiódica de las dos Eris, tiene la dicotomía establecida en el Amor de acuerdo con la existencia de dos Afroditas, Celeste una y Vulgar la otra, con cuya base se traza una separación neta entre el apetito carnal y el instinto sublimado presidido por el "celestial" amor. Frente al instinto indiferenciado que no hace discriminaciones entre hembra y varón y no atiende al modo de satisfacerse, los "inspirados" por el Amor de Afrodita Urania —en cuya generación no intervino hembra— se dirigen exclusivamente a los varones, «sintiendo predilección por lo que es por naturaleza más fuerte y tiene mayor entendimiento». Pero, aun dentro de esta general tendencia, saben elegir bien el objeto de su predilección y prestarle la debida fidelidad y entrega a lo largo de su vida, poniendo más solicitud e interés en el alma que en el cuerpo del amado. Pausanias, por un lado, coincide con la teoría freudiana del polimorfismo sexual de los inicios, y por otro, aunque optando por el polo opuesto, con la marañoniana de la progresiva diferenciación sexual del hombre superior. Su discurso es un espécimen perfecto de ese sentimiento de superioridad que Adler descubre en los homosexuales y, por su mismo despectivo tono de diferenciación "superviril" frente a los

[4] *Platonic Love*, Nueva York, 1963, 26-27.

*humildes secuaces de la Afrodita Pandemo, ha causado
desde siempre cierto embarazo a los comentaristas modernos no iniciados en los misterios del Amor "celeste". Por eso mismo, pasando como sobre ascuas por el
tenor literal de sus palabras, lo tienen por un desen-
vuelto panegírico del vicio nefando, y no caen en la
cuenta de que desbroza también camino a lo que después habrá de decir Sócrates. Con las palabras de
Pausanias se hace hincapié en la superioridad de la
pederastia sobre las otras formas de amor, hasta el
punto de quedar sentada ésta como un presupuesto
tácito de cuanto después se habrá de decir. Aquella
ingeniosa reunión, y Sócrates el primero, parte del íntimo convencimiento de que el ἐρωτικός que hay en el
fondo del filósofo es un pederasta nato, aunque, eso
sí, al elegante modo de Esparta y Atenas y no al grosero de las zonas retardatarias de Grecia, como Beocia y la Élide. Baste para demostrarlo que sea el amor
a los mancebos la primera grada de la escala ascen-
dente del amor platónico. Enfocado el problema desde
el punto de vista de la satisfacción del amante, al
amado le corresponde «ceder a un hombre de bien
en buena forma» y el evitar «complacer a un hombre
vil vilmente»* [5]; una doctrina ésta que sería moneda
corriente en Atenas y a la que ciertos espíritus sofis-
ticados, como el Lisias del* Fedro, *replicarían con la
tesis de que se debe otorgar el favor al no-enamorado
con preferencia al que lo está, por ser este último un
loco* sui generis.

*Muy diferente es el enfoque que da al problema del
Amor Eriximaco (185 C-188 E), probablemente por
estimar de sobra comentados los beneficiosos efectos*

---

[5] Precisamente es ésta la norma que explica el comportamiento de Alcibíades con Sócrates y las razones que le da
en 218 C.

que en la sociedad produce, ora en la milicia, ora en la educación del ciudadano, el "amoroso certamen" pederástico y por querer también abordar la realidad específica del amor desde un punto de vista científico y no mítico, como sus dos predecesores. Erixímaco es un médico que, como el autor del tratado "Del decoro", tiene un elevado concepto de su profesión y de la eficacia de su arte; así lo indican el tono doctoral con que se expresa y la ironía de Platón al describir su infalible receta contra el ataque de hipo de Aristófanes. Como tantos otros discípulos de Hipócrates —los autores del "Sobre los flatos", del "Sobre los aires, aguas y lugares", del "Sobre la dieta"— aprendió la lección elemental que se atribuye en el Fedro al maestro de la medicina, a saber, la de que para conocer las partes es menester conocer primero la totalidad. Y de ahí que vea en el amor existente en las almas de los hombres la manifestación parcial de una fuerza cósmica que se ejerce desde los dioses a los seres más humildes de la naturaleza, y sobre la que deben operar las técnicas, desde la medicina a la música pasando por la agricultura. Haciéndose eco de la dicotomía establecida por Pausanias, distingue un "amor bello" y un "amor morboso" (lit. "vergonzoso", αἰσχρὸς ἔρως), caracterizados respectivamente por el hacer unirse a los contrarios entre sí o por favorecer la unión de los semejantes. El primer amor que impone entre los elementos contrarios, como lo frío y lo caliente, lo amargo y lo dulce, etc., "concordia", "mezcla temperada" y "armonía", es causa de la salud en el cuerpo, y de las condiciones climatológicas necesarias para el desarrollo de la vida en el universo. El amor morboso, en cambio, en búsqueda egoísta de lo que le es semejante y en guerra constante con sus contrarios conduce a la enfermedad, a los cataclismos meteorológicos y, en una palabra, a la desintegración del equilibrio armónico de los elementos y a la muerte. La muerte en la definición del autor del De natura hominis [6] *(probablemente Pólibo, el yerno de Hipócrates) precisamente es un regreso de los distintos componentes del hombre, hasta ese momento en un estado de equilibrio precario, a los respectivos semejantes de donde proceden. Y Erixímaco le hubiera dado por entero la razón, pues como él, está poderosamente influido, aunque textualmente no lo menciona, por el pensamiento de Empédocles, con cuya pareja* Philotes-Neikos *(Amistad-Discordia) coinciden en lo fundamental los dos amores de Eriximaco. La diferencia, como señala C. W. Müller, estriba en la identificación del "amor morboso" con* Neikos, *con lo cual se altera la relación empedoclea que no estimaba la atracción de lo semejante por lo semejante como algo malo en sí:* «Neikos *separa lo diferente, mientras que el* αἰσχρὸς ἔρως *une lo igual, y de ese modo, a diferencia de* Philotes, *se limita el* καλὸς ἔρως *a la unión de lo diferente y contrario, resultando en comparación con la pareja empedoclea* Philotes-Neikos *un esquematismo más claro y abstracto»* [7].

El discurso de Eriximaco que, por desviarse de la trayectoria tomada por la discusión, ha sido generalmente desatendido por los comentaristas de nuestro diálogo, contiene, si no un verdadero fragmento doxográfico, al menos un «cuadro históricamente correcto de un médico de la época», según ha demostrado tan buen historiador de la medicina griega como Ludwig

---

[6] Cap. 3, VI, 38, 10 Littré.
[7] *Gleiches zu gleichem. Ein Prinzip frühgriechischen Denkens*, Wiesbaden, 1965, p. 139.

Edelstein [8]. *La alusión a Heráclito, que sirve de introducción a la comparación de la medicina con la música, como restauradora aquélla del ritmo y la armonía entre los elementos "disonantes" del cuerpo, reintroduciendo en ellos el καλὸς ἔρως, de la misma manera que la música establece la consonancia entre los sonidos discordes, evoca lejanos ecos de prácticas medicinales de la secta pitagórica, como la meloterapia. Y unido esto al influjo empedocleo, no es difícil reconocer en Erixímaco un médico que, a las enseñanzas de Cos, hubiera unido las de la escuela siciliana. No se ha de interpretar, por tanto, como una pura broma o caricatura la intervención de Erixímaco en este momento del diálogo, pero tampoco se ha de incurrir en el extremo opuesto de estimar que Platón está hablando enteramente en serio y exponiendo por boca de Erixímaco sus primeras concepciones de filosofía natural* [9]. *El discurso debe tomarse pura y simplemente por lo que es —una ficción literaria con un fundamento en la realidad de los hechos— y por la función que desempeña en la economía total de la obra. Y ésta, a nuestro juicio, no es otra que la de llamar la atención sobre el hecho de que, sin perjuicio de afirmar la realidad "física" del amor, cualquier explicación que sólo atienda a sus aspectos puramente "físicos", cualquier intento de encuadrarle dentro de la mecánica de las "fuerzas" de la naturaleza, deja de lado los aspectos más importantes —psicológicos y*

---

[8] "The Rôle of Eryximachus in Plato's Symposium", *Transactions and Proceedings of the American Philological Association*, LXXVI, 1945, 91.

[9] Cf. H. J. KRAMER, "Arete bei Platon und Aristoteles. Zum Wesen und Geschichte der Platonischen Ontologie", *Abhandlugen der Heidelberger Akademie der Wissenschaften, Phil.-Hist. Kl.*, 1959, 6, pp. 233 ss.

metafísicos— *de ese estupendo motor de las almas, por grandiosa que sea la relación macromicrocósmica en que se le incluya.*

Y eso es precisamente lo que viene a señalar, entre bromas y veras, el discurso de Aristófanes (189 A-193 D), que pone de relieve cómo el amor obedece a un íntimo anhelo de restitución de una plenitud perdida, de reencuentro con uno mismo en el ser amado, que sobrepasa con mucho el mecanismo químico y biológico de las atracciones y repelencias mutuas de los elementos constitutivos del hombre. El mito del andrógino, el ser descomunal partido en dos por Zeus, explica maravillosamente, por un lado, la sensación de plenitud que da la unión amorosa y, por otro, la polarización del amor hacia uno u otro sexo desde el comienzo mismo de la vida por razón de contextura biológica. Gould[10] *señala con acierto la similitud de fondo que hay entre el mito de Aristófanes y las concepciones de Kierkegaard, Otto Rank, Erich Fromm y sobre todo, Freud, que en diferentes ocasiones comentó este pasaje de Platón.*

El discurso de Agatón (194 E-197 E), que pretende exponer cómo es la naturaleza del Amor y no alabar sus dádivas, incurre en defectos metodológicos del pensamiento presocrático ya superados en el discurso de Erixímaco. En efecto, para dilucidar cuál es la naturaleza y las propiedades del dios, recurre al principio «lo semejante con lo semejante» propio del pensamiento arcaico: así, si el amor se complace con los jóvenes y con la belleza, es porque es joven y bello; si se aposenta en lo más delicado que hay, las almas, es porque es delicado en grado sumo, etc... etc. Cargado de retórica y pobre de ideas, su discurso tiene al

---

[10] *Platonic Love*, Nueva York, 1963, 33-34.

*menos el mérito de asociar estrechamente el amor y
la belleza y dar pie a la justa observación de Sócrates
(204 C) de que confunde la naturaleza del amor con
la del amado, en vez de poner el amor, como lo habían hecho sus predecesores, en el amante. Asimismo,
aunque no lo haya seguido, sienta el correcto principio
metodológico, al que se habrá de atener estrictamente
Sócrates: para hacer el encomio de algo, es menester
primero hablar de su verdadera naturaleza y después
de sus obras.*

*La intervención de este último en el debate se lleva
a cabo en dos fases: en la primera (199 C-201 C), reconocido que el amor es un deseo, y que todo deseo
es de la posesión de lo que no se tiene* [11], *le obliga a
Agatón a admitir que, si el Amor es amor de los seres
bellos, y todo lo bello es bueno, el Amor carece de
bondad y de belleza y por eso aspira a poseerlas. La
discusión en ese punto no supera en realidad las fases
anteriores; únicamente se han precisado algunos extremos y corregido errores de apreciación. Sócrates,
que se dispone ahora a exponer su verdadera doctrina
sobre el amor, deja de hablar por su cuenta y refiere
una conversación que mantuvo un día con Diotima
de Mantinea, una sabia sacerdotisa cuyas palabras dan
a todo cuanto sigue el tono de una revelación. El
Amor, si en el punto en que dejó Sócrates su conversación con Agatón parecería feo y malo, no es tal, sino
algo intermedio* [12] *entre los polos opuestos de belleza y*

[11] Cuando se quiere lo que se tiene, en realidad lo que
se desea es seguir poseyéndolo en el futuro, lo que viene a
ser un caso particular de la definición general de deseo, como
le hace notar Sócrates a Agatón (199 C-D).

[12] En este pasaje (202 B) son evidentes los esfuerzos de
Platón para superar el pensamiento por polaridad propio de
los presocráticos, haciendo ver que la no-posesión de un atri-

*fealdad, bondad y maldad, de la misma manera que es
la correcta opinión algo intermedio entre la sabiduría
y la ignorancia* [13]. *Al faltarle esos atributos no puede
ser, por tanto, un dios, aunque no sea tampoco un
mortal a secas: su naturaleza es la de un* daimōn *o genio, algo intermedio entre lo uno y lo otro. Platón,
que recoge aquí creencias populares que ya habían
recibido una primera elaboración filosófica en el pitagorismo* [14], *ofrece la novedad de hacer de los démones tradicionales* —*identificados por lo general con las
almas de los muertos*— *un eslabón necesario en el*
syndesmos *del cosmos con el que se colma el abismo
insalvable que separa el espíritu puro de la materia.
Con ello dio pábulo a las complicadas demonologías
de los filósofos neoplatónicos y deparó, sin quererlo,
un fundamento teórico a la magia y la teurgia, prestando* —*digámoslo sin ambages*— *un flaco servicio
a la humanidad. El mito del nacimiento de Eros de
Poros y Penía, del Recurso y la Pobreza, explica las
características contradictorias del genio, en las que,
por poco que se conozca de Platón, se reconocen las
de Sócrates y, más en general, las del filósofo, el
amante por excelencia.*

La mítica caracterización de Eros sirve para describir cuál es la situación de los que aman, y permite

buto no implica por necesidad la posesión del contrario:
cf. G. E. R. LLOYD, *Polarity and Analogy. Two Types of Argumentation in Early Greek Thought*, Cambridge, 1966, 146-47.

[13] "La correcta opinión, según eso, está aliada con *eros*
o, mejor dicho, está impulsada o animada por él"; cf. R. E.
CUSHMAN, *Plato's Conception of Philosophy*, Chapell Hill,
1958, 196, y todo el capítulo VIII de dicha obra ("The Rôle
of Love·in Knowlegde").

[14] Cf. M. DETIENNE, *De la pensée religieuse à la pensée
philosophique. La notion de* daïmôn *dans le pythagorisme
ancien*, París, 1963.

avanzar un grado más en el análisis del amor. Todo amor es amor de algo, y ese algo no es sino la posesión de un bien que da la felicidad. Según eso «todo deseo de las cosas buenas y de ser feliz es amor», pero, como ocurre con el término de "creación" (ποίησις) limitado por el uso a la creación poética, el término se aplica especialmente a la persona que aspira a un tipo especial de bien, a la «procreación en la belleza tanto según el cuerpo como según el alma». Pero, a su vez, este deseo no es sino un ansia de inmortalidad, de perpetuarse del único modo que le es dado a la naturaleza mortal, renovando con un ser nuevo algo, como la vida, que está en continuo cambio. Ahora bien, dentro de este natural deseo de paternidad —en resumidas cuentas una vertiente del instinto de conservación— la interlocutora de Sócrates no está interesada en considerar su forma más humilde, la paternidad en la carne, sino en profundizar en su manifestación más excelsa: la paternidad espiritual. Los progenitores de aquello que le corresponde concebir y parir al alma, como la sabiduría moral, las grandes creaciones de la poesía, las instituciones y leyes, son hombres que perduran no sólo en sus obras imperecederas, sino en la fama de los hombres. Consiguen, pues, la inmortalidad a que aspiran bajo un doble aspecto, en tanto que los fecundos en la carne, o los deseosos de gloria, tan sólo lo logran en uno y de un modo imperfecto.

Hasta aquí las palabras de Diotima no trascienden la esfera de los hechos naturales: la vida somática y la intelectual. Con mucha mayor profundidad que en lo precedente, se ha establecido una correlación entre el amor y el deseo que tiene de perpetuarse la vida, tanto la corpórea como la espiritual en una ininterrumpida transmisión, ora de gérmenes vitales, ora —como se habrá de especificar en el Fedro— de λόγοι ζῶντες, *de "discursos vivos", capaces de engendrar en las almas otros semejantes a ellos. Pero todo esto no es sino una fase previa en la iniciación perfecta en los misterios del Amor, que sólo se logra, trascendiendo la vida del cuerpo y la del intelecto, en el momento inefable de la contemplación. Y por extraño que parezca, en los inicios del proceso sensualidad y pederastia desempeñan un imprescindible papel. El iniciador en los misterios del Amor acostumbrará al iniciando a dirigirse a los bellos cuerpos, a enamorarse primero de uno y a engendrar en él bellos discursos, para enamorarse después de todos los cuerpos bellos, percatado de que la hermosura existente en todos tiene una misma raíz, superando la atracción que le impele y le vincula a uno solo. Pasará después a amar la belleza de las almas, por estimarla superior a la hermosura de los cuerpos; de aquí se remontará al amor de la belleza de las normas de conducta; luego, al de las ciencias, hasta llegar de repente, una vez habituado a poner su mirada en ese inmenso mar de la belleza, a la «visión de algo que por naturaleza es admirablemente bello», eterno e inmutable: la forma ideal de la belleza en la que participan todas las cosas bellas. Y ése es el momento, el único momento, en el que adquiere valor la vida del hombre.*

El sentido general del discurso de Diotima, según se deduce de otros diálogos de Platón y de lo que sabemos de la mística neoplatónica y cristiana, es bastante claro aunque no falten algunos puntos enigmáticos y embarazosos. Que la "belleza en sí" (αὐτὸ τὸ καλόν) *de nuestro diálogo equivale a la "idea del bien" de la República (588 D), en donde se expone un entrenamiento del intelecto similar, está fuera de dudas. La intrínseca unión de lo bello con lo bueno es algo de que se nos advierte inequívocamente en lo anterior. Pero, si esta forma ideal de lo bello-bueno, que en la acertada expresión de Taylor* [15] *equivale al* ens realissimum *de los filósofos cristianos, se identifica o no con Dios queda en lo incierto. Por un lado, en las* Leyes *Dios aparece como el "alma mejor"* (ἀρίστη ψυχή), *lo que parece presuponer que participa en la idea del Bien de un modo sumo, y que por ende ésta le trasciende; por otro, es Dios quien hace que las cosas "participen" en el bien y en la belleza. La única manera de superar el dilema interpretativo es admitir con Taylor* [16] *un "conflicto sin resolver" entre la metafísica y la religión de Platón.*

Pero no se limitan a esto las dificultades suscitadas por el discurso de Diotima. Evidentemente, en el proceso iniciatorio descrito se reconoce una via mystica *que culmina en una experiencia inefable calificada imperfectamente en términos de visión. La forma ideal de la belleza es un "en sí", algo idéntico a sí mismo, en lo que el ser y la esencia se confunden, a diferencia de las cosas que son bellas por la belleza que hay en ellas, es decir, por su participación en algo diferente que las trasciende a todas. Por eso mismo, el* αὐτὸ τὸ καλὸν, *por no participar en forma alguna, se substrae a toda predicación. Se puede tener por raro privilegio acceso a ello, pero no percibirlo por los sentidos, pues está más allá del mundo fenoménico, ni aprehenderlo por un acto cognoscitivo que se efectúa siempre mediante una predicación. La "visión" de la idea de la belleza acontece en un éxtasis místico "toda ciencia trascendiendo".*

La preparación para ese trance supremo, que en

---

[15] Plato. The Man and his Work, Londres⁸, 1960, 231.
[16] Ibid., p. 232.

otras místicas exige una serie de renuncias, un desasimiento progresivo de cuanto ata al hombre con el mundo sensorial, un tanto paradójicamente obliga al "enamorado" de la belleza somática a desligarse de su amor a un solo cuerpo para enamorarse de todos los cuerpos hermosos. A primera vista, esto parece un retroceso en el camino de la "diferenciación" sexual y de la paulatina depuración de los sentimientos del pederasta, a la manera en que la entendían Pausanias y tal vez la mayor parte de los partidarios del amor "celeste". Pero en realidad no hay tal. Como profundo psicólogo, por experiencia personal seguramente, Platón sabía que cuando se multiplican indefinidamente los objetos del deseo, éste pierde en intensidad lo que gana en extensión, intelectualizándose en un proceso semejante al de la abstracción conceptual. Y éste es un modo de depurar los apetitos más eficaz quizá que los rigores del ascetismo y, desde luego, para un ἐρωτικός impenitente, mucho más estético.

Y esto nos lleva a plantearnos el problema del sentido, dentro del pensamiento de Platón, de ese momento supremo de la contemplación de la belleza en sí, proclamada por Diotima como lo único que vale la pena en la vida del hombre. ¿Hemos de ver aquí un llamamiento a la huida del mundo en la línea de la μελέτη θανάτου *del* Fedón? *¿Quiere Platón dar a entender, púdicamente por boca de Diotima, que su maestro pasó en algún momento por una experiencia semejante*[17]? *¿Es la contemplación de la forma de la*

---

[17] Frente a la opinión de Hildebrandt que comentaremos más adelante, la común tiene el discurso de Diotima por una especie de manifiesto místico de Platón. "El *Symposium* es una obra mística y poética; Platón sólo podía escribir una obra semejante como vidente inspirado por la divinidad, no como filósofo; un hecho del que estaba consciente y explica que

belleza la meta egoísta y personal a que el filósofo aspira o la ocasión de adquirir conocimientos trascendentales que puede luego generosamente derramar sobre sus semejantes? Es harto difícil saberlo.

Aunque no creemos que a Platón se le haya escapado aquí parte de las enseñanzas esotéricas que en el Epístola VII afirmaba que no debían confiarse a los escritos, es indudable que entre la doctrina del Banquete y la del Fedón hay una estrecha coherencia. Supuesto que el filósofo es un amante del saber y comparte la naturaleza demónica de Eros, en cuanto a ese estar falto de un bien, apasionadamente deseado, y a esa abundancia de recursos para conseguirlo; supuesto también que el conocimiento sólo puede lograrse mediante la separación del alma y del cuerpo, en tanto mayor grado cuando mayor sea la desvinculación mutua, dedúcese: primero, que el conocimiento pleno y total tan sólo se adquirirá en la muerte, y segundo, que el conocimiento que más se le asemeje, únicamente será alcanzable en esa especie de muerte, pasajera y fugacísima, que es el éxtasis. Y si la vida del filósofo es una constante práctica del morir y del estar muerto, ¿no se las ingeniaría para llegar en vida a ese estado de muerte artificial, toda vez que le está prohibido el darse a sí mismo la definitiva? Dicho de otro modo: ¿no habría entre las enseñanzas esotéricas de Platón las de una técnica del éxtasis? Al menos nos consta que las hubo entre sus epígonos de la Antigüedad agonizante, y hasta es muy probable que el propio Sócrates hubiese practicado algo muy parecido.

Sócrates no exponga en nombre propio estos pensamientos, sino como revelaciones de la vidente Diotima de Mantinea" (H. M. WOLFF, *Plato. Der Kampf ums Sein*, Berna, 1957, 137).

Tocamos con esto el segundo punto. En otra ocasión[18] *nos hemos ocupado de las relaciones que se podían establecer entre el Sócrates aristofanesco y ciertas doctrinas sobre el alma que conocemos gracias a Plutarco, llegando a la conclusión de que, al menos en cierto período de su vida Sócrates fue —o aspiró a ser— un "extático". Y precisamente bajo esta luz nos lo presenta Platón en este diálogo: al comienzo, cuando se queda rezagado de Aristodemo, ensimismado en la meditación; al final, cuando Alcibíades refiere su extraño comportamiento en Potidea. Por lo demás, que Sócrates no es un hombre como el común de la gente, sino un ser que desde todos los puntos de vista semeja el correlato humano del Eros descrito por Diotima, lo viene a demostrar la exaltada semblanza que de él hace Alcibíades, medio en broma medio en serio, pero con la sinceridad que da el vino bebido en demasía.*

Y llegamos a nuestro último punto. En diálogo tan vital y jocundo como El Banquete, *presidido desde un extremo a otro por la presencia de Dioniso, ¿es lógico encontrar un llamamiento a la huida de este mundo? «El 'idealista' Platón —dice Kurt Hildebrandt*[19]*— considera el amor desde un punto de vista puramente animal, y la descripción del instinto procreador que hace Diotima, extremadamente real y a la vez extremadamente mítica, sigue siendo hasta hoy la explicación casi insuperable de la esencia del amor. Sólo los hombres más grandes tienen la capacidad de conservar, en los grados más excelsos de espiritualidad, la 'razón del cuerpo', ese sentido de 'permanecer fiel a*

---

[18] *Los antiguos y la "inspiración" poética,* Madrid, Guadarrama, 1966, 53-64.
[19] *Platon,* Berlin², 1959, 195-196.

la tierra', *que Nietzsche exigía y equivocadamente echaba de menos en Platón.*» *En su interpretación vitalista del amor platónico como* "erzeugende Kraft", *Hildebrandt se ve forzado a interpretar su grado más excelso, la* mystikē epopteia, *como el momento de máxima pregnancia creadora del filósofo: ahíto de bien y de belleza, lo derrama a manos llenas en las almas de sus discípulos y, sobre todo, en esas ciencias y en esas leyes y formas de gobierno que constituyen el mayor título de gloria de la humanidad. Pero esto es, sin duda, tergiversar el pensamiento de Platón: la contemplación mística, según hemos dicho anteriormente, constituye algo por su misma esencia incomunicable a los demás y, como muy bien vio Ortega, tan sólo puede reportar beneficios a quien la experimenta. Si no me engaño, el sentido de la revelación de Diotima, más o menos, viene a ser el de que si el amor para la especie humana es la garantía de su perduración y de su progreso en cuanto sociedad organizada, para los individuos, aparte de ser un acicate de su constante perfeccionamiento moral e intelectual, es lo único que les eleva en su caso a la mayor felicidad que darse pueda en esta vida: la* unio mystica. *Un aspecto éste que se desarrollará con más amplitud en el* Fedro, *al especificarse las valencias salvacionistas del amor. Que el tono de jovialidad y de exquisito juego de nuestro diálogo no nos engañe. Sócrates, como nuestros grandes místicos, desde Santa Teresa hasta San Francisco Javier, tenía una alegría especial y un modo de saber compartir con los demás los goces de esta vida, que dejaba estupefacta a la gente. Tal es la naturaleza ambivalente del hombre demónico y del santo, y tal el tono ambivalente del* Symposion.

* * *

El texto base de las traducciones de El Banquete *y del* Fedón *es el establecido por Burnet; el de* Fedro *corresponde al que yo establecí en la Edición bilingüe de Clásicos Políticos (Madrid, 1957). Señalo en nota los pasajes en donde discrepo del criterio de dicho editor y mantengo la numeración tradicional de Estéfano, a fin de que el lector pueda remitirse en todo momento a los originales griegos.*

EL BANQUETE

APOLODORO [1].—Me parece que lo que preguntáis es un tema que no tengo mal preparado. Precisamente anteayer subía a la ciudad desde mi casa de Falero [2], y uno de mis conocidos, que me divisó desde atrás, me llamó de lejos y, bromeando al llamarme, dijo: "¡Eh!, falerense, tú, Apolodoro, ¿no me esperas?" Yo me detuve y le esperé. "Apolodoro —me dijo entonces—, justamente hace un momento te estaba buscando porque deseo informarme de la reunión de Agatón [3], de Sócrates, de Alcibíades y de los demás que en aquella ocasión asistieron al banquete y de cuáles fueron sus discursos sobre el amor. Otro que los escuchó de labios de Fénix [4], el hijo de Filipo, me los ha contado y me aseguró que tú también los sabías, pero no supo decirme nada con exactitud. Así que, cuéntamelos tú, ya que eres el más indicado para referir las palabras de tu amigo. Pero antes —añadió—, dime: ¿estuviste tú en persona en esta reunión o no?" "Desde luego —le respondí yo— parece que no te ha rela-

---

[1] Personaje mencionado también en *Fed.* 117 D, donde rompe a llorar amargamente una vez que el maestro ha bebido la cicuta, en *Apol.* 34 A, 38 B y en Jen., *Mem.* III, 11, 17, y llamado "el maniático" por su extremada devoción a Sócrates.

[2] Puerto de Atenas al S. del Pireo, a unos 20 estadios de la ciudad (unos 4 km.).

[3] Poeta trágico, nacido en 448 a. de J. C. Alcanzó su primera victoria en 416 a. de J. C., fecha en que tiene lugar el Banquete.

[4] Personaje desconocido.

tado nada con exactitud el que te informó, si crees que esa reunión, sobre la que preguntas, se efectuó tan recientemente que también yo haya podido asistir a ella." "Al menos así creía yo." "¿De dónde sacas eso, Glaucón?[5] —le dije—. ¿No sabes que desde hace muchos años Agatón no está aquí, en la ciudad, y que, desde que me paso la vida con Sócrates y me preocupo cada día en saber qué dice o qué hace, no han transcurrido aún tres años? Hasta entonces yo vagaba al azar de un lado para otro y, en la creencia de que hacía algo importante, era más digno de lástima que cualquier otro, y no menos que tú ahora, que crees que debes ocuparte en cualquier cosa antes que en filosofar." "No te burles —me replicó— y dime cuándo fue la reunión esa." Y yo le respondí: "En nuestra infancia todavía, cuando venció Agatón en su primera tragedia, al día siguiente del día en que celebró con los coreutas el sacrificio de la victoria." "Hace mucho tiempo, según parece —dijo— pero ¿quién te la relató a ti? ¿Acaso el propio Sócrates?" "No, ¡por Zeus! —respondí yo—, sino el mismo que la refirió a Fénix. Fue un tal Aristodemo[6], del demo de Cidateneon, pequeño, siempre descalzo y que estuvo presente en la reunión, como enamorado de Sócrates que era entre los que más de su época, según me parece. Pero, no obstante, he preguntado también a Sócrates algunas de las cosas que le oí contar y éste se mostró de acuerdo con el relato que me hizo aquél." "Entonces, ¿por qué no empiezas a contármela? —dijo—; el camino que lleva a la ciudad se presta

---

[5] Se llamaban así el padre de Cármides y un hermano de Platón, y es difícil precisar de cual de los dos se trata aquí.

[6] Aristodemo de Cidateneon, personaje del que se hace mención en Jen., *Mem.* I, 4. Cidateneon era un demo de la tribu Pandiónide, a la que pertenecía también Aristófanes.

perfectamente para hablar y escuchar mientras se anda."

Así, mientras caminábamos, dirigimos nuestra conversación sobre esto, de suerte que, como dije al principio, no estoy mal preparado. Por tanto, si estoy en la obligación de repetiros a vosotros mi relato, hagámoslo así. Por mi parte, además, os diré que siempre que la conversación trate de filosofía, tanto si soy el que habla como si escucho a los demás, aparte de creer que saco provecho, me regocijo sobremanera. En cambio, cuando escucho otras conversaciones, especialmente las vuestras, las de los ricos y las de los hombres de negocios, personalmente siento hastío y por vosotros y vuestros compañeros compasión, porque creéis hacer algo de provecho sin hacer nada. Vosotros, a la inversa, tal vez creeréis que yo soy un desdichado, y opino que vuestra creencia es verdadera; pero yo, sin embargo, no lo creo de vosotros, sino que lo sé de cierto.

AMIGO.—Siempre eres igual, Apolodoro. Siempre hablas mal de ti mismo y de los demás y me parece que a todos sin excepción, salvo a Sócrates, los consideras infelices, empezando por ti mismo. De dónde tomaste el apodo de maniático [7] yo no lo sé, pero lo cierto es que en tus palabras siempre te comportas así y que te pones como una fiera contigo mismo y con los demás, excepto con Sócrates.

APOLODORO.—¡Oh, queridísimo! ¿Y tan claro está que, al pensar así sobre mí mismo y sobre vosotros, estoy loco y desvarío?

AMIGO.—No merece la pena, Apolodoro, discutir ahora sobre esto. Haz lo que te hemos pedido, ni más

---

[7] Me separo aquí del texto de Burnet, que lee μαλακός "blando" en vez de μανικός, "maniático".

ni menos, y cuéntanos qué discursos se pronunciaron.

APOLODORO.—Pues bien, fueron más o menos los siguientes... pero, mejor aún, trataré de referirlos desde el principio tal como aquél los expuso.

Me contó Aristodemo que se había tropezado con él Sócrates, recién lavado y con las sandalias puestas —cosas que hacía muy pocas veces— y que al preguntarle adónde iba tan peripuesto le respondió: "A comer a casa de Agatón, pues ayer le esquivé en la celebración de la victoria por temor a la muchedumbre y quedé en hacerle hoy la visita. Por esta razón me he acicalado, para ir bello junto a un hombre bello. Pero tú —añadió—, ¿estarías dispuesto a ir al banquete sin ser invitado?" "Y yo le respondí —me dijo Aristodemo—, haré lo que tú mandes." "Sígueme, pues —replicó—, para que alteremos el proverbio modificando los términos y se diga en adelante que *espontáneamente los buenos van a comer con Agatón* [8]. Pues ya Homero a punto está no sólo de haber alterado este refrán, sino también de haber hecho burla de él, porque, a pesar de describir en su poesía a Agamenón como un hombre extraordinariamente valeroso en lides guerreras y a Menelao como *un flojo lancero*, al dar Agamenón una comida con ocasión de celebrar un sacrificio, hizo acudir a Menelao sin invitación a la cena, es decir, al que era peor, al banquete del mejor."

---

[8] Juego de palabras intraducible: existía un refrán transmitido con algunas variantes por fuentes diversas, que decía: αὐτόματοι δ'ἀγαθοὶ ἀγαθῶν ἐπὶ δαῖτα ἴασι, "espontáneamente los buenos van a las comidas de los buenos". El juego de palabras estriba en la substitución del genitivo de plural ἀγαθῶν, "de los buenos" por la forma homófona 'Ἀγαθῶν' con elisión, "con Agatón", dativo de singular del nombre del cómico.

Al oír esto me dijo Aristodemo que respondió: "Sin embargo, tal vez también yo correré el peligro, no como tú dices, Sócrates, sino según dice Homero, de ir sin ser invitado al banquete de un hombre sabio, yo que soy un hombre vulgar. Mira, pues, si me llevas, qué dices para disculparme, porque yo por mi parte no reconoceré haber ido sin invitación; diré que he sido invitado por ti." "*Juntos los dos* —contestó—, *mientras vamos de camino,* deliberaremos qué vamos a decir [9]. Marchemos, pues."

Tras haber sostenido más o menos esta conversación —continuó Aristodemo— se pusieron en marcha. Durante el camino Sócrates, concentrando en sí su pensamiento se quedaba atrás al andar y, como él le esperara, le ordenó que siguiera adelante. Una vez que llegó a casa de Agatón, encontró Aristodemo la puerta abierta y allí, según me dijo, le sucedió algo gracioso. Inmediatamente salió un esclavo de la casa a su encuentro y le condujo a donde estaban acomodados los demás invitados, a quienes sorprendió en el momento en que iban ya a comer. Y en cuanto le vio Agatón, le dijo:

—Aristodemo, llegas a punto para comer con nosotros. Y si has venido por otro motivo, déjalo para otra vez, ya que ayer, pese a que te estuve buscando para invitarte, me fue imposible verte. Pero ¿y Sócrates? ¿Cómo no nos lo traes?

—Entonces yo —me dijo Aristodemo—, me doy la vuelta y no veo a Sócrates seguirme por ningún lado. Me excusé, pues, diciendo que yo precisamente había ido con Sócrates, invitado por él a comer allí.

—Hiciste bien —replicó—. Pero, ¿dónde está ese hombre?

---

[9] *Ilíada* X, 224 y sigs.

—Hace un momento venía detrás de mí. También yo me pregunto dónde puede estar.

—¿No vas a buscarlo, esclavo? —ordenó Agatón—. Corre y trae aquí dentro a Sócrates. Tú, Aristodemo —añadió—, acomódate al lado de Erixímaco.

Y mientras le estaba lavando un criado —prosiguió Aristodemo— para que pudiera reclinarse [10], se presentó otro criado diciendo así:

—Ese Sócrates se ha retirado al portal de los vecinos y allí está clavado sin moverse. Por más que le llamo, no quiere entrar.

—¡Qué cosas más extrañas dices! —exclamó Agatón—. Anda y llámale y no se te ocurra soltarlo.

Pero Aristodemo, según me dijo, se opuso:

—De ningún modo. Dejadle, pues tiene esa costumbre. De vez en cuando se aparta allí donde por casualidad se encuentra y se queda inmóvil. Llegará al momento, según creo. No le molestéis, pues. Dejadle en paz.

—Sea, hagámoslo así, si lo estimas oportuno —me dijo que contestó Agatón—. Pero a nosotros, a los que estamos aquí, traednos la comida, esclavos. Servid con entera libertad cuanto queráis, ya que nadie ha sido encargado de vigilaros, cosa que hasta hoy jamás hice. Así, pues, imaginad ahora que tanto yo como estos otros hemos sido invitados por vosotros a comer y tratadnos bien para que os alabemos.

Después de esto —continuó Aristodemo—, ellos se pusieron a comer, pero Sócrates no se presentaba en la sala. En vista de ello, Agatón ordenó muchas veces que se fuera en su busca, pero Aristodemo no lo

---

[10] Como es sabido, griegos y romanos comían recostados en lechos: κλῖναι, *triclinia*.

permitía. Al fin llegó Sócrates, sin haberse entretenido tanto como de costumbre, cuando estaban aproximadamente a la mitad del banquete. Entonces —prosiguió contándome— Agatón, que se encontraba reclinado solo en el último puesto, le dijo:

—Aquí, Sócrates, siéntate a mi lado para que en contacto contigo disfrute yo también de ese sabio pensamiento que se te ocurrió en el portal. Pues salta a la vista que lo encontraste y lo tienes en tu poder. En caso contrario, no te hubieras apartado de allí.

Sócrates a continuación tomó asiento y dijo:

—Bueno sería, Agatón, que el saber fuera de tal índole que, sólo con ponernos mutuamente en contacto, se derramara de lo más lleno a lo más vacío de nosotros, de la misma manera que el agua de las copas pasa, a través de un hilo de lana, de la más llena a la más vacía. Si así también ocurre con la sabiduría, estimo en mucho el estar reclinado a tu lado, pues creo yo que tú derramarías sobre mí un amplio y bello saber hasta colmarme. El mío, posiblemente, es un saber mediocre, o incluso tan discutible en su realidad como un sueño, pero el tuyo puede muy bien ser resplandeciente y capaz de un gran progreso, ya que desde tu juventud ha brillado con tan gran esplendor y se ha puesto de manifiesto anteayer ante el testimonio de más de 30.000 griegos.

—Eres un insolente, Sócrates —respondió Agatón—, pero esa cuestión referente a nuestra sabiduría la resolveremos tú y yo un poco más tarde mediante litigio, tomando como juez a Dioniso. Ahora atiende primero a la comida.

Después de esto, prosiguió Aristodemo, una vez que Sócrates se acomodó y terminaron de comer él y los demás, hicieron libaciones; y después de entonar el canto en honor del dios [11] y de cumplir con los demás ritos, se dispusieron a beber. A continuación —añadió—, Pausanias [12] comenzó a hablar poco más o menos así:

—Y bien, señores, ¿de qué modo beberemos más a gusto? Yo, por mi parte, os digo que verdaderamente me encuentro muy mal por lo que bebimos ayer y necesito un respiro. Y creo que asimismo la mayoría de vosotros, puesto que estuvisteis también en la fiesta. Mirad, por tanto, de qué manera podríamos beber lo más a gusto posible.

Entonces intervino Aristófanes [13]:

[11] Un banquete ateniense constaba de dos partes: el *deipnon* o *syndeipnon* (la comida) y el *potos* o *sympotos* (la bebida en común), que venía a continuación. Durante esta segunda parte, los comensales, o mejor dicho, "cobebedores", animados por el vino, pronunciaban discursos, cantaban canciones de mesa o se divertían simplemente de acuerdo con el programa que fijaba el *symposiarchos* (el presidente del banquete), que fijaba asimismo la cantidad de vino a beber y la proporción en que debía hacerse la mezcla con agua. Antes de pasar al *sympotos*, se retiraban las mesas, se limpiaba la sala, hacíase una libación de vino puro en honor de "la buena divinidad", Dioniso o Zeus, y se entonaba un peán en honor de Apolo. Si bien estos *symposia* degeneraban por lo común en orgía, eran en ocasiones, como la presente, motivo para que se desplegase el más refinado ingenio y se tratasen los temas más elevados, como nos lo muestra la literatura simposíaca, que, arrancando de Platón y Jenofonte, es cultivada aún por Plutarco y Ateneo, e incluso en el siglo IV por el obispo Metodio de Olimpo, que escribió también un "*Symposion*, o tratado de las diez vírgenes o de la castidad", siguiendo el modelo de la inmortal obra de Platón.

[12] Personaje que también aparece en el *Banquete* de Jenofonte, como un entusiasta propugnador de la pederastia.

[13] El célebre comediógrafo, antisocrático declarado, que se nos presenta aquí jovial y campechano, como en sus comedias, en viva antítesis con el tono doctoral y la célebre "templanza" de Erixímaco.

—Tienes, sin duda, razón, Pausanias, en lo que dices de preparar, a toda costa, un modo de beber soportable, pues yo también soy de los que se empaparon ayer.

Al oírles hablar así —prosiguió Aristodemo— medió Erixímaco [14], el hijo de Acúmeno:

—Ciertamente decís bien, pero os pido que escuchéis a una persona más, a Agatón, con qué fuerzas se encuentra para beber.

—Con ninguna —replicó éste—; tampoco yo estoy con fuerzas.

—Sería, según parece —prosiguió Erixímaco—, un verdadero don de Hermes [15] para nosotros, tanto para mí como para Aristodemo, para Fedro [16] y para éstos el que vosotros, los más resistentes para beber, estéis ahora desfallecidos. Nosotros, es cierto, siempre somos flojos bebedores. A Sócrates, en cambio, no lo tengo en cuenta, pues es capaz de lo uno y de lo otro, de suerte que se conformará con cualquiera de estas dos cosas que hagamos. Pero, ya que me parece que ninguno de los presentes se encuentra inclinado a beber mucho vino, tal vez si yo dijera ahora la verdad sobre qué es el embriagarse resultaría menos desagradable. Creo, efectivamente, haber llegado por el ejercicio de la medicina a la evidencia de que la embriaguez es perjudicial para el hombre. Así, ni yo mismo querría de buen grado beber más de la cuenta, ni tampoco se lo aconsejaría a nadie, especialmente cuando todavía se tiene la resaca del día anterior.

—Bien es verdad —dijo Fedro de Mirrinunte in-

---

[14] Médico, como Acúmeno, su padre.
[15] Es decir, una suerte inesperada.
[16] Hijo de Pitocles, aparece también en el diálogo que lleva su nombre y en el *Protágoras*. Pertenecía al demo de Mirrinunte, de la tribu Pandiónide.

terrumpiéndole, prosiguió mi informador— que yo personalmente tengo por costumbre hacerte caso, sobre todo en lo que dices de medicina, pero ahora, si meditan bien, te obedecerán igualmente los demás.

Oído esto, acordaron todos que no se emborracharían durante aquella reunión y que se limitarían a beber lo que fuera de su agrado.

—Pues bien —dijo Erixímaco—, una vez que se ha aprobado que se beba lo que cada uno quiera y que no haya coacción alguna, propongo a continuación que se mande a paseo a la flautista que acaba de entrar —¡que toque su instrumento para ella sola, o, si se quiere, para las mujeres de dentro!— y que nosotros pasemos la velada de hoy en mutua conversación. Y, si no tenéis inconveniente, estoy dispuesto a proponeros qué clase de conversación ha de ser ésta.

Todos entonces —me aseguró Aristodemo— dijeron que les parecía bien y le invitaron a hacer su propuesta. En vista de ello, Erixímaco dijo:

—El comienzo de mi discurso lo haré al estilo de la Melanipa [17] de Eurípides, pues *no es mío el dicho* que voy a decir, sino de Fedro aquí presente. Fedro, en efecto, me está diciendo a cada paso, lleno de indignación: ¿No es irritante, Erixímaco, que en honor de algunos otros dioses haya himnos y peanes compuestos por los poetas y en cambio en honor del Amor, que es un dios de tan elevada importancia y categoría, ni uno solo, entre tantísimos poetas que han existido, haya compuesto jamás siquiera un encomio? Y si quieres, a su vez, considerar a los sofistas de valía, verás que escriben alabanzas en prosa, pero

---

[17] De las dos obras del mismo nombre y del mismo autor, hoy perdidas: "Melanipa la sabia" y "Melanipa cautiva", se refiere a la primera. Cf. fr. 484 Nauck [2].

de Hércules y de otros héroes, como hace el excelente Pródico [18]. Mas esto, aunque sorprendente, no lo es tanto, pues he tropezado ya con cierto libro de un sabio, en que la sal recibía un admirable elogio por su utilidad... Y cosas de este tipo las puedes ver elogiadas a montones. ¡Que se haya puesto en tales insignificancias tanto interés y que no se haya atrevido, en cambio, hasta este día ningún hombre a alabar al Amor de una manera digna! A tal extremo llega el descuido en que se tiene a tan gran dios. Estas quejas me parece que Fedro las emite con razón. Por ello deseo tributarle mi aportación y hacerle un favor y, al mismo tiempo, estimo que en la presente ocasión está en consonancia con nosotros, los aquí reunidos, el honrar al dios. Así, en el caso de que compartáis mi parecer tendríamos materia suficiente para ocuparnos en nuestra conversación; pues lo que opino es que cada uno de nosotros debe pronunciar por turno, de izquierda a derecha, un discurso, el más bello que pueda, en alabanza del Amor; y que sea Fedro el que primero empiece, ya que está sentado en el primer puesto y es a la vez el padre del discurso.

—Nadie, Eriximaco —dijo Sócrates—, votará en contra tuya. Pues no seré yo, que sostengo no entender de otra cosa que de cuestiones amorosas, quien se niegue, ni Agatón, ni Pausanias, ni de seguro tampoco Aristófanes, cuya ocupación versa por entero sobre Dioniso y Afrodita, ni ningún otro de los que yo veo aquí. Sin embargo, la empresa no se presenta en condiciones de igualdad para nosotros, los que estamos sentados en los últimos puestos. En todo caso,

---

[18] Se refiere al célebre sofista Pródico de Ceos, cuya parábola "La elección de Heracles" era muy celebrada.

si los que nos preceden hablan bien y hasta agotar el tema, nos daremos por contentos. ¡Ea!, que empiece con buena fortuna Fedro y haga el encomio del Amor.

A esto asintieron entonces unánimemente todos los demás e hicieron la misma invitación que Sócrates. Cierto es que Aristodemo no se acordaba exactamente de todo lo que dijo cada uno, ni, a mi vez, yo tampoco recuerdo todo lo que éste me contó. Diré, empero, las cosas que me parecieron más dignas de recuerdo y el discurso de cada uno de los oradores que estimé más dignos de mención.

En primer lugar, pues, como digo, habló Fedro —según dijo Aristodemo—, iniciando su discurso con esta consideración poco más o menos: que el Amor era un dios grande y admirable entre los hombres y los dioses, aparte de otras muchas razones, sobre todo por su origen. "Pues ser el dios más antiguo —afirmó— es un honor; y la prueba de que ello es así es ésta: el Amor no tiene padres, y nadie, ni prosista ni poeta, los menciona. Por el contrario, Hesíodo afirma que en primer lugar existió el Caos.

'*...y luego
la Tierra de amplio seno, sede siempre firme de
[todas las cosas
y el amor...*' [19]

Y con Hesíodo coincide también Acusilao [20], en que después del Caos se produjeron estos dos seres: la

---

[19] *Teogonía*, vv. 116 y sigs.
[20] Logógrafo y mitógrafo de Argos, que floreció hacia 475 a. de J. C. (?). Escribió genealogías en prosa, siguiendo a Hesíodo.

Tierra y el Amor. Y Parménides [21] dice respecto de la generación:

*'Fue Amor
el primero que concibió de todos los dioses'.*

Así, pues, por muy diversas partes se conviene en que el Amor es el dios más antiguo. Pero además de ser el más antiguo, es principio para nosotros de los mayores bienes. Pues yo al menos no puedo decir que exista para un joven recién llegado a la adolescencia mayor bien que tener un amante virtuoso, o para un amante, que tener un amado. Pues, en efecto, la norma que debe guiar durante toda la vida a los hombres que tengan la intención de vivir honestamente, ni los parientes, ni los honores, ni la riqueza, ni ninguna otra cosa son capaces de inculcarla en el ánimo tan bien como el amor. Y ¿cuál es esta norma de que hablo? La vergüenza ante la deshonra y la emulación en el honor, pues sin estos sentimientos es imposible que ninguna ciudad, ni ningún ciudadano en particular lleven a efecto obras grandes y bellas. Es más, os digo que cualquier enamorado, si es descubierto cometiendo un acto deshonroso o sufriéndolo de otro sin defenderse por cobardía, no le dolería tanto el haber sido visto por su padre, sus compañeros o cualquier otro como el haberlo sido por su amado. Y de la misma manera también vemos que el amado siente sobre todo vergüenza ante sus amantes cuando es sorprendido en alguna acción innoble. Por consiguiente, si hubiera

---

[21] Parménides de Elea, discípulo de Jenófanes y célebre filósofo. El fragmento citado pertenece a su poema "Sobre la naturaleza" y es citado también por Aristóteles, *Metafísica*, I, 4. 984 *a* 23.

algún medio de que llegara a existir una ciudad o un ejército compuesto de amantes y de amados, de ningún modo podrían administrar mejor su patria que absteniéndose, como harían, de toda acción deshonrosa y emulándose mutuamente en el honor. Y si hombres tales combatieran en mutua compañía, por pocos que fueran, vencerían, por decirlo así, a todos los hombres, ya que el amante soportaría peor sin duda ser visto por su amado abandonando su puesto o arrojando sus armas que serlo por todos los demás, y antes que esto preferiría mil veces la muerte. Y en cuanto a abandonar al amado o a no socorrerle cuando se encuentre en peligro... nadie es tan cobarde que el propio Amor no le inspire un divino valor, de suerte que quede en igualdad con el que es valeroso por naturaleza. En una palabra: ese ímpetu que, como dijo Homero, inspira la divinidad en algunos héroes, lo procura el Amor a los amantes como algo que brota de sí mismo.

Además, a dar la vida por otro únicamente están dispuestos los amantes, no sólo los hombres, sino también las mujeres. Y de este hecho la hija de Pelias, Alcestis[22], proporciona un testimonio suficiente en apoyo de mi afirmación ante los griegos, ya que fue la única que estuvo dispuesta a morir por su marido, pese a que éste tenía padre y madre, a quienes sobrepasó aquélla tantísimo en afecto, debido a su amor, que demostró que eran como extraños para su hijo y parientes tan sólo de nombre. Y al hacer esto, les pareció su acción tan bella, no sólo a los hombres, sino también a los dioses, que, a pesar de

---

[22] El mito de Alcestis puede verse en la tragedia de Eurípides del mismo nombre. Aparte de este autor, Frínico en 438 a. de J. C. y Antífanes en 354 a. de J. C. trataron el tema en sendas tragedias.

que entre los muchos que realizaron muchas y bellas hazañas son muy contados aquellos a quienes concedieron los dioses el privilegio de dejar subir del Hades su alma a la tierra, dejaron no obstante subir la de aquélla, movidos de admiración por su hecho. Hasta tal punto también los dioses estiman por encima de todo la abnegación y la virtud en el amor. En cambio, a Orfeo [23], el hijo de Eagro, le despidieron del Hades sin que consiguiera su objeto, después de haberle mostrado el espectro de la mujer en busca de la cual había llegado, pero sin entregársela, porque les parecía que se mostraba cobarde, como buen citaredo, y no tuvo el arrojo de morir por amor como Alcestis, sino que buscóse el medio de penetrar con vida en el Hades. Por esta razón sin duda le impusieron también un castigo e hicieron que su muerte fuera a mano de mujeres. En cambio, muy diferente fue el caso de Aquiles, el hijo de Tetis, a quien colmaron de honores y le enviaron a las Islas de los Bienaventurados [24], porque, pese a estar enterado por su madre de que moriría si daba muerte a Héctor y de que, si no hacía esto, regresaría a su casa y acabaría sus días en la vejez, prefirió valientemente, por prestar socorro y vengar a su amante Patroclo, no sólo

---

[23] La leyenda de Orfeo puede verse en *Paus.* IX, 30; Virg., *Georg.* IV, 454; Ovid., *Met.* X, 1. Fedro interpreta el mito desde un punto de vista oratorio, igual que el de Alcestis, en defensa de su tesis.

[24] El primero en mencionar "las Islas de los Bienaventurados", lugar donde van las almas de los héroes muertos en el combate, es Hesíodo, *Trab. y días,* 165 y sigs. En Homero, sin embargo, no existe esta diferencia *post mortem*, y tanto los héroes como los hombres vulgares arrastran una miserable pervivencia de sombras en el Hades. Cf. *Odisea* IX, 467 y sigs., donde Aquiles aparece en el Hades, y Erwin Rohde: *Psyche* II, 364 y sigs.

sacrificar su vida por él, sino seguirle en la muerte, una vez fallecido éste. Por esta razón, pues, admirándose en grado sumo los dioses, le honraron más que a nadie porque llevó a tal extremo su devoción por el amante. Por cierto que Esquilo [25] desvaría al afirmar que fue Aquiles el amante de Patroclo, cuando era Aquiles no sólo más bello que Patroclo, sino también que todos los demás héroes; era todavía imberbe y, según eso, mucho más joven, como afirma Homero. Pero si bien es verdad que los dioses estiman sumamente esta virtud en el amor, no obstante la admiran, se complacen en ella y la recompensan más cuando es el amado quien demuestra su afecto por el amante que cuando lo hace el amante por el amado, ya que el amante es algo más divino que el amado, pues está poseído de la divinidad. Por esta razón también honraron más a Aquiles que a Alcestis, enviándole a las Islas de los Bienaventurados.

Así, pues, lo que sostengo es que el Amor no sólo es el más antiguo de los dioses y el de mayor dignidad sino también el más eficaz para que los hombres, tanto vivos como muertos, consigan virtud y felicidad".

Tal fue, poco más o menos, el discurso que, según Aristodemo, pronunció Fedro. Después de Fedro, me dijo, hubo algunos otros oradores de los que no se acordaba muy bien, por lo cual los pasó por alto y me refirió el discurso de Pausanias, que dijo así: "No me parece, Fedro, que se nos haya propuesto bien la cuestión, es decir, que en forma tan simple se haya dado la invitación de hacer el encomio del Amor. Si sólo hubiera un Amor, estaría bien la invitación,

---

[25] Alusión a *Los mirmidones*, tragedia perdida. Cf. fr. 135 Nauck [2].

pero la verdad es que no hay sólo uno y, al no haber uno solo, es más correcto advertir de antemano a cuál se debe alabar. Yo, por tanto, trataré de corregir esto, de indicar primero al Amor que se debe encomiar y de hacer después la alabanza de una manera digna del dios. Todos sabemos que no hay Afrodita sin Amor. En el caso, pues, de que fuera única habría tan sólo un Amor, pero como existen dos, necesariamente habrá dos amores. ¿Y cómo negar que son dos las diosas? Una de ellas [26], la mayor probablemente, no tuvo madre y es hija de Urano (el Cielo), por lo cual le damos el nombre de Urania (Celeste); la otra, la más joven, es hija de Zeus y de Dione y la llamamos Pandemo (Vulgar). De ahí que sea necesario también llamar con propiedad al Amor que colabora con esta última Pandemo (Vulgar) y al otro Uranio (Celeste). Ahora bien, se debe, sí, alabar a todos los dioses, pero, por supuesto, hay que intentar decir los atributos que a cada uno le han tocado en suerte. Toda acción, en efecto, en sí misma no es ni bella ni fea, como por ejemplo, lo que nosotros ahora hacemos, beber, cantar o conversar. Ninguna de estas cosas en sí es bella, pero en el modo de realizarla, se-

---

[26] El nacimiento de la primera de estas diosas puede verse en Hesíodo, *Teogonía*, 117 y sigs. La sangre de Urano, mutilado por Crono, al caer en el mar dio origen a la diosa (de ahí la etimología popular Ἀφροδίτη = la emergida de la espuma del mar [ἀφρός], o según otros la que camina sobre la espuma del mar), motivo por el que Pausanias dice que no tuvo madre. La otra Afrodita creada por un mito más reciente fue llamada Πάνδημος, "protectora de todos los demos". Posteriormente se dio a este sobrenombre un sentido peyorativo, equivalente a Πάγκοινος ("vulgar") y en la época de Platón se consideraba a esta Afrodita como *Venus Meretrix*, patrona de las heteras y protectora del amor carnal, mientras que la otra era un símbolo del amor puro y espiritual.

gún se ejecute, resulta de una forma o de otra, pues si se efectúa bien y rectamente resulta bella y, en caso contrario, torpe. De la misma manera no todo amar ni todo Amor es bello ni digno de ser encomiado, sino sólo aquel que nos impulse a amar bellamente.

Pues bien, el Amor de Afrodita Pandemo verdaderamente es vulgar y obra al azar. Este es el amor con que aman los hombres viles. En primer lugar, aman por igual los de tal condición a mujeres y mancebos; en segundo lugar, aman en ellos más sus cuerpos que sus almas y, por último, prefieren los individuos cuanto más necios mejor, pues tan sólo atienden a la satisfacción de su deseo, sin preocuparse de que el modo de hacerlo sea bello o no. De ahí que les suceda el darse a lo que el azar les depare, tanto si es bueno como si no lo es; pues procede este amor de una diosa que es mucho más joven que la otra y que en su nacimiento tiene la participación de hembra y varón. En cambio, el de Urania deriva de una diosa que, en primer lugar, no participa de hembra, sino tan solo de varón (es este amor el de los muchachos) y que, además, es de mayor edad y está exenta de intemperancia. Por esta razón es a lo masculino adonde se dirigen los inspirados por este amor, sintiendo predilección por lo que es por naturaleza más fuerte y tiene mayor entendimiento. Pero se puede reconocer incluso en la misma pederastia a los que van impulsados meramente por este amor, puesto que tan sólo se enamoran de los muchachos cuando ya empiezan a tener entendimiento, lo que sucede aproximadamente al despuntar la barba. Pues, creo yo, que los que empiezan a amar a partir de este momento están dispuestos a tener relaciones con el amado durante toda la vida y a vivir en común con él, en vez de engañarle, por haberle cogido en la inexperiencia de la juventud, y, tras haberle burlado, marcharse de su lado en pos de otro. Y debiera incluso existir una ley que prohibiera amar a los muchachos, para que no se gastase en un resultado incierto una gran solicitud, pues no se sabe adónde irán a parar éstos cuando alcancen su pleno desarrollo, tanto respecto a maldad o virtud de alma, como de cuerpo. Los hombres de bien, es cierto, se imponen a sí mismos esta ley de buen grado, pero sería preciso también obligarles a hacer lo propio a esos enamorados "vulgares", de la misma manera que los forzamos, en lo que podemos, a no enamorarse de las mujeres libres. Pues son éstos también los que han originado el escándalo, de suerte que algunos osan decir que es vergonzoso conceder favores a los amantes. Mas lo dicen mirando a éstos y viendo su inoportunidad y su falta de sentido de lo justo, ya que sin duda alguna cualquier acción puede en justicia recibir vituperio.

Por lo demás, la norma sobre el amor en las restantes ciudades es fácil de comprender, pues está definida con sencillez; en cambio, la de aquí y la de Lacedemonia es complicada. En efecto, en Elide y en Beocia y allí donde no son hábiles para hablar, admite sin más la costumbre que es bello complacer a los amantes, y nadie, ni joven ni viejo, diría que es deshonroso, y ello, para no crearse, supongo yo, dificultades tratando de persuadir con la palabra a los jóvenes, ya que carecen de dotes oratorias. En cambio, en muchas partes de Jonia y en cuantos lugares hay sometidos al dominio de los bárbaros se considera esto deshonroso, ya que entre los bárbaros, por culpa del gobierno de los tiranos, no sólo es deshonrosa esta práctica, sino también la filosofía y la afición a los ejercicios corporales, pues no conviene, creo yo, a los gobernantes que nazcan en sus súbditos sentimientos elevados ni tampoco sólidas amistades, ni sociedades, que es precisamente lo que más que ninguna otra cosa, suele producir el amor. Y por propia experiencia aprendieron esto también los tiranos de aquí, ya que fueron el amor de Aristogitón [27] y la amistad de Harmodio, que se mostró inquebrantable, quienes derribaron su gobierno. Así, pues, allí donde se ha establecido que es deshonroso complacer a los enamorados, ha quedado así sentado por maldad de los que establecieron el principio, por ambición de los gobernantes y por falta de hombría de los gobernados; en cambio, allí donde se ha tenido sin más por bueno, ha sido a causa de la inercia de alma de los que instituyeron la norma. Aquí, por el contrario, está en vigencia una norma mucho más bella que ésta y difícil, como dije, de comprender. Lo es, en efecto, si se considera que se dice que es más bello amar a las claras que en secreto, y sobre todo amar a los más nobles y mejores, aunque sean más feos que otros; que a su vez el aliento otorgado al enamorado por parte de todos es asombroso, porque no se considera que haga nada innoble y que el hacer una conquista se estima un honor y el no conseguirla una deshonra. Además, la costumbre permite alabar al enamorado, que por tentar una conquista comete actos extravagantes, actos que si alguien osara realizar, persiguiendo otro fin cualquiera o queriendo alcanzar otra cosa salvo ésta, incurriría en los mayores vituperios

---

[27] Los célebres tiranicidas que dieron muerte, en 514 a. de J. C., al hijo de Pisístrato, Hiparco. Eran tenidos en Atenas por mártires del amor y de la libertad y se les honraba con un culto especial. Aristogitón era el ἐραστής (amante) y Harmodio el ἐρώμενος (amado), de ahí el ἔρως, amor del primero y la φιλία, amistad o afecto del segundo.

[de la filosofía] [28]. Pues si alguno, por querer obtener dinero de alguien o conseguir una magistratura o cualquier influencia, se mostrara dispuesto a cometer actos similares a los de los amantes con respecto a sus amados —que ponen súplicas y ruegos en sus demandas, pronuncian juramentos, se acuestan a la puerta del amado y están dispuestos a imponerse servidumbres de tal especie que ni siquiera un siervo soportaría— se vería impedido de llevar así las cosas, tanto por los amigos como por los enemigos, pues éstos le colmarían de oprobio por su adulación y su vileza y los primeros le reprenderían y se avergonzarían de su comportamiento. Por el contrario, en el enamorado que hace todo esto hay cierta gracia; y le permite la costumbre obrar así sin oprobio, porque se piensa que realiza un acto enteramente bello. Y lo que es más asombroso, al decir del vulgo, es que el enamorado es el único que, al hacer un juramento, alcanza el perdón de los dioses si lo infringe, pues dicen que no hay juramento amoroso. Tal es la absoluta libertad que los dioses y los hombres han conferido al amante, según dice la costumbre de aquí. Desde este punto de vista, pues, se podría creer que en esta ciudad se tiene por bello en todos sus aspectos no sólo el amar, sino el hacerse amigo de los enamorados. Pero desde el momento en que los padres ponen pedagogos al cuidado de los muchachos amados y no les consienten conversar con sus amantes —lo cual se tiene bien encomendado al pedagogo—; que los jóvenes de su misma edad y sus compañeros les echan en cara todo hecho que vean de este tipo, y que a los que hacen estas censuras

---

[28] Burnet y otros editores rechazan del texto la palabra φιλοσοφίας, que probablemente es una glosa. Los que la mantienen la consideran genitivo subjetivo dependiente de "vituperios".

no les impiden hacerlas las personas mayores, ni les reprenden por no observar un lenguaje correcto; si se atiende a su vez a esto, se podría creer, por el contrario, que aquí tal práctica se tiene por sumamente vergonzosa. Pero la verdad sobre esta costumbre, según creo, es la siguiente: no es algo absoluto, como se dijo al principio, y de por sí no es ni bella, ni fea, sino bella cuando se efectúa bellamente y fea cuando se efectúa torpemente. Así, pues, es cosa realizada de fea manera el complacer a un hombre vil vilmente; y de bella manera, en cambio, el ceder a un hombre de bien en buena forma. Y es hombre vil aquel enamorado vulgar que ama más el cuerpo que el alma y que, además, ni siquiera es constante, ya que está enamorado de una cosa que no es constante, pues tan pronto como cesa la lozanía del cuerpo, del que precisamente está enamorado, *se marcha en un vuelo* [29], tras mancillar muchas palabras y promesas. En cambio, el que está enamorado de un carácter virtuoso lo sigue estando a lo largo de toda su vida, ya que está inseparablemente fundido con una cosa estable. A estos enamorados precisamente es a los que quiere nuestra costumbre probar bien y escrupulosamente, para que se ceda a unos y se rehúya a los otros. Por esta razón ordena a los amantes perseguir y a los amados esquivar, organizando el amoroso certamen y comprobando a cuál de esos dos tipos pertenece el amante y a cuál el amado. Así, esta es la causa de que se considere deshonroso, en primer lugar, el dejarse conquistar prontamente, lo que tiene por objeto el que transcurra el tiempo, que parece ser una excelente piedra de toque para la mayoría de las cosas; en segundo lugar, el rendirse al dinero o a la pujanza política, bien sea que

---

[29] Reminiscencia homérica. *Il.* II, 71.

por recibir daños se asuste uno y no se sepa resistir, o bien que, por recibir beneficios en dinero o en manejos políticos, no sea uno capaz de desdeñarlos. Pues ninguna de estas cosas parece segura ni estable, aparte de que tampoco nace de ellas una noble amistad. Por tanto, sólo le queda una salida al amado, según nuestra costumbre, si tiene la intención de complacer honrosamente al amante. En efecto, de la misma manera que a los amantes les era posible hacerse voluntariamente los esclavos de sus amados en cualquier clase de esclavitud, sin que ésta fuera adulación, ni cosa reprochable, es norma también entre nosotros considerar que hay además otra esclavitud voluntaria no vituperable, una tan sólo: la relativa a la virtud. Pues está establecido que si alguno está dispuesto a servir a alguien por pensar que gracias a éste se hará mejor en algún saber o en alguna otra parte constitutiva de la virtud, esa su voluntaria servidumbre no es deshonrosa ni se debe tener por adulación. Y es preciso que esas dos normas, la relativa al amor de los mancebos y la relativa al amor de la sabiduría y a toda forma de virtud, coincidan en una sola, si ha de suceder que resulte una cosa bella el que el amado conceda su favor al amante. Pues cuando coinciden en un mismo punto el amante y el amado, cada cual con su norma —uno la de servir a los amados que se le entregan en todo servicio que fuere justo hacer y el otro la de colaborar con el que le hace sabio y bueno en lo que a su vez sea de justicia— como puede el uno ponerse a contribución en cuanto a sabiduría moral y demás virtudes y el otro necesita hacer adquisiciones en cuanto a educación y saber en general, coinciden entonces las dos normas en una sola y tan sólo en esta ocasión, jamás en otra alguna, sucede que es bello que el amado ceda al amante. En tal caso, incluso el ser engañado no es deshonroso; en todos los demás, la complacencia acarrea el deshonor, se sea engañado o no. Pues si alguno, que por dinero ha complacido a un amante en la idea de que era rico, resultase engañado y no recibiera dinero, por haberse descubierto que era pobre, la cosa no sería menos vergonzosa, ya que el que así obra parece poner en evidencia su propia condición, es decir, que por dinero haría cualquier favor a cualquiera, y esto no es bello. Y por idéntico motivo, si alguno, en la idea de complacer a un hombre de bien y de que iba a hacerse mejor por su amistad hacia el amante, fuese engañado por revelarse el amante malvado y desprovisto de virtud, su engaño, a pesar de todo, es bello, porque a la inversa parece haber puesto éste de manifiesto que, en lo que depende de sí por la virtud y por hacerse mejor, estaría dispuesto a todo con todo el mundo, y es esto a su vez lo más bello de todas las cosas. Así, el entregarse por alcanzar la virtud es algo completamente bello. Es éste el amor de la diosa celeste, que también es celeste y de mucho valor para la ciudad y para los ciudadanos en particular, ya que obliga tanto al amante como al amado, a tener un gran cuidado de sí mismo con relación a la virtud. Los otros amores en su totalidad son de la otra diosa, de la vulgar. Esta es, concluyó, en lo que puede improvisarse, ¡oh Fedro!, mi contribución sobre el Amor."

Al hacer pausa Pausanias [30] —pues así, con expresiones simétricas, me enseñan a hablar los sofistas— me dijo Aristodemo que hubiera debido hablar Aris-

---

[30] Juego de palabras al estilo gorgiano con "paronomasia" (reiteración parcial de idénticos sonidos), "homoioteleuton" (idéntico sonido final) e "isocolia" (idéntica estructura métrica).

tófanes, pero, como daba la casualidad de que bien fuera por la hartura, o por alguna otra causa, le había sobrevenido un ataque de hipo y no podía hablar, le dijo a Erixímaco el médico, que estaba acomodado en el lecho contiguo:

—Erixímaco, es justo que me cures este hipo o que hables por mí hasta que se me pase.

Y Erixímaco le respondió:

—De acuerdo, haré ambas cosas. Yo hablaré en tu turno, y tú, una vez que hayas terminado con tu hipo, lo harás en el mío. Mientras yo hablo, mira a ver si conteniendo un buen rato la respiración se te quiere pasar el hipo y si no, haz gárgaras con agua. Pero si es muy pertinaz, coge algo con lo que puedas hacerte cosquillas en la nariz y estornuda. Y si haces esto una o dos veces, por muy violento que sea, cesará.

—Puedes empezar a hablar —replicó Aristófanes—; yo seguiré tu receta.

A continuación dijo Erixímaco:

—Pues bien, me parece que es necesario, ya que Pausanias tras haber abordado bien la cuestión no ha concluido satisfactoriamente, que yo trate de llevarla a término. Cierto es que la existencia de dos tipos de Amor la ha distinguido en mi opinión acertadamente; pero que no sólo existe en las almas de los hombres como una atracción hacia los bellos mancebos, sino también en las demás cosas como una inclinación hacia otros muchos objetos, tanto en los cuerpos de todos los animales como en los productos de la tierra y, por decirlo así, en todos los seres, es un hecho que creo tenerlo bien observado gracias a la medicina, nuestro arte; es decir, que ese dios es grande y admirable y a todo extiende su poder, tanto en el orden humano como en el orden divino. Y empezaré a hablar tomando como punto de partida la medicina, para dar lustre a mi arte. La constitución física de los cuerpos contiene en sí ese doble amor. El estado sano del cuerpo y el estado enfermo, según se conviene por todos, son cada uno un estado distinto y diferente; y lo diferente es en lo diferente donde pone su amor y su deseo. Así, pues, uno será el amor que resida en un cuerpo sano y otro el que resida en un cuerpo enfermo. Ahora bien, de la misma manera que decía hace un momento Pausanias que era bello complacer a los hombres buenos y vergonzoso a los intemperantes, es bello también en el caso de los cuerpos complacer a las tendencias buenas y saludables de cada cuerpo; y así se debe hacer, y es esto a lo que se ha dado el nombre de medicina. En cambio, es vergonzoso complacer a las tendencias malas y morbosas y es preciso mostrarse con ellas intransigente, si se pretende ser un médico con dominio de su arte. Pues es la medicina, para definirla brevemente, el conocimiento de las tendencias amorosas del cuerpo con respecto a llenarse y a vaciarse [31], y el que diagnostique en esas tendencias el amor bello y el morboso es el médico mejor capacitado. Asimismo, el que haga operarse un cambio, de suerte que se adquiera en vez de un amor el otro, y el que, en los cuerpos que en sí no tienen amor y precisan tenerlo, sepa infundirlo, así como extirparles el que tienen, será posiblemente un buen práctico de la medicina. Lo que se requiere, por tanto, respecto de los elementos que dentro del cuerpo son más enemigos entre sí, es ser capaz de hacerlos amigos y de amarse mutuamente. Y son los elementos

---

[31] Emplea Erixímaco en su definición de la medicina los términos πλησμονή, "repleción", y κένωσις, "evacuación", que se encuentran también en Hipócrates, y substituye el término específico ἐπιθυμία, "deseo", por el más amplio de ἔρως, "amor", de acuerdo con el tema propuesto.

más enemigos entre sí los más opuestos; lo frío con lo caliente, lo amargo con lo dulce, lo seco con lo húmedo y todas las cosas de este tipo. En ellas supo infundir amor y concordia nuestro antepasado Asclepio, como dicen estos poetas [32], y yo les creo, y así constituyó nuestro arte. La medicina, pues, como digo, se rige en su totalidad por este dios; pero otro tanto ocurre con la gimnástica y la agricultura. En cuanto a la música, resulta evidente, por poca atención que se preste, que se encuentra en el mismo caso que éstas, como tal vez quiera decir Heráclito, ya que al menos de palabra no se expresa claramente. Dice, en efecto, que uno [33], *pese a diferir en sí, concuerda consigo mismo, como la armonía del arco y de la lira*. Pero es un gran desatino decir que la armonía difiera o que resulte de cosas que todavía difieran. Tal vez fue esto lo que quería decir: que resulta de sonidos que anteriormente fueron discordantes, del agudo y del grave, que posteriormente concordaron gracias al arte musical, ya que indiscutiblemente si todavía discordaran el agudo y el grave no podría haber armonía. La armonía, en efecto, es una consonancia, y la consonancia es un acuerdo; pero un acuerdo que resulte de cosas discordantes, mientras sigan siendo discordantes, es imposible que exista, y a su vez lo que es discordante y no concuerda es imposible que armonice. Precisamente, así también se produce el ritmo: de lo

---

[32] Alusión a Homero y a otros poetas, sugerida por la presencia de Agatón y de Aristófanes.

[33] Cf. Heráclito, fr. 61 D.-K. El objeto del símil es poner de manifiesto que lo Uno, el Universo, es mantenido por el equilibrio de tensiones opuestas. Así, el movimiento de la flecha se origina de las dos tensiones opuestas del arco y de la cuerda, de un acuerdo o una armonía de fuerzas físicas. Igualmente, la melodía, la armonía en sentido musical se produce de las vibraciones que imprime el plectro en la cuerda de la lira.

rápido y de lo lento, de cosas que antes discordaban y que después llegaron a un acuerdo. Y el acuerdo entre todas estas cosas en este caso lo impone la música de la misma manera que en aquél la medicina, infundiéndoles amor y concordia entre sí. Y es a su vez la música la ciencia de las tendencias amorosas relativas a la armonía y al ritmo. Cierto es que en la constitución en sí de la armonía y del ritmo no es nada difícil reconocer los elementos, ni tampoco se encuentra aquí en ninguna parte ese doble amor. Mas cuando se requiere, considerando el caso en relación con los hombres, emplear el ritmo y la armonía, bien se trate de componer, lo que se llama hacer una melodía, o de utilizar correctamente las melodías y los metros ya compuestos, lo que se llama educación [34], en este caso sí que hay dificultad y se precisa un buen artista. De nuevo, pues, llegamos a lo mismo que se dijo antes, que a los hombres morigerados, y con el fin de que adquieran cordura los que aún no la tienen, se les debe complacer y conservar su amor. Y es éste el Amor que es bello, el que es "celeste", el que procede de la musa Urania [35]. En cambio, el de Polimnia es el "vulgar", que se debe aplicar prudentemente a quienes se aplique, para recoger, llegado el caso, el placer que proporciona sin que dé origen a ningún exceso; así, en nuestra profesión es sumamente delicado manejar

---

[34] Sabida es la importancia que tenía en Grecia la música en la educación de la juventud, y sus efectos psicológicos no le han pasado inadvertidos a Platón, *Rep.* II, III; *Ley.* II, VIII.

[35] Por hablarse aquí de artes, sustituye Erixímaco las dos Afroditas por dos de las nueve musas. La elección de Urania (pese a que propiamente es tan sólo protectora de la astronomía) la determina la identidad de nombre con la Afrodita correspondiente; la de Polimnia, la diosa de los múltiples himnos, por estar en consonancia la primera parte de su nombre con el de Pandemo.

bien los apetitos relativos al arte culinario, de modo que se recoja el fruto del placer sin que se origine enfermedad. Por consiguiente, no sólo en la música y en la medicina, sino también en todas las demás actividades divinas y humanas, en lo que esto se puede hacer, ha de vigilarse uno y otro amor, pues ambos se dan en ellas. Incluso la ordenación de las estaciones del año está llena de ambos amores y, siempre que en sus recíprocas relaciones les toca en suerte el amor morigerado a esos contrarios de que hablaba hace un momento —lo caliente y lo frío, lo seco y lo húmedo— y de él reciben armonía y temperada mezcla, traen con su llegada prosperidad y salud a los hombres, a los animales y a las plantas y no ocasionan ningún daño. En cambio, cuando es el Amor incontinente el que predomina con relación a las estaciones del año, destruye y daña muchas cosas. En efecto, las epidemias suelen producirse de tales causas e igualmente otras muchas y diferentes enfermedades, tanto en los animales como en las plantas. Así, las escarchas, los granizos y el tizón de los granos se producen por recíproca preponderancia y desorden de tales tendencias amorosas, cuyo conocimiento en relación con las órbitas de los astros y de las estaciones del año se llama astronomía [36]. Más aún: también todos los sacrificios y ceremonias que preside el arte adivinatoria —es decir, la comunicación mutua entre los dioses y los hombres— no tienen otra finalidad que la vigilancia y la cura del Amor. Toda impiedad, en efecto, suele acontecer cuando no es el Amor morigerado a quien se complace, se honra y se venera en toda acción, sino

---

[36] La astronomía formaba parte del cuadrivio pitagórico, juntamente con la aritmética, la geometría y la música, de la que era considerada hermana y engloba aquí lo que hoy llamamos meteorología.

el otro, tanto en las relaciones con los padres, durante su vida o una vez que han muerto, como en las relaciones con los dioses. Y precisamente este cometido de vigilar y curar a los amantes es el encomendado a la mántica; arte que a su vez es el artesano de la amistad entre los dioses y los hombres, por su conocimiento en las tendencias amorosas de los hombres de aquellas que tienden a un fin lícito y piadoso.

Así, pues, es un poder múltiple y enorme, o mejor aún, un poder universal el que tiene y reúne el Amor en general. Pero el amor que se manifiesta en el bien unido a la moderación y a la justicia, tanto en nosotros como en los dioses, es el que posee el mayor poder y el que nos proporciona la felicidad completa, de suerte que podamos tener trato los unos con los otros e incluso ser amigos de los dioses, que son más poderosos que nosotros. Tal vez, es verdad, haya pasado por alto también yo muchas cosas en mi alabanza del Amor, mas no por mi voluntad. Pero, si en algo me he quedado corto, es cosa tuya, Aristófanes, rellenar el hueco... o si se te ocurre alabar al dios de otra manera, hazlo, ya que se te ha pasado el hipo.

Llegándole así su turno —me contó Aristodemo—, Aristófanes dijo:

—Bien es verdad que ha cesado, pero no antes de aplicarle el estornudo, de manera que me pregunto admirado si es la parte "morigerada" del cuerpo la que desea tales ruidos y cosquilleos, como es el estornudo, pues cesó el hipo en el momento mismo que le apliqué el estornudo.

A esto replicó Erixímaco:

—Amigo Aristófanes, mira qué haces. Bromeas cuando estás a punto de hablar y me obligas a convertirme en centinela de tu discurso para ver si dices algo risible; y eso que te sería posible hablar en paz.

Aristófanes rompió a reír y contestó:

—Dices bien, Erixímaco, y queden como si no se hubieran dicho mis palabras. Pero no me vigiles porque temo, con respecto a las palabras que voy a pronunciar, no el decir cosas "risibles" —pues esto sería un éxito y entra en el campo de nuestra musa—, sino el decir cosas "ridículas".

—Tras tirar la piedra —dijo Erixímaco—, ¿crees, Aristófanes, que vas a escapar sin castigo? ¡Ea!, presta atención y habla en la idea de que vas a responder de lo que digas. Tal vez, sin embargo, si me parece bien, te perdonaré.

—En verdad, Erixímaco —comenzó Aristófanes—, que se me ocurre hablar en forma distinta a como tú y Pausanias lo hicisteis. En efecto, me parece que los hombres no se dan en absoluto cuenta del "poder" [37] del Amor, ya que si se la dieran le hubiesen construido los más espléndidos templos y altares y harían en su honor los más solemnes sacrificios. Ahora, por el contrario, nada de eso se hace, por más que debiera hacerse antes que cosa alguna; pues es el Amor el más filántropo de los dioses en su calidad de aliado de los hombres y de médico de males, cuya curación aportaría la máxima felicidad al género humano. Así, pues, yo intentaré explicaros a vosotros su poder y vosotros seréis luego los maestros de los demás. Pero antes que nada tenéis que llegar a conocer la naturaleza humana y sus vicisitudes, porque nuestra primitiva naturaleza no era la misma de ahora, sino dife-

---

[37] Aristófanes, que no ha podido por menos de desempeñar su papel de gracioso a propósito del incidente del estornudo, comienza su discurso prosiguiendo irónicamente los conceptos y las palabras de Erixímaco.

rente. En primer lugar, eran tres los géneros de los hombres, no dos, como ahora, masculino y femenino, sino que había también un tercero que participaba de estos dos, cuyo nombre perdura hoy en día, aunque como género ha desaparecido. Era, en efecto, entonces el andrógino [38] una sola cosa, como forma y como nombre, partícipe de ambos sexos, masculino y femenino, mientras que ahora no es más que un nombre sumido en el oprobio. En segundo lugar, la forma de cada individuo era en su totalidad redonda, su espalda y sus costados formaban un círculo; tenía cuatro brazos, piernas en número igual al de los brazos, dos rostros sobre un cuello circular, semejantes en todo, y sobre estos dos rostros, que estaban colocados en sentidos opuestos, una sola cabeza; además cuatro orejas, dos órganos sexuales y todo el resto era tal como se puede uno figurar por esta descripción. Caminaba en posición erecta como ahora, hacia adelante o hacia atrás, según deseara; pero siempre que le daban ganas de correr con rapidez hacía como los acróbatas, que dan la vuelta de campana haciendo girar sus piernas hasta caer en posición vertical y, como eran entonces ocho los miembros en que se apoyaba, avanzaba dando vueltas sobre ellos a gran velocidad. Eran tres los géneros y estaban así constituidos por esta razón: porque el macho fue en un principio descendiente del sol; la hembra, de la tierra; y el que participaba de ambos sexos, de la luna, ya que la luna participa también de uno y otro astro [39]. Y circulares precisamente eran su forma y su movimiento, por semejanza con sus progenitores. Eran,

[38] Es decir, "hombre-mujer".
[39] Parménides consideraba el sol como el elemento masculino del universo, la luna como el femenino y la tierra como el resultado de la unión de ambos.

pues, seres terribles por su vigor y su fuerza; grande
era además la arrogancia que tenían, y atentaron contra los dioses. De ellos también se dice, lo que cuenta
Homero de Efialtes y de Oto [40], que intentaron hacer
una escalada al cielo para atacar a los dioses. Entonces,
Zeus y los demás dioses deliberaron qué debían hacer,
y se encontraban en grande aprieto. No les era posible
darles muerte y extirpar su linaje, fulminándolos con
el rayo como a los gigantes, pues en ese caso los honores y los sacrificios que recibían de los hombres
se hubieran acabado, ni tampoco el consentirles su
insolencia. Con gran trabajo, al fin Zeus concibió una
idea y dijo: "Me parece tener una solución para que
pueda haber hombres y para que, por haber perdido
fuerza, cesen su desenfreno. Ahora mismo voy a cortarlos en dos a cada uno de ellos y así serán a la vez
más débiles y más útiles para nosotros por haberse
multiplicado su número. Caminarán en posición erecta
sobre dos piernas; pero si todavía nos parece que se
muestran insolentes y que no quieren estar tranquilos,
de nuevo los cortaré en dos, de suerte que anden en
lo sucesivo sobre una sola pierna, saltando a la pata
coja." Tras decir esto dividió en dos a los hombres,
al igual que los que cortan las serbas para ponerlas a
secar, o de los que cortan los huevos con una crin.
Y a todo aquel que iba cortando, ordenaba a Apolo
que le diera la vuelta a su rostro y a la mitad de su
cuello en el sentido del corte, para que el hombre, al
ver su seccionamiento, se hiciera más disciplinado, y
además le daba orden de curarlo. Dábales, pues, Apolo
la vuelta al rostro y reuniendo a estirones la piel de
todas partes hacia lo que que ahora se llama vientre,

---

[40] Homero, *Il.* V, 385 y sigs., y *Od.* XI, 305 y sigs. Hijos
gigantescos del tesalio Aloeo, que encadenaron a Ares e intentaron escalar el cielo para derrocar a Zeus.

la ataba como si se tratara de una bolsa con cordel, haciendo un agujero en medio del vientre, que es precisamente lo que se llama ombligo. En cuanto a las arrugas que quedaban, las alisó en su mayor parte, y dio también forma al pecho con un instrumento semejante al que usan los zapateros cuando alisan sobre la horma del calzado los pliegues de los cueros. Dejó, empero, unas cuantas arrugas, las de alrededor mismo del vientre y del ombligo, para que quedaran como un recuerdo de lo sucedido antaño. Mas una vez que fue separada la naturaleza humana en dos, añorando cada parte a su propia mitad, se reunía con ella. Se rodeaban con sus brazos, se enlazaban entre sí, deseosos de unirse en una sola naturaleza y morían de hambre y de inanición general, por no querer hacer nada los unos separados de los otros. Así, siempre que moría una de las mitades y quedaba sola la otra, la que quedaba con vida buscaba otra y se enlazaba a ella, bien fuera mujer entera —lo que ahora llamamos mujer— la mitad con que topara, o de varón, y así perecían. Mas compadeciéndose Zeus imaginó otra traza y les cambió de lugar sus vergüenzas colocándolas hacia adelante, pues hasta entonces las tenían en la parte exterior y engendraban y parían no los unos en los otros, sino en la tierra como las cigarras. Y realizó en esta forma la transposición de sus partes pudendas hacia delante e hizo que mediante ellas tuviera lugar la generación en ellos mismos, a través del macho en la hembra, con la doble finalidad de que, si en el abrazo sexual tropezaba el varón con mujer, engendraran y se perpetuara la raza y, si se unían macho con macho, hubiera al menos hartura del contacto, tomaran un tiempo de descanso, centraran su atención en el trabajo y se cuidaran de las demás cosas de la vida. Desde tan remota época, pues, es el amor de los unos a los otros connatural a los hombres y reunidor de la antigua naturaleza, y trata de hacer un solo ser de los dos y de curar la naturaleza humana. Cada uno de nosotros, efectivamente, es una contraseña [41] de hombre, como resultado del corte en dos de un solo ser, y presenta sólo una cara como los lenguados. De ahí que busque siempre cada uno a su propia contraseña. Así, pues, cuantos hombres son sección de aquel ser partícipe de ambos sexos, que entonces se llamaba andrógino, son mujeriegos; los adúlteros también en su mayor parte proceden de este género, y asimismo las mujeres aficionadas a los hombres y las adúlteras derivan también de él. En cambio, cuantas mujeres son corte de mujer no prestan excesiva atención a los hombres, sino más bien se inclinan a las mujeres, y de este género proceden las tríbades. Por último, todos los que son sección de macho, persiguen a los machos y, mientras son muchachos, como lonchas de macho que son, aman a los varones y se complacen en acostarse y en enlazarse con ellos; éstos son precisamente los mejores entre los niños y los adolescentes, porque son en realidad los más viriles por naturaleza. Algunos, en cambio, afirman que son unos desvergonzados. Se equivocan, pues no hacen esto por desvergüenza, sino por valentía, virilidad y hombría, porque sienten predilección por lo que es semejante a ellos. Y hay una gran prueba de que es así: cuando llegan al término de su desarrollo, son los de tal condición los únicos que resultan viriles en la política. Mas una vez que llegan a adultos, aman a su

[41] He traducido por "contraseña" la palabra σύμβολον (la *tessera hospitalis* de los romanos), dado o tablilla partida en dos, cuyas mitades guardaban los individuos unidos por el vínculo de hospitalidad para reconocerse mutuamente juntándolas.

vez a los mancebos y, si piensan en casarse y tener hijos, no es por natural impulso, sino por obligación legal; les basta con pasarse la vida en mutua compañía sin contraer matrimonio. Y ciertamente el que es de tal índole se hace "pederasta", amante de los mancebos, y "filerasta", amigo del amante, porque siente apego a lo que le es connatural. Pero, cuando se encuentran con aquella mitad de sí mismos, tanto el pederasta como cualquier otro tipo de amante, experimentan entonces una maravillosa sensación de amistad, de intimidad y de amor, que les deja fuera de sí, y no quieren, por decirlo así, separarse los unos de los otros ni siquiera un instante. Estos son los que pasan en mutua compañía su vida entera y ni siquiera podrían decir qué desean unos de otros. A ninguno, en efecto, le parecería que ello era la unión en los placeres afrodisíacos y que precisamente ésta es la causa de que se complazca el uno en la compañía del otro hasta tal extremo de solicitud. No; es otra cosa lo que quiere, según resulta evidente, el alma de cada uno, algo que no puede decir, pero que adivina confusamente y deja entender como un enigma. Así, si cuando están acostados en el mismo lecho, se presentara junto a éste Hefesto con sus utensilios y les preguntase: "¿Qué es lo que queréis, hombres, que os suceda mutuamente?", y si, al no saber ellos qué responder, les volviese a preguntar: "¿Es acaso lo que deseáis el uniros mutuamente lo más que sea posible, de suerte que ni de noche ni de día os separéis el uno del otro? Si es esto lo que deseáis, estoy dispuesto a fundiros y a amalgamaros en un mismo ser, de forma que siendo dos quedéis convertidos en uno solo y que, mientras dure vuestra vida, viváis en común como si fuerais un solo ser y, una vez que acabe ésta, allí también en el Hades en vez de ser dos seáis uno solo, muertos ambos en común. ¡Ea! Mirad si es esto lo que deseáis y si os dais por contentos con conseguirlo." Al oír esto, sabemos que ni uno solo se negaría, ni demostraría tener otro deseo, sino que creería simplemente haber escuchado lo que ansiaba desde hacía tiempo: reunirse y fundirse con el amado y convertirse de dos seres en uno solo. Pues la causa de este anhelo es que nuestra primitiva naturaleza era la que se ha dicho y que constituíamos un todo; lo que se llama amor, por consiguiente, es el deseo y la persecución de ese todo. Anteriormente, como digo, constituíamos un solo ser, pero ahora, por nuestra injusticia fuimos disgregados [42] por la divinidad como los arcadios lo han sido por los lacedemonios. Y existe el peligro de que, si no nos mostramos disciplinados con los dioses, se nos seccione de nuevo y marchemos por ahí como esos que están esculpidos de perfil en las estelas, serrados en dos por la nariz y convertidos en medias tabas [43]. Por esto debemos exhortar a todos los hombres a mostrarse piadosos con los dioses en todo, para esquivar ese temor y conseguir ese anhelo, del que es guía y caudillo el Amor [44]. Que nadie obre en su contra. Y obra en su contra todo aquel que se enemista con los dioses. Pues si nos hacemos sus amigos y nos reconciliamos con el dios, descubriremos y

[42] Se alude al parecer al διοιχισμός o disgregación política de Mantinea en 385 a. de J. C. por los lacedemonios. Evidente anacronismo (pues el banquete presente se supone celebrado en el 416 a. de J. C.) y que según los críticos puede servir para señalar la fecha de composición de esta obra.

[43] En el original dice "lispas". Por la *Suda* sabemos que las lispas eran astrágalos (tabas o dados) serrados por la mitad y su finalidad era la misma que la de los símbolos. Cf. nota 41.

[44] Me aparto aquí del texto de Burnet y acepto la sugerencia de Bury ὅσων en vez de ὡς.

nos encontraremos con los amados que nos corresponden, lo que consiguen muy pocos de los hombres de ahora. Y, ¡por favor!, que no me interrumpa Erixímaco, haciendo escarnio de mi discurso, porque piense que aludo a Pausanias y Agatón [45]..., pues tal vez se dé la casualidad de que sean individuos de esta especie y "machos" ambos, por naturaleza. Lo que yo digo lo aplico en general a hombres y a mujeres, y es que tan sólo podría alcanzar la felicidad nuestra especie si lleváramos el amor a su término de perfección y cada uno consiguiera el amado que le corresponde remontándose a su primitiva naturaleza. Y si esto es lo mejor, necesariamente en el estado actual de las cosas será lo mejor lo que más cerca esté de este ideal. Y esto es el conseguir un amado que por naturaleza coincida con la índole de uno. Así, pues, si a quien celebramos es al dios que origina esto, celebraremos con razón al Amor, que en el presente es el que mayor servicio nos presta por conducirnos a lo que es afín a nosotros, y que, para el futuro, hace nacer en nosotros las mayores esperanzas de que, si mostramos piedad hacia los dioses, nos reintegrará a nuestra primitiva naturaleza y curándonos nos hará bienaventurados y felices. Este es, Erixímaco —dijo Aristófanes—, mi discurso sobre el Amor, de otra índole que el tuyo. No lo ridiculices, como te he suplicado, para que podamos escuchar qué dirá cada uno de los restantes, o mejor dicho, uno y otro, pues sólo quedan por hablar Agatón y Sócrates.

—De acuerdo. Te obedeceré —me contó Aristodemo que replicó Erixímaco—, pues tu discurso ha sido

---

[45] Ironía de Aristófanes, como puede verse por la descripción que hace de Agatón en su comedia *Las tesmoforiantes*, vv. 31 y sigs.

de mi agrado. Es más, si no supiera que Sócrates y Agatón son peritos en cuestiones eróticas, mucho temería que no supieran qué decir por haberse dicho ya muchas y variadísimas razones. No obstante, tengo esperanzas.

Entonces, Sócrates dijo:

—Te has portado, en efecto, como un bravo en la contienda, Erixímaco, pero si te encontraras donde yo estoy ahora, o mejor quizá, donde me encontraré una vez que haya pronunciado también Agatón un excelente discurso, grande sería tu temor y estarías en el mayor embarazo, como yo estoy ahora.

—Lo que quieres es darme mal de ojo, Sócrates —intervino Agatón—, para que me azore por creer que domina al auditorio una gran expectación, como si yo fuera a hablar bien.

—Sería sin duda olvidadizo, Agatón —le respondió Sócrates—, si después de haber visto tu hombría y tu arrogancia cuando subiste al tablado con los actores, enfrentaste tu mirada con tan enorme auditorio y, a pesar de que ibas a representar tu propia obra, no te turbaste en absoluto, creyese yo que ahora te ibas a azorar por nosotros, que somos unos pocos hombres.

—¿Y qué, Sócrates? —replicó Agatón—; ¿es que me consideras tan lleno de teatro que desconozca que para el que tiene seso unos cuantos inteligentes son mucho más de temer que un enjambre de necios?

—No haría bien, Agatón —dijo Sócrates—, si supusiera en ti alguna rusticidad. Bien sé que si tropezaras con unos cuantos que creyeras sabios, te preocuparías mucho más de ellos que de la masa. Pero me temo que nosotros no somos esos hombres, pues estuvimos también en el teatro y formábamos parte del vulgo. Ahora bien, si te encontraras con otros, sabios de verdad, tal vez sentirías vergüenza entre ellos, si creyeras que hacías algo que era feo. ¿Qué dices a esto?

—Que dices la verdad —respondió.

—¿Y no sentirías, en cambio, vergüenza ante el vulgo, si creyeras hacer algo feo?

Aquí, me contó Aristodemo, les interrumpió Fedro, que dijo:

—Querido Agatón, si respondes a Sócrates, ya no le interesará nada de lo de aquí, suceda lo que suceda y del modo que sea, con tal de tener alguien con quien dialogar, especialmente si es un bello mancebo. Por lo que a mí respecta, me gusta oír a Sócrates conversar, pero me es necesario, sin embargo, en beneficio del Amor, velar por su alabanza y recibir de cada uno de vosotros vuestro discurso. Así que, cuando haya prestado cada uno su contribución al dios, que dialogue entonces sin más.

—Tienes razón, Fedro —dijo Agatón—, y nada me impide hablar, pues con Sócrates tendré después mil ocasiones de conversar.

—Pues bien, quiero decir primero de qué modo debo hablar y después pronunciar mi discurso. En mi opinión, todos los que han hablado antes no han alabado propiamente al dios, sino felicitado a los hombres por los beneficios que el dios les proporciona; en cambio, qué cualidades reúne en sí para haberles otorgado esos dones, eso no lo ha dicho ninguno. Pero sólo hay un modo correcto de hacer cualquier encomio sobre cualquier cosa: exponer detalladamente cómo es y qué efectos produce la cosa sobre la cual se esté hablando. De esta manera, es justo también que alabemos al Amor, primero en sí, tal como es, y luego en sus dádivas. Y yo afirmo que entre todos los dioses, que de por sí son bienaventurados, es el Amor, si es lícito y no acarrea la ira de los dioses el decirlo, el más bienaventurado de ellos, ya que es el más bello y el mejor. Y es el más bello porque reúne estas condiciones: en primer lugar, Fedro, es el más joven de los dioses. Una gran prueba en pro de mi afirmación él mismo la procura, al huir en franca fuga de la vejez, que evidentemente es veloz, o al menos nos alcanza a nosotros con mayor rapidez que fuera menester. Contra ésta, como es sabido, siente aversión el Amor por naturaleza y no se aproxima a ella ni a larga distancia. Entre los jóvenes, en cambio, siempre anda y está, pues razón tiene ese antiguo dicho de que lo semejante se arrima siempre a lo semejante. Yo, con Fedro, a pesar de que con él coincido en otras muchas cosas, no estoy de acuerdo con eso de que Amor es más antiguo que Crono [46] y que Jápeto, sino que afirmo que es el más joven de los dioses y siempre joven. En cuanto a esos antiguos hechos referentes a los dioses de que hablan Hesíodo y Parménides [47], sostengo que fueron debidos a la Necesidad y no al Amor —en el supuesto de que aquéllos dijeran la verdad—, ya que, de haber estado Amor entre ellos, no hubiera habido ni mutilaciones, ni mutuos cautiverios, ni otras muchas violencias, sino amistad y paz como hay ahora, desde que el Amor reina entre los dioses. Es el dios, según lo dicho, joven, pero además de joven, delicado. Es más, requiere un poeta como fue Homero para describir su divina delicadeza. Homero, en efecto, a propósito de

---

[46] Titanes mencionados en Hom. (*Il.* VIII, 479 y sigs.) y proverbial expresión para denotar algo sumamente antiguo.

[47] Para refutar la tesis de Fedro, Agatón aduce el testimonio de los mismos autores pero en pasajes diferentes. *Teogonía* 167 y sigs. y 746 y sigs. De Parménides no se conserva ningún fragmento en apoyo de la tesis de Agatón.

Ate, asegura que es una diosa y además delicada —al menos que sus pies son delicados— con estas palabras:

Sus pies en verdad son delicados, pues no los apro-
[*xima al suelo,*
sino que sobre cabezas de hombres camina [48].

Buena es, en mi opinión, la prueba con la que muestra su delicadeza: el que no camina sobre cosa dura, sino blanda. De la misma prueba, pues, nos serviremos nosotros también respecto del Amor, para mostrar que es delicado. No camina el Amor sobre el suelo, ni sobre los cráneos, que no son excesivamente blandos, sino que camina y habita en los más blandos de los seres: es en los caracteres y en las almas de dioses y de hombres, donde asienta su morada. Mas no indistintamente en todas las almas, que de toda aquella que encuentra con un carácter duro, se aparta, y se instala, en cambio, en la que lo tiene blando. Estando, por tanto, no sólo con los pies, sino con todas las partes de su cuerpo, siempre en contacto con las más blandas de las cosas más blandas que hay, necesariamente será delicado en grado sumo. Es, pues, por una parte, sumamente joven y sumamente delicado, pero además de estas cualidades es flexible de forma; porque, si fuera rígido, no sería capaz de replegarse en todas sus partes ni tampoco de pasar inadvertido a través de las almas, al penetrar primero en ellas y luego al salir. Por otra parte, de su figura simétrica y flexible hay un excelente indicio: su proporción de formas, lo que precisamente, según reconocen todos, posee en grado sumo Amor; pues entre la deformidad y el Amor

---

[48] *Il.* XIX, 92-3. Ate, la temible diosa, hija de Zeus, que infunde en los hombres la locura que los conduce a la ruina.

siempre existe mutua guerra. La belleza de su tez la indica ese modo de vivir del dios entre flores; porque en lo que no está en flor o está marchito, bien sea cuerpo o alma o cualquier otra cosa, no reside Amor, mas donde haya lugar florido y perfumado, allí aposenta su sede y permanece.

Sobre la belleza del dios, pues, basta con esto que se ha dicho, por más que queden todavía muchas cosas por decir. A continuación se ha de hablar sobre la virtud del Amor. Lo más importante es que el Amor no comete injusticia contra dios ni contra hombre, ni la recibe tampoco de dios o de hombre alguno. Tampoco padece violencia, si es que padece de algo, pues la violencia no toca al Amor. Asimismo, cuando obra, no ejerce violencia, porque todo el mundo sirve al Amor de buen grado en todo, y aquello que convienen dos por propia voluntad dicen *"las leyes reinas de la ciudad"* [49] que es justo. Pero, aparte de la justicia, participa además de la mayor templanza. Pues, según se opina comúnmente, la templanza es el dominio [50] de los placeres y de los deseos y no hay ningún placer más fuerte que el Amor. Si los placeres, pues, son menos fuertes que él, serán dominados por el Amor y él tendrá dominio sobre ellos; y por este dominio de los placeres y de los apetitos, el Amor tendrá templanza en grado sumo. Por otra parte, en lo que a valentía toca, con Amor *"ni siquiera Ares compite"* [51], pues no es Ares quien se adueña del Amor, sino el Amor de Ares, es decir, Afrodita,

---

[49] Cita de Alcidamante, discípulo de Gorgias, según se desprende de Aristot., *Ret.* III, 1406 *a* 18.

[50] Razonamiento vicioso en el que se juega con los dos significados de κρατεῖν (vencer, dominar) y κρείττων εἶναι (ser más fuerte), intercambiándolos.

[51] Sófocles, *Tiestes*. Fr. 235 Nauck [2].

según se cuenta, y es superior lo que domina a lo dominado. Así, si prevalece sobre el más valiente de los restantes, será el más valiente de todos. Sobre la justicia, templanza y valentía del dios se ha hablado; queda hacerlo sobre su sabiduría y, en lo que es posible, se ha de intentar no pasar nada por alto. En primer lugar, para que honre también yo nuestro arte, como Erixímaco el suyo, diré que es el dios poeta tan hábil que puede incluso crear otro. Al menos se hace poeta todo aquél, *"por negado a las musas que fuera anteriormente"* [52], a quien toque el dios. Y de esto conviene que nos sirvamos como testimonio de que el Amor es un excelente poeta en general en toda clase de creación relativa a las artes de las Musas; porque aquello que no se tiene o no se sabe, no se puede dar a otro o enseñárselo a tercero. Y, ciertamente, la creación de los seres vivos en su totalidad ¿quién negará qué es una parte de la sabiduría del Amor, por la que nacen y se producen todos los seres? En cuanto a la práctica de las artes, ¿es que no sabemos que aquel que tenga a ese dios por maestro resulta famoso e ilustre, y oscuro aquel a quien Amor no toque? Incluso el arte de disparar el arco, la medicina y el arte adivinatoria las descubrió Apolo bajo la guía del deseo y del amor, de suerte que también él puede ser tenido por discípulo del Amor; asimismo las Musas, respecto de las artes musicales, Hefesto respecto de la forja, Atenea respecto del arte de tejer y Zeus en el de *gobernar a los dioses y a los hombres* [53]. De ahí también que se estableciera un orden en las cosas de los dioses cuando entre ellos apareció el Amor —claro es que el de la belleza, pues no se

---

[52] Eurípides, *Estenebea*. Fr. 663 Nauck [2].
[53] Cita de un poeta desconocido.

posa amor en la fealdad—. Hasta entonces, como dije al principio, tuvieron lugar entre los dioses muchos horrores, según se cuenta, por culpa del reinado de la Necesidad, pero una vez que nació ese dios, del amar las cosas bellas se han seguido toda clase de bienes tanto para los dioses, como para los hombres.

Esta es mi opinión, Fedro: el Amor, por ser ante todo sumamente bello y excelente en sí, es causa después para los demás de otras cosas semejantes. Y se me ocurre también decir en verso que es él quien crea:

En los hombres la paz, en el piélago calma sin brisa, el reposo de los vientos y el sueño en las cuitas.

Es él quien nos vacía de hostilidad y nos llena de familiaridad, quien ha instituido todas las reuniones como ésta para que las celebremos en mutua compañía y el que en las fiestas, en las danzas y en los sacrificios se hace nuestro guía; nos procura mansedumbre, nos despoja de rudeza; amigo de dar benevolencia, jamás da malevolencia, es benigno en su bondad; digno de ser contemplado por los sabios, de ser admirado por los dioses; envidiable para los que no le poseen, digno de ser poseído por los favorecidos por la suerte; del lujo, de la molicie, de la delicadeza, de las gracias, del deseo, de la añoranza es padre; atento con los buenos, desatento con los malos; en la fatiga, en el temor, en el deseo, en el discurso es piloto, marinero, compañero de armas y salvador excelso; ornato de todos, dioses y hombres, y guía de coro, el más bello y el mejor, a quien deben seguir todos los hombres elevando himnos en su honor y tomando parte en la oda que entona y con la que embelesa la mente de todos, dioses y hombres.

Este es, Fedro —concluyó—, el discurso que de mi parte debe quedar consagrado al dios: un discurso que, en la medida de mis fuerzas, tiene parte de broma y parte de comedida gravedad.

Al terminar de hablar Agatón, todos los presentes, según me contó Aristodemo, prorrumpieron en aplausos, porque estimaban que el joven había hablado en consonancia consigo mismo y con el dios. Sócrates, entonces, lanzó una mirada a Erixímaco y le dijo:

—¿Acaso estimas, ¡oh, hijo de Acúmeno!, que mi miedo de hace un momento era infundado? ¿No te parece más bien que lo que decía hace un rato era una verdadera profecía, que Agatón iba a hablar maravillosamente y que yo me iba a encontrar en un aprieto?

—Esto último —le respondió Erixímaco—, que Agatón iba a hablar bien, lo has dicho, en mi opinión, como un verdadero profeta. Pero eso de que tú no sepas qué decir no lo creo.

—¿Cómo, ¡oh, bienaventurado! —le replicó Sócrates—, no voy a encontrarme en un aprieto, y no sólo yo, sino también otro cualquiera, si he de hablar después de haberse pronunciado un discurso tan bello y tan variado? Cierto es que la primera parte no ha sido tan maravillosa, pero en lo tocante al final... ¿quién al oírlo no quedaría embelesado por la belleza de los nombres y de los períodos? Tanto es así que cuando reflexionaba que no iba a ser capaz de decir nada bello que pudiera aproximarse siquiera a estas palabras, poco faltó para que por vergüenza me escapara, y lo hubiera hecho, de haber tenido algún miedo. Me traía, en efecto, su discurso, el recuerdo de Gorgias, de tal forma que pasé, ni más ni menos, por esa situación que cuenta Homero [54]; temía que, al terminar Agatón, arrojara en su discurso la cabeza de

[54] Homero, *Od.* XI, 632. Juego de palabras entre Gorgias y Gorgo (Gorgona).

Gorgias, ese terrible orador, sobre el mío y me convirtiera en piedra por la imposibilidad de emitir palabra. Fue entonces cuando me di cuenta de lo ridículo que era cuando os prometí hacer en turno con vosotros un encomio del Amor y afirmé que era entendido en cuestiones amorosas, por más que no sabía nada de ese asunto de cómo se debe hacer un encomio cualquiera. Llevado por mi ignorancia, yo creía que se debía decir la verdad sobre cada una de las cualidades de la cosa encomiada, aunque también fuera posible escoger entre ellas las más bellas y exponerlas de la manera más brillante posible. Grande era ciertamente mi presunción de que iba a hablar bien, ¡como si conociera la manera verdadera de hacer cualquier alabanza! Mas no era ése, al parecer, el modo correcto de elogiar cualquier cosa, sino el atribuir al objeto el mayor número de cualidades y las más bellas, se dieran o no en la realidad. Y si éstas eran falsas, la cosa carecía de importancia, pues lo que se propuso fue, al parecer, que cada uno de nosotros cuidara de hacer en apariencia el encomio del Amor, no que éste fuera realmente elogiado. Por esta razón, creo rebuscáis toda clase de calificativos y se los aplicáis al Amor y decís que es de tal o cual condición, u origen de tantas o cuantas cosas, para que aparezca de la manera más bella y mejor posible, claro está que ante los ignorantes, pero no, por supuesto, ante los entendidos; y así el elogio no sólo resulta bello, sino también pomposo. Pues bien, yo no conocía ese tipo de alabanza y por no conocerlo os prometí hacer yo también en mi turno un encomio. Fue sin duda *'la lengua la que prometió, no la mente'* [55]. Adiós, pues, el encomio. Yo ya no lo hago de esta manera, porque no podría hacerlo. Sin embargo,

---

[55] Verso famoso (612) del *Hipólito*, de Eurípides.

la verdad, si os parece bien, estoy dispuesto a decirla a mi manera, mas sin poner en parangón mi discurso con los vuestros, para no incurrir en ridículo. Mira, pues, Fedro, si hace falta también un discurso semejante, uno que permita oír la verdad sobre el Amor, pero con el léxico y ordenación de vocablos que buenamente salgan.

Entonces —me dijo Aristodemo—, Fedro y los demás le invitaron a hablar conforme él creyera conveniente.

—Pues bien, Fedro —agregó Sócrates—, déjame todavía hacer a Agatón unas cuantas preguntas, para que, una vez que haya recibido su asentimiento, empiece ya a hablar.

—Está bien. Te dejo —le contestó Fedro—; pregúntale.

Después de esto me contó Aristodemo que Sócrates empezó más o menos así:

—Bien es verdad, querido Agatón, que me pareció que comenzaste acertadamente tu discurso, diciendo que primero era necesario mostrar cómo era el Amor en sí y después cómo eran sus obras. Este principio me admira grandemente. Pero, veamos, a propósito del Amor, ya que por lo demás explicaste bien y en un magnífico estilo cómo era, dime aún esto: ¿Es por su naturaleza el Amor de tal clase que sea amor de algo o de nada? Y lo que pregunto no es si el Amor es amor de una madre o de un padre [56] —pues sería ri-

---

[56] "Amor de una madre o de un padre", tres interpretaciones se han dado de este genitivo. a) Genitivo subjetivo: amor que siente una madre; b) genitivo objetivo: amor por una madre; c) genitivo de origen: y no pregunto si tiene una madre o un padre. He preferido mantener en castellano la anfibología del texto griego con el carácter ambiguo de nuestro genitivo.

dícula la pregunta de si el Amor es amor de madre o de padre—, sino que hago la pregunta de la misma manera que si a propósito del concepto de "padre" preguntara: ¿Es el padre padre de algo o no? En ese caso, me responderías sin duda alguna, si quisieras responderme bien, que el padre es padre de un hijo o de una hija. ¿No es verdad?

—Sí —respondió Agatón.

—¿Y no ocurre lo mismo con el concepto de "madre"?

Agatón convino también en esto.

—Respóndeme aún —replicó Sócrates— a unas cuantas preguntas, para que te enteres mejor de lo que quiero decir. Si yo, pongo por caso, te preguntase: ¿Y qué? ¿El hermano, en cuanto que es tal, es hermano de alguien o no?

—Lo es —afirmó Agatón.

—¿Y no lo es de un hermano o de una hermana?

—Sí —convino.

—Intenta, pues —repuso Sócrates—, responder a propósito del Amor. ¿Es el Amor amor de algo o de nada?

—Sí, por cierto, lo es de algo.

—Esto —dijo Sócrates— guárdalo en tu memoria acordándote de qué cosa es amor. Pero ahora dime tan solo esto: ¿Desea el Amor aquello de lo que es amor, o no?

—Sí, y mucho —respondió.

—¿Es acaso al poseer lo que desea y ama cuando desea y ama, o es al no poseerlo?

—Al no poseerlo, al menos según es verosímil —contestó.

—Considera ahora —replicó Sócrates— si en vez de verosímil es necesario que así sea, es decir: lo que desea desea aquello de que está falto, y no lo desea si está provisto de ello. A mí al menos me da una extraordinaria sensación de que es necesario. ¿Y a ti?

—También a mí me la da —respondió.

—Dices bien. ¿Querría, por consiguiente, el que es grande ser grande y el que es fuerte ser fuerte?

—Es imposible, según lo convenido.

—En efecto, ya que no carecería de estas cualidades por poseerlas en sí mismo.

—Dices la verdad.

—Pero en el caso de que alguien, a pesar de ser fuerte, quisiera ser fuerte —agregó Sócrates—, o siendo veloz, ser veloz, o estando sano, estar sano... Pues tal vez puede alguien creer con respecto a estas cualidades y a todas las similares, que los que las reúnan en sí y las poseen, desean, no obstante, lo que tienen. Y digo esto para que no nos llamemos a engaño. Pues estos individuos, Agatón, si reflexionas bien, verás que por necesidad poseen en el momento presente una por una todas las cosas que poseen, quieran o no quieran; y ¿quién puede estar deseoso precisamente de eso, de lo que posee? Así, suponiendo que alguien nos dijera: "Yo estoy sano y quiero estar sano", o bien: "Yo soy rico y deseo lo mismo que tengo", le diríamos: "Tú, buen hombre, que posees riquezas, salud o fuerza, quieres también poseer estos bienes en el futuro, ya que, al menos en el momento presente, quieras o no, los tienes. Mira, pues, cuando digas eso de "deseo lo que actualmente tengo", si lo que expresas con ello es otra cosa que esto: "Quiero tener también en el futuro lo que ahora tengo". ¿Podría afirmar otra cosa? Agatón mostró, según me dijo Aristodemo, su conformidad.

A continuación, dijo Sócrates:

—¿Y no equivale esto, es decir, el desear que en el futuro estas cualidades se conserven y perduren en nosotros, a amar aquello que aún no está a nuestra disposición, ni se tiene?

—Sin duda alguna —respondió Agatón.

—Luego éste y cualquier otro que siente deseo, desea lo que no tiene a su disposición y no está presente, lo que no posee, lo que él no es y aquello de que carece. ¿No son éstas o cosas semejantes el objeto del deseo y del amor?

—Sin duda alguna —dijo Agatón.

—Ea, pues —dijo Sócrates—, pongamos de acuerdo lo dicho. ¿No es el Amor en primer lugar amor de algo y en segundo lugar de aquello de que está falto?

—Sí —respondió.

—Después de esto, acuérdate ahora sobre qué cosas, según dijiste en tu discurso, versaba el Amor; o, si lo prefieres, yo te lo recordaré. Creo que tú dijiste más o menos así, que entre los dioses se estableció un orden de cosas gracias al amor de lo bello, pues lo feo no podría ser el objeto del amor. ¿No te expresabas más o menos así?

—Así lo dije, en efecto —respondió Agatón.

—Y lo dices con toda razón, compañero —replicó Sócrates—. Pero si esto es así, ¿puede ser el Amor otra cosa que amor de la belleza y no de la fealdad?

Agatón dio su aprobación a esto.

—Mas ¿no se ha convenido en que es lo que le falta y no tiene, lo que desea y ama?

—Sí —dijo.

—En ese caso, el Amor carece de belleza y no la posee.

—Necesariamente —respondió.

—¿Y qué? ¿Lo que carece de belleza y en modo alguno la posee, dices tú que es bello?

—No, por supuesto.

—¿Persistes todavía en afirmar que el Amor es bello, si esto es así?

Agatón entonces le dijo:

—Es muy probable, Sócrates, que no entendiera nada de lo que dije entonces.

—Y eso que hablaste bellamente, Agatón —replicó Sócrates—. Pero respóndeme todavía un poco. ¿Las cosas buenas no te parecen también bellas?

—Al menos, esa es mi opinión.

—Entonces, si el Amor carece de cosas bellas y lo bueno es bello, también estará falto de cosas buenas.

—Sócrates —respondió—, a ti no sería yo capaz de contradecirte. Que quede el asunto tal como tú dices.

—No, por cierto, querido Agatón —le replicó Sócrates—; es a la verdad a la que no puedes contradecir, pues a Sócrates no es nada difícil.

—Pero a ti te dejaré ya y me ocuparé del discurso sobre el Amor, que un día escuché a una mujer de Mantinea, Diotima [57], que no sólo era sabia en estas cuestiones, sino en otras muchas; tanto es así que, por haber hecho antaño, con anterioridad a la peste,

---

[57] La historicidad de Diotima ha sido discutida modernamente. Wilamowitz, Bury, Robin, opinan que es un personaje ficticio introducido por Platón en el diálogo por motivos literarios: Sócrates, por cortesía, finge haber sido también refutado de los mismos errores que su anfitrión por una sapientísima mujer de Mantinea, que en tono profético le revela los misterios del Amor. El nombre mismo de ésta: Diotima "la que honra a Zeus" y el adjetivo *Mantinikē* (de Mantinea) que parece implicar el nombre de *mantikē*, arte adivinatoria (Marsilio Ficino traduce "fatidica muliere") inclinan a pensar, según estos autores, que el personaje es puramente simbólico, un paralelo de la Aspasia del Menéxeno y del armenio Er de la República. Nos encontramos, pues, concluyen, con un nuevo mito platónico. Kranz, en cambio, se muestra decididamente partidario de su historicidad.

un sacrificio los atenienses, aplazó por diez años la epidemia. Fue precisamente esa mujer mi maestra en las cosas del amor, y el discurso que me pronunció voy a intentar repetíroslo tomando como punto de partida lo que hemos convenido Agatón y yo, hablando conmigo mismo, en la forma que pueda. Y como, según indicaste tú, Agatón, se debe exponer primero qué es el Amor en sí y cuál es su naturaleza, y después sus obras, me parece que lo más fácil para mí es hacer mi relato, ciñéndome a las preguntas que entonces me iba haciendo la extranjera. Sobre poco más o menos también yo había aducido ante ella otras tantas razones, como las que ahora ha aducido Agatón ante mí: que el Amor era un gran dios y que tenía por objeto las cosas bellas, pero ella me fue refutando con los mismos argumentos que yo a él: que no era ni bello, según pretendían mis palabras, ni bueno.

—¿Cómo dices, Diotima? —le repliqué yo—. ¿Entonces es feo el Amor y malo?

—¿No hablarás con respeto? —me dijo—. ¿Es que crees que lo que no sea bello habrá de ser por necesidad feo?

—Exactamente.

—¿Y lo que no sea sabio, ignorante? ¿No te has dado cuenta que existe algo intermedio entre la sabiduría y la ignorancia?

—¿Qué es eso?

—El tener una recta opinión sin poder dar razón de ella. ¿No sabes —prosiguió— que esto no es ni conocimiento, pues una cosa de la que no se puede dar razón no puede ser conocimiento, ni tampoco ignorancia, pues no puede ser ignorancia lo que alcanza la realidad? Más bien, supongo yo, es la recta opinión algo así como un intermedio entre la sabiduría y la ignorancia.

—Es verdad —respondí yo— lo que dices.

—Así, pues, no pretendas hacer por necesidad lógica lo que no es bello, feo, ni lo que no es bueno, malo. Y de la misma manera también en lo que al Amor atañe, ya que reconoces que no es ni bueno ni bello, tampoco creas que debe ser feo o malo, sino algo intermedio entre estos dos extremos.

—Pero el caso es —le dije yo—, que todos están de acuerdo en que es un gran dios.

—¿Te refierés a todos los ignorantes o a todos los sabios? —me replicó.

—A todos, sin excepción.

—¿Y cómo pueden estar de acuerdo, Sócrates —me dijo sonriendo—, en que es un gran dios, aquellos que niegan incluso que sea dios?

—¿Quiénes son esos? —le pregunté.

—Uno eres tú —me contestó—, y otra yo.

Yo, entonces, le dije:

—¿Cómo dices esto?

—Muy sencillamente —me replicó—. Dime: ¿No afirmas que todos los dioses son bienaventurados y felices? ¿O es que te atreverías a afirmar que hay alguno entre los dioses que no sea bello y feliz?

¡Por Zeus!, yo no —le dije.

—¿Y no llamas bienaventurados precisamente a los que poseen las cosas buenas y las cosas bellas?

—Exacto.

—Pues, al menos, en lo que toca al Amor, has reconocido que su indigencia de cosas buenas y bellas le hace desear esas mismas cosas de que está falto.

—Lo he reconocido, en efecto.

—¿Cómo puede ser, según eso, dios el que no tiene parte de lo bello y de lo bueno?

—Es imposible, al parecer.

—¿Ves ahora —me dijo—, que tú tampoco consideras dios al Amor?

—¿Qué cosa puede ser entonces el Amor? —le objeté—. ¿Un mortal?

—No, ni mucho menos.

—Entonces, ¿qué?

—Como en los casos anteriores —repuso—, algo intermedio entre mortal e inmortal.

—¿Qué, Diotima?

—Un gran genio [58], Sócrates, pues todo lo que es genio, está entre lo divino y lo mortal.

—Y ¿qué poder tiene? —le repliqué yo.

—Interpreta y transmite a los dioses las cosas humanas y a los hombres las cosas divinas, las súplicas y los sacrificios de los unos y las órdenes y las recompensas a los sacrificios de los otros. Colocado entre unos y otros rellena el hueco, de manera que el Todo quede ligado consigo mismo. A través de él discurre el arte adivinatoria en su totalidad y el arte de los sacerdotes relativa a los sacrificios, a las iniciaciones, a los encantos, a la mántica toda y a la magia. La divinidad no se pone en contacto con el hombre, sino que es a través de este género de seres por donde tiene lugar todo comercio y todo diálogo entre los dioses y los hombres, tanto durante la vigilia como durante el sueño. Así, el hombre sabio con relación a tales cono-

---

[58] Traduzco por "genio" la palabra δαίμων, y el adjetivo δαιμόνιος por "genial", ya que la palabra "demonio" tiene en castellano un sentido demasiado específico y no corresponde bien a la acepción primitiva. Homero emplea esta palabra en el sentido general de divinidad. En Hesíodo son δαίμονες los espíritus de los hombres que vivieron en la edad de oro. En otras partes aparecen como divinidades de tipo inferior (buenas o malas) y algunos escritores emplean δαίμων como equivalente de θεός, dios.

cimientos es un hombre 'genial' y el que lo es en otra cosa cualquiera, bien en las artes o en los oficios, un simple menestral. Estos genios, por supuesto, son muchos y de muy variadas clases y uno de ellos es el Amor.

—Y ¿quién es su padre —le pregunté— y quién es su madre?

—Más largo es de explicar, pero sin embargo, te lo diré. Cuando nació Afrodita, los dioses celebraron un banquete y entre ellos estaba también el hijo de Metis (la Prudencia), Poro (el Recurso). Una vez que terminaron de comer, se presentó a mendigar, como era natural al celebrarse un festín, Penía (la Pobreza) y quedóse a la puerta. Poro, entretanto, como estaba embriagado de néctar —aún no existía el vino—, penetró en el huerto de Zeus y en el sopor de la embriaguez se puso a dormir. Penía entonces, tramando, movida por su escasez de recursos, hacerse un hijo de Poro, del Recurso, se acostó a su lado y concibió al Amor. Por esta razón el Amor es acólito y escudero de Afrodita, por haber sido engendrado en su natalicio, y a la vez enamorado por naturaleza de lo bello, por ser Afrodita también bella. Pero, como hijo que es de Poro y de Penía, el Amor quedó en la situación siguiente: en primer lugar es siempre pobre y está muy lejos de ser delicado y bello, como lo supone, el vulgo, por el contrario, es rudo y escuálido, anda descalzo y carece de hogar, duerme siempre en el suelo y sin lecho, acostándose al sereno en las puertas y en los caminos, pues por tener la condición de su madre, es siempre compañero inseparable de la pobreza. Mas por otra parte, según la condición de su padre, acecha a los bellos y a los buenos, es valeroso, intrépido y diligente; cazador temible, que siempre urde alguna trama; es apasionado por la sabiduría y fértil en recursos: filosofa a lo largo de toda su vida y es un charlatán terrible, un embelesador y un sofista. Por su naturaleza no es inmortal ni mortal, sino que en un mismo día a ratos florece y vive, si tiene abundancia de recursos, a ratos muere y de nuevo vuelve a revivir gracias a la naturaleza de su padre. Pero lo que se procura, siempre se desliza de sus manos, de manera que no es pobre jamás el Amor, ni tampoco rico. Se encuentra en el término medio entre la sabiduría y la ignorancia. Pues he aquí lo que sucede: ninguno de los dioses filosofa ni desea hacerse sabio, porque ya lo es, ni filosofa todo aquel que sea sabio. Pero a su vez los ignorantes ni filosofan ni desean hacerse sabios, pues en esto estriba el mal de la ignorancia: en no ser ni noble, ni bueno, ni sabio y tener la ilusión de serlo en grado suficiente. Así, el que no cree estar falto de nada no siente deseo de lo que no cree necesitar.

—Entonces, ¿quiénes son los que filosofan, Diotima —le dije yo—, si no son los sabios ni los ignorantes?

—Claro es ya incluso para un niño —respondió— que son los intermedios entre los unos y los otros, entre los cuales estará también el Amor. Pues es la sabiduría una de las cosas más bellas y el Amor es amor respecto de lo bello, de suerte que es necesario que el Amor sea filósofo [59] y, por ser filósofo, algo intermedio entre el sabio y el ignorante. Y la causa de estas tendencias ingénitas en él es su origen, pues es hijo de un padre sabio y rico en recursos y de una madre que no es sabia y carece de ellos. La naturaleza, pues, de ese genio, ¡oh querido Sócrates!, es la que se ha dicho; y en cuanto a esa idea errónea que te forjaste

[59] Aquí la palabra filósofo, como en algunos otros lugares de este diálogo, se emplea en su acepción etimológica de "amante de la sabiduría".

sobre el Amor no es extraño que se te ocurriera. Tú te imaginaste, al menos me lo parece según puedo colegir de tus palabras, que el Amor era el amado y no el amante. Por este motivo, creo yo, te parecía sumamente bello el Amor, porque lo amable es lo que en realidad es bello, delicado, perfecto y digno de ser tenido por feliz y envidiable. En cambio, el amante tiene una naturaleza diferente, que es tal como yo la describí.

Entonces yo le dije:

—Admitido, extranjera. Dices bien, pero siendo el Amor así, ¿qué utilidad tiene para los hombres?

—Esto es precisamente lo que voy a intentar explicar a continuación —me respondió—. Es por una parte el Amor en sí y en su origen tal y como se ha dicho, y por otra es amor de las cosas bellas, como tú dices. Pero si alguien nos preguntase: ¿Respecto de qué es el Amor amor de las cosas bellas, oh Sócrates y tú, Diotima? O así, con mayor claridad: el amante de las cosas bellas las desea: ¿qué desea?

—Que lleguen a ser suyas —le respondí yo.

—Pero todavía requiere tu respuesta la siguiente pregunta: ¿Qué le sucederá a aquel que adquiera las cosas bellas?

—No tengo todavía muy a la mano una respuesta para esta pregunta —le contesté yo.

—Pues bien —dijo ella—, suponte que, cambiando los términos y empleando en vez de bello bueno, se te preguntase: Veamos, Sócrates, el amante de las cosas buenas, las desea: ¿qué desea?

—Que lleguen a ser suyas —le contesté.

—¿Y qué le sucederá a aquel que adquiera las cosas buenas?

Esto te lo puedo responder con mayor facilidad —le dije—; será feliz.

—En efecto —replicó—; por la posesión de las cosas buenas los felices son felices, y ya no se necesita agregar esta pregunta: ¿Para qué quiere ser feliz el que quiere serlo?, sino que parece que la respuesta tiene aquí su fin.

—Es verdad lo que dices —le repliqué.

—Pues bien, ese deseo y ese amor, ¿crees que es una cosa común a todos los hombres y que todos quieren que las cosas buenas les pertenezcan siempre? ¿Qué respondes?

—Eso mismo —le dije—, que es algo común a todos.

—¿Por qué entonces, Sócrates —me dijo—, no afirmamos que todos los hombres aman, si es verdad eso de que todos aman las mismas cosas siempre, sino que decimos que unos aman y otros no?

—También a mí —le contesté— me extraña eso.

—Pues no te extrañe —dijo—. El motivo de ello es que hemos puesto aparte una especie de amor y la llamamos amor, dándole el nombre del todo, mientras que con las restantes empleamos nombres diferentes.

—¿Me puedes poner un ejemplo? —le pregunté.

—El siguiente. Sabes que el concepto de "creación" [60] es algo muy amplio, ya que ciertamente todo lo que es causa de que algo, sea lo que sea, pase del no ser al ser es "creación", de suerte que todas las actividades que entran en la esfera de todas las artes son creaciones y los artesanos de éstas, creadores o "poetas".

—Es verdad lo que dices.

—Pero, sin embargo —prosiguió Diotima—, sabes que no se les llama poetas, sino que tienen otros nom-

---

[60] En griego ποίησις significa tanto "creación, producción" en sentido genérico, como "poesía" en sentido específico, y lo mismo ποιητής, "creador o poeta".

bres, y que del concepto total de creación se ha separado una parte, la relativa a la música y al arte métrica, que se denomina con el nombre del todo. "Poesía", en efecto, se llama tan sólo a ésta, y a los que poseen esa porción de "creación", "poetas".

—Dices la verdad —dije.

—Pues bien, así ocurre también con el amor. En general todo deseo de las cosas buenas y de ser feliz es amor, ese *Amor grandísimo y engañoso para todos* [61]. Pero unos se entregan a él de muy diferentes formas, en los negocios, en la afición a la gimnasia, o en la filosofía, y no se dice que amen, ni se les llama enamorados. En cambio, los que se encaminan hacia él y se afanan según una sola especie detentan el nombre del todo, el de amor, y sólo de ellos dice que aman y que son amantes.

—Es muy probable —le dije yo— que digas la verdad.

—Y corre por ahí un dicho —continuó— que asegura que los enamorados son aquellos que andan buscando la mitad de sí mismos, pero lo que yo digo es que el amor no es de mitad ni de todo, si no se da, amigo mío, la coincidencia de que éste sea de algún modo bueno, ya que aun sus propios pies y sus propias manos están dispuestos a amputarse los hombres, si estiman que los suyos son malos. No es, pues, según creo, lo propio de uno mismo a lo que siente apego cada cual, a no ser que se llame a lo bueno, por un lado, particular y propio de uno mismo y a lo malo, por otro, extraño. Pues no es otra cosa que el bien lo que aman los hombres. ¿Tienes acaso otra opinión?

—¡Por Zeus! Yo no —le respondí.

---

[61] Cita probablemente de un texto desconocido.

—¿Entonces —dijo ella—, se puede decir así, sin más, que los hombres aman lo bueno?

—Sí —respondí.

—¿Y qué? ¿No ha de añadirse —dijo— que aman también poseer lo bueno?

—Ha de añadirse.

—¿Y no sólo poseerlo, sino también poseerlo siempre?

—También se ha de añadir eso.

—Luego, en resumidas cuentas, el objeto del amor es la posesión constante de lo bueno.

—Es completamente cierto —respondí— lo que dices.

—Pues bien —dijo Diotima—, ya que el amor es siempre esto, ¿de qué modo deben perseguirlo los que le persiguen y en qué acción, para que su solicitud y su intenso deseo se pueda llamar amor? ¿Qué acción es por ventura ésta? ¿Puedes decirlo?

—No, por supuesto —le dije—. En otro caso, Diotima, no te hubiera admirado por tu sabiduría ni hubiera venido con tanta frecuencia a verte con el fin de aprender eso mismo.

—Pues bien —replicó—, yo te lo diré. Es esta acción la procreación en la belleza tanto según el cuerpo como según el alma.

Arte adivinatoria requiere eso que dices —le contesté yo—. No lo entiendo.

—Pues bien —replicó ella—, te lo diré con mayor claridad. Conciben todos los hombres, ¡oh, Sócrates!, no sólo según su cuerpo sino también según su alma, y una vez que se llega a cierta edad desea procrear nuestra naturaleza. Pero no puede procrear en lo feo, sino tan sólo en lo bello. La unión de varón y de mujer es procreación y es una cosa divina, pues la preñez y la generación son algo inmortal que hay en el ser viviente, que es mortal. Pero ambos actos es imposible que tengan lugar en lo que no está en armonía con ellos; y lo feo es inadecuado para todo lo divino y lo bello, en cambio, adecuado. La Belleza es, pues, la Moira [62] y la Ilitiya del nacimiento de los seres. Por este motivo, cuando se acerca a un ser bello lo que está preñado se sosiega, se derrama de alegría, alumbra y procrea. En cambio, cuando se aproxima a un ser feo, su rostro se ensombrece, se contrae entristecido en sí mismo, se aparta, se repliega y no procrea, sino que retiene dolorosamente el fruto de su fecundidad. De ahí precisamente que sea grande la pasión por lo bello que se da en el ser que está preñado y abultado ya por su fruto, porque lo bello libera al que lo posee de los grandes dolores del parto. Pues no es el amor, Sócrates, como tú crees, amor de la belleza.

—Entonces, ¿qué es?

—Amor de la generación y del parto en la belleza.

—Sea —dije yo.

—Así es, en efecto. Mas ¿por qué es de la generación? Porque es la generación algo eterno e inmortal, al menos en la medida que esto puede darse en un mortal. Y es necesario, según lo convenido, que desee la inmortalidad juntamente con lo bueno, si es que verdaderamente tiene el amor por objeto la posesión perpetua de lo bueno. Necesariamente, pues, según se deduce de este razonamiento, el Amor será también amor de la inmortalidad.

Estas son en conjunto las enseñanzas que me fue dando, en las distintas ocasiones en que habló sobre cosas del amor. Pero un buen día me preguntó:

[62] Moira es la Suerte (Parca) que con Ilitiya, la divinidad que protege los partos, asiste al nacimiento de los hombres. El oficio de ambos lo desempeña, según Diotima, Calone (la Belleza).

—¿Qué es en tu opinión, Sócrates, la causa de ese amor y de ese deseo? ¿No te das cuenta de cuán extraño es el estado por que pasan todos los animales una vez que les entra el deseo de engendrar?; ¿que tanto los terrestres como los volátiles enferman todos y sienten tendencias amorosas, primero respecto al unirse mutuamente y luego respecto a la crianza de la prole, en defensa de la cual están dispuestos no sólo a luchar, incluso los más débiles contra los más fuertes, y a sacrificar su vida, sino también a extenuarse ellos mismos de hambre y a hacer cualquier otro sacrificio con tal de poderla alimentar? Los hombres, es cierto, cabe pensar que hacen esto por cálculo, pero en cuanto a los animales, ¿qué causa hay para que sientan tan fuerte amor? ¿Puedes decírmela?

Yo de nuevo le respondí que no sabía y ella me dijo:

—¿Piensas verdaderamente llegar a ser un día entendido en cuestiones amorosas, si no tienes una idea de esto?

—Precisamente por eso, Diotima, como dije hace un momento, he venido a tu lado, porque he reconocido que necesito maestros. ¡Anda!, dime la causa de estos fenómenos y de los demás que tengan relación con el Amor.

—Pues bien —me contestó—, si tienes la convicción de que el Amor versa por naturaleza sobre aquello que hemos convenido tantas veces, no te extrañes. En este caso, por la misma razón que en el anterior, la naturaleza mortal busca en lo posible existir siempre y ser inmortal. Y solamente puede conseguirlo con la procreación, porque siempre deja un ser nuevo en el lugar del viejo. Pues ni siquiera durante ese período en que se dice que vive cada uno de los vivientes y es idéntico a sí mismo, reúne siempre las mismas cualidades; así, por ejemplo, un individuo desde su niñez hasta que llega a viejo, se dice que es la misma persona, pero a pesar de que se dice que es la misma persona, ese individuo jamás reúne las mismas cosas en sí mismo, sino que constantemente se está renovando en un aspecto y destruyendo en otro, en su cabello, en su carne, en sus huesos, en su sangre y en la totalidad de su cuerpo. Y no sólo en el cuerpo, sino también en el alma, cuyos hábitos, costumbres, opiniones, deseos, placeres, penas, temores, todas y cada una de estas cosas, jamás son las mismas y en cada uno de los individuos, sino que unas nacen y las otras perecen. Pero todavía mucho más extraño que esto es el hecho de que los conocimientos no sólo nacen unos y perecen otros en nosotros, de suerte que no somos idénticos a nosotros ni siquiera en los conocimientos, sino que también les sucede a cada uno de ellos lo mismo. En efecto, lo que se llama "repasar" tiene lugar porque el conocimiento puede abandonarnos, pues el olvido es el escape de un conocimiento, y el repaso, al crear en nosotros un nuevo recuerdo a cambio del que se ha marchado, conserva el conocimiento, de suerte que parezca que es el mismo de antes. De este modo se conserva todo lo mortal, no por ser completamente y siempre idéntico a sí mismo como lo divino, sino por el hecho de que el ser que se va o ha envejecido deja otro ser nuevo, similar a como él era. Por este medio, Sócrates, lo mortal participa de inmortalidad, tanto en su cuerpo como en todo lo demás; lo inmortal, en cambio, participa de ella por otro diferente. No te admires, pues, si todo ser estima por naturaleza a lo que es retoño de sí mismo, porque es la inmortalidad la razón de que a todo ser acompañe esa solicitud y ese amor.

Después de escuchar su discurso yo quedé admirado y exclamé:

—Está bien, sapientísima Diotima, pero ¿es esto así de verdad?

Entonces ella me respondió como esos cumplidos sofistas:

—Tenlo por seguro, Sócrates, ya que, si quieres echar una mirada a la ambición de los hombres, de no tener en la mente una idea de lo que he dicho, te quedarías maravillado de su insensatez, al pensar en qué terrible estado les pone el amor de hacerse famosos y de *"dejar para el futuro una fama inmortal"* [63]. Por ello están dispuestos a correr todos los peligros, más aún que por sus hijos, a gastar dinero, a soportar cualquier fatiga y a sacrificar su vida. Pues ¿crees tú, agregó, que Alcestis hubiera muerto por Admeto o Aquiles por vengar a Patroclo, o vuestro Codro por salvaguardar la dignidad real de sus hijos si no hubieran creído que iba a quedar de ellos ese recuerdo inmortal de su virtud que tenemos ahora? Ni por lo más remoto. Es en inmortalizar su virtud, según creo, y en conseguir un tal renombre en lo que todos ponen todo su esfuerzo, con tanto mayor ahinco cuanto mejores son, porque lo que aman es lo imperecedero. Así, pues, los que son fecundos según el cuerpo se dirigen en especial a las mujeres y ésta es la forma en que se manifiestan sus tendencias amorosas, porque, según creen, se procuran para sí mediante la procreación de hijos inmortalidad, memoria de sí mismos y felicidad para todo tiempo futuro. En cambio, los que lo son según el alma... pues hay hombres —añadió— que conciben en las almas, más aún que en los cuerpos, aquello que corresponde al alma concebir y dar a luz. Y ¿qué es lo que le corresponde?: la sabiduría moral y las demás virtudes, de las que precisamente son pro-

---

[63] Hexámetro de autor desconocido.

genitores los poetas todos y cuantos artesanos se dice
que son inventores. Pero con mucho, la más grande
y la más bella forma de sabiduría moral es el ordena-
miento de las ciudades y de las comunidades, que tiene
por nombre el de moderación y justicia. Así, cuando
alguien se encuentra a su vez preñado en el alma de
estas virtudes desde niño, inspirado como está por la
divinidad [64], al llegar a la edad conveniente desea ya
parir y engendrar, y también él, según creo, se de-
dica a buscar en torno suyo la belleza en la que pueda
engendrar, pues en lo feo jamás engendrará. Siente,
por tanto, mayor apego a los cuerpos bellos que a los
feos, en razón de su estado de preñez, y cuando en
ellos encuentra un alma bella, noble y bien dotada,
muestra entonces extraordinaria afición por el conjunto y al punto encuentra ante ese hombre abundancia
de razones a propósito de la virtud y de cómo debe
ser el hombre bueno y las cosas a que debe aplicarse,
e intentará educarlo. Y por tener, según creo, contacto y trato con lo bello, alumbra y da vida a lo
que tenía concebido desde antes; a su lado o separado
de él se acuerda siempre de ese ser y con su ayuda
cría en común con él el producto de su procreación,
de tal manera que es una comunidad mucho mayor
que la de los hijos la que tienen entre sí los de tal
condición, y un afecto mucho más firme, ya que tienen
en común hijos más bellos y más inmortales. Es más,
todo hombre preferiría tener hijos de tal índole a te-
nerlos humanos, si dirige su mirada a Homero, a Hesíodo o a los demás buenos poetas y contempla con
envidia qué descendencia han dejado de sí mismos,
que les procura inmortal fama y recuerdo por ser ella

---

[64] Me aparto de Burnet y acepto la corrección θεῖος,
o mejor ἔνθεος "divino o inspirado" por la divinidad, en vez
de ἠίθεος, "célibe, soltero".

también famosa e inmortal; o si quieres, agregó, hijos tales como los que ha dejado Licurgo en Lacedemonia, salvadores de Lacedemonia y, por decirlo así, de la Hélade. También Solón entre vosotros es honrado por haber dado vida a las leyes y muchos otros hombres lo son en otras muchas partes, tanto entre los griegos como entre los bárbaros, por haber mostrado muchas y bellas obras y engendrado una virtud de todo género. En honor de estos hombres son muchos ya los cultos que se han instituido por haber tenido tales hijos; en cambio, no se han instituido todavía en honor de nadie por haberlos tenido humanos.

Estos son los misterios del amor, Sócrates, en los que incluso tú pudieras iniciarte. Pero en aquellos que implican una iniciación perfecta, y el grado de la contemplación, a los que éstos están subordinados si se procede con buen método, en esos no sé si sería capaz de iniciarte. Te los diré en todo caso y pondré toda mi buena voluntad en el empeño. Intenta seguirme si eres capaz. Es menester —comenzó—, si se quiere ir por el recto camino hacia esta meta, comenzar desde la juventud a dirigirse hacia los cuerpos bellos y, si conduce bien el iniciador, enamorarse primero de un solo cuerpo y engendrar en él bellos discursos; comprender luego que la belleza que reside en cualquier cuerpo es hermana de la que reside en el otro y que, si lo que se debe perseguir es la belleza de la forma, es gran insensatez no considerar que es una sola e idéntica cosa la belleza que hay en todos los cuerpos. Adquirido este concepto, es menester hacerse enamorado de todos los cuerpos bellos y sosegar ese vehemente apego a uno solo, despreciándolo y considerándolo de poca monta. Después de eso, tener por más valiosa la belleza de las almas que la de los cuerpos, de tal modo que si alguien es discreto de alma, aunque tenga poca lozanía, baste ello para amarle, mostrarse solícito, engendrar y buscar palabras tales que puedan hacer mejores a los jóvenes, a fin de ser obligado nuevamente a contemplar la belleza que hay en las normas de conducta y en las leyes y a percibir que todo ello está unido por parentesco a sí mismo, para considerar así que la belleza del cuerpo es algo de escasa importancia. Después de las normas de conducta, es menester que el iniciador conduzca a las ciencias para que el iniciado vea a su vez la belleza de éstas, dirija su mirada a toda esa belleza, que ya es mucha, y no sea en lo sucesivo hombre vil y de mezquino espíritu por servir a la belleza que reside en un solo ser, contentándose, como un criado, con la belleza de un mancebo, de un hombre o de una norma de conducta, sino que vuelva su mirada a ese inmenso mar de la belleza y su contemplación le haga engendrar muchos, bellos y magníficos discursos y pensamientos en inagotable filosofía, hasta que, robustecido y elevado por ella, vislumbre una ciencia única, que es tal como la voy a explicar y que versa sobre una belleza que es así. Procura —agregó— prestarme toda la atención que te sea posible. En efecto, el que hasta aquí ha sido educado en las cuestiones amorosas y ha contemplado en este orden y en debida forma las cosas bellas, acercándose ya al grado supremo de iniciación en el amor, adquirirá de repente la visión de algo que por naturaleza es admirablemente bello, aquello precisamente, Sócrates, por cuya causa tuvieron lugar todas las fatigas anteriores, que en primer lugar existe siempre, no nace ni muere, no crece ni decrece, que en segundo lugar no es bello por un lado y feo por el otro, ni tampoco unas veces bello y otras no, ni bello en un respecto y feo en el otro, ni aquí bello y allí feo, de tal modo que sea para unos bello y para otros feo. Tampoco se mostrará a él la belleza, pongo por caso, como un rostro, unas manos, ni ninguna otra cosa de las que participa el cuerpo, ni como un razonamiento, ni como un conocimiento, ni como algo que exista en otro ser, por ejemplo, en un viviente, en la tierra, en el cielo o en otro cualquiera, sino la propia belleza en sí que siempre es consigo misma específicamente única [65], en tanto que todas las cosas bellas participan de ella en modo tal, que aunque nazcan y mueran las demás, no aumenta ella en nada ni disminuye, ni padece nada en absoluto. Así pues, cuando a partir de las realidades visibles se eleva uno a merced del recto amor de los mancebos y se comienza a contemplar esa belleza de antes, se está, puede decirse, a punto de alcanzar la meta. He aquí, pues, el recto método de abordar las cuestiones eróticas o de ser conducido por otro: empezar por las cosas bellas de este mundo teniendo como fin esa belleza en cuestión y, valiéndose de ellas como de escalas, ir ascendiendo constantemente, yendo de un solo cuerpo a dos y de dos a todos los cuerpos bellos y de los cuerpos bellos a las bellas normas de conducta, y de las normas de conducta a las bellas ciencias, hasta terminar, partiendo de éstas, en esa ciencia de antes, que no es ciencia de otra cosa sino de la belleza absoluta, y llegar a conocer, por último, lo que es la belleza en sí. Ese es el momento de la vida, ¡oh querido Sócrates! —dijo la extranjera de Mantinea— en que más que en ningún otro, adquiere valor el vivir del hombre: cuando éste contempla la belleza en sí. Si alguna vez la vislumbras, no te parecerá que es comparable ni con el oro, ni con los ves-

---

[65] Traduzco el término μονοειδές, que denota que es el único individuo de su clase por "específicamente una", siguiendo a Bury.

tidos, ni con los niños y jóvenes bellos, a cuya vista ahora te turbas y estás dispuesto —y no sólo tú sino también otros muchos—, con tal de ver a los amados y estar constantemente con ellos, a no comer ni beber, si ello fuera posible, sino tan sólo a contemplarlos y a estar en su compañía. ¿Qué es, pues, lo que creemos que ocurriría —agregó— si le fuera dado a alguno el ver la belleza en sí, en su pureza, limpia, sin mezcla, sin estar contaminada por las carnes humanas, los colores y las demás vanidades mortales y si pudiera contemplar esa divina belleza en sí, que es única específicamente? ¿Crees acaso que es vil la vida de un hombre que ponga su mirada en ese objeto, lo contemple con el órgano que debe y esté en unión con él? ¿Es que no te das cuenta de que es únicamente en ese momento, cuando ve la belleza con el órgano con que ésta es visible, cuando le será posible engendrar, no apariencias de virtud, ya que no está en contacto con una apariencia, sino virtudes verdaderas, puesto que está en contacto con la verdad; y de que al que ha procreado y alimenta una virtud verdadera le es posible hacerse amigo de los dioses y también inmortal, si es que esto le fue posible a algún otro hombre?

Estas son, Fedro y demás amigos, las palabras que dijo Diotima; por ellas yo he quedado convencido y, convencido como estoy, intento también persuadir a los demás de que, para la adquisición de ese bien, difícilmente se puede tomar un colaborador mejor de la naturaleza humana que el Amor. Por eso no sólo sostengo yo que todo hombre debe venerar al Amor, sino que también venero lo que tiene relación con él y lo practico de modo preferente, incito a los demás a hacer lo mismo y ahora y siempre hago la alabanza del poder y de la valentía del Amor, en la medida de mi capacidad. Así que, si te parece bien, Fedro, ten este discurso por un encomio al Amor; y si no, llámalo lo que te plazca y como te plazca.

Cuando terminó de hablar Sócrates —prosiguió contándome Aristodemo—, mientras los demás le alababan, Aristófanes intentaba decir algo, porque Sócrates al hablar había hecho una alusión a su discurso... Pero súbitamente unos golpes en la puerta del patio, como de gentes que van de juerga, levantaron un gran estrépito, y se oyó la voz de una flautista. Agatón entonces ordenó:

—Esclavos, id a ver qué pasa y en caso de que sea uno de los amigos, invitadle a entrar. En caso contrario, decid que no estamos bebiendo, sino que estamos ya acostados.

No mucho después escucharon en el patio la voz de Alcibíades, que estaba muy borracho y daba grandes voces preguntando donde estaba Agatón y pidiendo que le llevaran a su lado. Lleváronle entonces a la reunión, juntamente con la flautista que le sostenía y algunos otros de sus acompañantes, y, una vez en la puerta, se detuvo, coronado con una espesa corona de hiedra y de violetas y con un gran número de cintas sobre la cabeza, y dijo:

—Salud, amigos. ¿Aceptáis como comensal a un hombre que está completamente borracho, o nos tendremos que ir sin haber hecho otra cosa que coronar a Agatón, que es a lo que hemos venido? Ayer, es cierto, no pude venir, pero ahora he llegado con estas cintas en la cabeza para quitarlas de la mía y coronar la cabeza del hombre más sabio y más bello, si es que debo expresarme así. ¿Os reís de mí porque creéis que estoy borracho? Yo, aunque vosotros os riáis, bien sé que digo la verdad. ¡Ea!, decidme desde este momento: ¿entro con esta condición o no?, ¿vais a beber conmigo o no?

Todos entonces le dieron una ovación y le invitaron a entrar y a acomodarse y Agatón le llamó a su lado. Él entonces avanzó conducido por sus acompañantes y quitándose al mismo tiempo las cintas para coronar a Agatón, como las tenía delante de los ojos no vio a Sócrates, sino que se sentó al lado de Agatón, entre éste y Sócrates, pues Sócrates en el momento en que lo vio se había echado a un lado para hacerle sitio. Una vez que se hubo acomodado abrazó a Agatón y le coronó.

—Descalzad, esclavos, a Alcibíades —ordenó entonces Agatón—, para que comparta con nosotros dos el lecho.

—Muy bien —replicó Alcibíades—, pero ¿quién es ese tercer comensal que está con nosotros? —Y, volviéndose al mismo tiempo, vio a Sócrates, y al verle le dio un sobresalto y exclamó—: ¡Heracles!, ¿qué es esto? ¿Estás ahí, Sócrates? ¡Otra vez más me esperas al acecho, sentado aquí, y mostrándote de sopetón, como acostumbras, donde yo menos me imaginaba que estuvieras! ¿A qué has venido ahora? Además, ¿por qué estás sentado aquí? Pues no estás al lado de Aristófanes, ni de ningún otro que sea gracioso, o que pretenda serlo, sino que te amañaste para sentarte al lado del más bello de los que hay dentro de la casa.

—Agatón —dijo entonces Sócrates—, mira a ver si me defiendes, que para mí se ha convertido el amor de este hombre en no pequeña molestia. Desde el momento en que me enamoré de él, ya no me es posible ni lanzar una mirada ni conversar con ningún hombre bello, so pena de que éste, sintiendo celos y envidia de mí, cometa asombrosos disparates, me injurie y a duras penas se abstenga de venir a las manos. Mira, pues, no vaya a hacer algo también ahora. ¡Ea!, reconcílianos y si intenta cometer alguna violencia, defiéndeme, porque su manía y su afecto al amante me causan gran horror.

—No hay —gritó Alcibíades— reconciliación posible entre tú y yo. Pero por estos agravios ya te castigaré más adelante. Ahora, Agatón, dame parte de esas cintas para que corone también ésta su admirable cabeza y no me pueda reprochar que a ti te he coronado y en cambio a él, que vence en los discursos a todos los hombres, y no sólo anteayer como tú, sino siempre, no le coroné después —al propio tiempo tomó parte de las cintas, coronó a Sócrates y se sentó.

Una vez que hubo tomado asiento, dijo:

—Vaya, señores, me parece en verdad que estáis serenos. Mas no se os debe consentir esto. Hay que beber, pues así lo hemos convenido. Me elijo por tanto a mí mismo árbitro de la bebida, hasta que vosotros hayáis bebido lo suficiente. Que me traigan, Agatón, si es que la hay, una gran copa. O mejor dicho, no hace falta. Trae, esclavo —dijo—, esa vasija de refrescar el vino —había visto que tenía una capacidad de más de ocho cótilas[66]—. Una vez llena, la vació él primero y después ordenó al siervo que se la llenara a Sócrates, mientras decía: Ante Sócrates, señores, esta treta no vale de nada, pues la cantidad que se le indique la beberá sin que por ello se muestre jamás borracho.

Mientras Sócrates bebía lo que le había escanciado el esclavo, Erixímaco exclamó:

—¿Qué hacemos, Alcibíades? ¿No hablamos ni cantamos ante la copa? ¿Beberemos simplemente como los que tienen sed?

---

[66] Más de dos litros y cuarto.

Alcibíades, entonces, le dijo:

—¡Oh Erixímaco, hombre egregio e hijo de un egregio y moderadísimo padre!, ten salud.

—Y tú también —replicó Erixímaco—, pero ¿qué vamos a hacer?

—Lo que tú ordenes, pues se te debe obediencia: *Porque un hombre que es médico vale por otros muchos*[67]. Receta, por tanto, lo que quieras.

—Escucha, pues —dijo Erixímaco—. Nosotros, antes de que tú entraras, decidimos que cada uno debía hablar por turno, de izquierda a derecha, sobre el Amor, de la forma más bella que pudiera y hacer su encomio. Nosotros, todos los que aquí estamos, hemos hablado ya. Tú, en cambio, ya que no has hablado y estás bebido, es justo que hables y que después de hablar impongas a Sócrates el tema que quieras, que éste a su vez lo haga con el que está a su derecha y que así hagan también los demás.

—Dices bien, Erixímaco —repuso Alcibíades—, pero poner en parangón el discurso de un hombre ebrio con los discursos de hombres serenos es de temer que no resulte equitativo. Al mismo tiempo, ¡oh bienaventurado!, ¿te convence Sócrates en algo de lo que ha dicho hace un momento? ¿No sabes que es lo contrario completamente de lo que decía? Pues, de seguro, en el caso de que alabe en su presencia a otro, dios u hombre, que no sea él, no tendrá apartadas de mí sus manos.

—¿No dejarás de decir inconveniencias? —exclamó Sócrates.

—¡Por Posidón! —dijo Alcibíades—, no digas nada contra esto, que yo a ningún otro alabaré estando tú presente.

---

[67] *Il*. XI, 514.

—Pues hazlo así —intervino Erixímaco—, si te parece bien. Haz la alabanza de Sócrates.

—¿Qué dices? —replicó Alcibíades—. ¿Te parece, Erixímaco, que debo? ¿La emprendo con este hombre y me vengo de él en vuestra presencia?

—¡Eh, tú! —atajó Sócrates—; ¿qué te propones?; ¿ponerme en ridículo con tu alabanza?, o ¿qué vas a hacer?

—Voy a decir la verdad. Mira si me dejas.

—Está bien —replicó—; si es la verdad, te dejo y te invito a decirla.

—Lo haré al momento —contestó Alcibíades—. Y debes hacer lo que te voy a decir. Si digo algo que no es verdad, interrúmpeme, si quieres, y di que miento en ello, pues yo voluntariamente no falsearé nada. Con todo, si hablo tal como me vienen las cosas al recuerdo, unas de aquí, otras de allá, no te extrañes, porque no es cosa fácil, en el estado en que me encuentro, enumerar con facilidad y por su orden los rasgos de tu desconcertante naturaleza.

—El elogio de Sócrates, señores, lo intentaré hacer en esta forma: mediante símiles. Él tal vez creerá que servirán para ponerle en ridículo, pero el símil tiene por fin la verdad, no provocar la risa. Afirmo, en efecto, que es sumamente parecido a esos silenos [68] que hay en los talleres de los escultores, que modelan los artí-

---

[68] Los silenos, como los sátiros, eran divinidades del séquito de Dioniso con características físicas muy semejantes a las de estos últimos. Aquí se trata probablemente de unas cajas de madera que figuraban silenos y que guardaban dentro de sí imágenes de divinidades. Muy conocido es el mito que cuenta la rivalidad del sátiro Marsias, inventor de la flauta, con Apolo, inventor a su vez de la cítara. Olimpo fue discípulo y amado de Marsias.

fices con siringas o flautas en la mano y que al abrirlos en dos se ve que tienen en su interior estatuillas de dioses. Y afirmó, además, que se parece al sátiro Marsias. Al menos, eso de que eres en tu aspecto semejante a éstos, ni tú mismo podrías discutirlo, pero que también en lo demás te pareces a ellos, escúchalo a continuación. Eres un insolente. ¿No es verdad? Si no lo confiesas aduciré testigos. Y ¿no eres también flautista? Sí, y mucho más maravilloso que Marsias, porque éste se servía de instrumentos para fascinar a los hombres con el hechizo que emanaba de su boca, y todavía hoy fascina el que entone con la flauta sus aires —pues los que entonaba Olimpo sostengo que son de Marsias, que se los había enseñado—. Las melodías de éste, como dije, bien las interprete un buen flautista o una mediocre tocadora de flauta, son las únicas que le hacen a uno quedar arrebatado y que ponen de manifiesto a los hombres que sienten necesidad de los dioses y de iniciaciones, por ser dichas melodías de carácter divino. Tú difieres de él tan sólo en que sin instrumentos, con tus simples palabras, consigues el mismo efecto. Al menos, nosotros, cuando escuchamos a otro, por muy buen orador que sea, pronunciar otros discursos, ninguno sentimos, por decirlo así, preocupación alguna. En cambio, cuando se te escucha a ti o a otros contar tus palabras, por muy mediocre que sea el que las relate, tanto si es mujer como varón o muchacho quien las escuche, quedamos transportados de estupor y arrebatados por ellas. Yo al menos, señores, si no fuera a causar la impresión de estar completamente borracho, os diría bajo juramento qué sensaciones he experimentado personalmente por efecto de sus palabras y sigo experimentando ahora todavía. Cuando le escucho, mi corazón da muchos más brincos que el de los Coribantes [69] en su danza frenética, y se derraman mis lágrimas por efecto de sus palabras y veo que a muchísimos otros les sucede lo mismo. En cambio, cuando escuchaba a Pericles y a otros buenos oradores, estimaba que hablaban bien, pero jamás me pasó nada semejante, ni se turbaba mi alma, ni se irritaba ante la idea de que me encontraba en situación de esclavitud; pero por efecto de este Marsias, que veis así, han sido ya muchas las veces que he atravesado por una crisis tal, que estimaba que me era insoportable vivir, llevando la vida que llevo. Y esto, Sócrates, no dirás que no es verdad. Es más, ahora incluso, sé en mi fuero interno que, si quisiera prestarle oído, no podría contenerme, sino que me ocurriría lo mismo, pues me obliga a confesar que yo, a pesar de que es mucho lo que me falta, me descuido todavía de mí mismo y me entremeto en la política de los atenienses. A la fuerza, pues, como si me apartara de las sirenas, contengo mis oídos y me escapo huyendo, para que no me sorprenda la vejez allí, sentado a su lado. Y tan sólo ante este hombre he experimentado algo que no se creería que puede haber en mí: el sentir vergüenza ante alguien. El caso es que yo la siento únicamente en su presencia, pues estoy consciente de que no puedo negarle que no se debe hacer lo que él ordena..., pero que, una vez que me voy de su lado, sucumbo a los honores que me tributa la muchedumbre. Huyo, pues, de él, como un esclavo fugitivo, y le soslayo, y siempre que le veo siento vergüenza de las cosas que le reconocí. Muchas veces me gustaría no verle entre los hombres, pero si esto ocurriera, bien sé que mi pesar sería mucho ma-

---

[69] Los Coribantes eran sacerdotes de Cibele en cuyo honor celebraban un culto orgiástico con música y danzas frenéticas.

yor, de suerte que no sé qué hacer con este hombre.

Tales sensaciones, por efecto de las tonadas de flauta de este sátiro, hemos experimentado yo y otros muchos; pero escuchadme cuán semejante es a los seres con los que le he comparado y qué maravilloso poder tiene, pues tened bien sabido que ninguno de vosotros lo conoce. Mas yo os lo revelaré, ya que he empezado. Veis, en efecto, que Sócrates siente una amorosa inclinación hacia los bellos mancebos, y que siempre está a su alrededor y le dejan pasmado, y que además ignora todo y no sabe nada. Su apariencia, al menos, ¿no es la de un sileno? Sí, y mucho. Esta es la cubierta con la que está envuelto por fuera, como un sileno esculpido, pero el interior, cuando se abre, ¿de cuánta templanza creéis, señores comensales, que está lleno? Sabed que el que uno sea bello no le importa nada, y que lo desprecia hasta extremos que nadie puede suponer, ni tampoco el que uno sea rico, ni tenga ningún otro privilegio de los que ensalza la multitud. Estima, al contrario, que todos esos bienes no valen nada y que tampoco nosotros —os lo aseguro— somos nada, y pasa toda su vida ironizando y jugando con los hombres. Pero, cuando habla en serio y se abre su envoltura, no sé si hay alguien que haya visto entonces las estatuillas de dentro. Yo las he visto ya en una ocasión y me parecieron tan divinas, tan de oro, tan sumamente bellas y admirables, que no me quedaba otro remedio que hacer al punto lo que me ordenase Sócrates. Creía yo que se interesaba de veras por mi lozanía juvenil y consideré que era esto para mí un hallazgo feliz y una maravillosa oportunidad, en la idea de que tenía asegurado, si complacía a Sócrates, el oírle contar todo lo que él sabía; porque yo estaba pagado de mi belleza en flor hasta extremos asombrosos. Con esta idea, pues, a pesar de que hasta entonces no tenía costumbre de reunirme con él solo y sin acompañante, despedí un día a éste y me quedé con él a solas. Estoy en la obligación, ante vosotros, de decir toda la verdad. Prestad atención, y si miento, Sócrates, desmiéntame. Estaba con él, ¡oh, amigos!, a solas y pensaba que al punto iba a sostener conmigo la conversación que sostendría en la soledad un amante con el amado y rebosaba de gozo. Pero no sucedió en absoluto nada de esto, sino que tras haber charlado sobre lo que corrientemente hubiera hablado y haber pasado el día conmigo, se fue de mi lado. Después de esto, le invité a que hiciera ejercicio conmigo, y hacía ejercicio con él en la esperanza de que iba a conseguir algo. Hacía, es verdad, ejercicio conmigo y luchó conmigo mil veces sin que estuviera nadie presente. Pero ¿qué debo decir? No conseguía nada. Y ya que por este camino no realizaba mi empeño, creí que debía atacar a mi hombre en firme y no cejar, puesto que había intentado la empresa, hasta saber cuál era el motivo de su indiferencia. Le invité, por tanto, a cenar conmigo, enteramente igual que un enamorado que pone una trampa al amado. Tampoco accedió a esto en seguida, pero no obstante, con el tiempo me hizo caso. Cuando vino por primera vez, al punto que hubo cenado, quiso marcharse. En esta ocasión es verdad que lo dejé ir por vergüenza, pero de nuevo repetí la asechanza, y una vez que habíamos terminado de cenar le di conversación hasta muy entrada la noche, y cuando quiso marcharse, pretextando yo que era tarde, le obligué a quedarse. Quedóse, pues, descansando en el lecho contiguo al mío, en el que había cenado, y no dormía en la habitación ninguna otra persona aparte de nosotros. Hasta este punto mi narración estaría bien, incluso para contarse ante cualquiera, pero lo que viene a continuación no me lo oiríais decir si no fuera, primero, porque según el dicho, el vino, con niños y sin niños [70], es veraz, y segundo, porque me parece una injusticia dejar en la oscuridad una acción preclara de Sócrates, cuando se ha puesto uno a hacer su alabanza. Además, también me domina a mí eso que ocurre al que ha sido picado por una víbora. Dicen, en efecto, que el que ha pasado por esto alguna vez no quiere contar cómo fue su sufrimiento a nadie, salvo a los que han sido picados también, en la idea de que son los únicos que le van a comprender y a mostrarle indulgencia si no tuvo vergüenza de cometer o decir cualquier disparate por efecto del dolor. Pues bien, yo he sido picado por algo que causa todavía más dolor, y ello en la parte más sensible al dolor de aquellas en las que uno puede ser picado: el corazón o el alma, o como se deba llamar eso. Ahí he recibido la herida y el mordisco de los discursos filosóficos, que son más crueles que una víbora, cuando se apoderan de un alma joven no exenta de dotes naturales, y la obligan a hacer o a decir cualquier cosa. Además, estoy viendo a esos Fedros, a esos Agatones, Erixímacos, Pausanias, Aristodemos y Aristófanes, por no mencionar al propio Sócrates y al resto de vosotros, pues todos participáis de la manía del filósofo y de su delirio báquico. Por eso todos me vais a oír, ya que excusaréis no sólo mis actos de entonces, sino también mis palabras de ahora. Y vosotros, los criados y todo aquel que sea profano y rústico, cerrad con muy grandes puertas vuestros oídos [71].

[70] Alcibíades mezcla dos refranes, alusivos a la veracidad del vino y de los niños. El concepto de *in vino veritas* era un tópico entre los antiguos.

[71] Frase de ritual en los misterios órficos, que proclamaba el silencio místico al llegar a un punto en las ceremonias que sólo los iniciados tenían el derecho de escuchar.

Así, pues, amigos, una vez que se hubo apagado la lámpara y los esclavos estuvieron fuera, creí que no debía andarme con rodeos ante él, sino decirle noblemente lo que me había propuesto.

Le dije entonces, sacudiéndole:

—Sócrates, ¿duermes?

—No, por cierto —me contestó.

—¿Sabes lo que he resuelto?

—¿Qué es exactamente? —dijo.

—Tú, me parece —continué yo—, eres el único digno de convertirte en mi amante, y veo que no te atreves a declararte a mí. En cuanto a mí respecta, mis sentimientos son así. Considero que es una gran insensatez no complacerte a ti en esto y en cualquier otra cosa que necesitaras de mi hacienda o de mis amigos, pues para mí no hay nada más importante que el hacerme lo mejor posible, y opino que ninguno me puede ayudar en esto con más autoridad que tú. Yo, por tanto, sentiría ante los prudentes mayor vergüenza de no otorgarle mi favor a un hombre de tal índole, que de otorgárselo ante el vulgo y los insensatos.

Después de oírme, Sócrates, con suma ironía y muy en consonancia con su modo acostumbrado de proceder, me dijo:

—¡Ah!, querido Alcibíades, tal vez no seas realmente un hombre frívolo, si resulta verdad eso que dices de mí y existe en mí una virtud por la cual tú pudieras hacerte mejor. En ese caso, verías en mí una belleza indescriptible y muy superior a tu bella figura. Por consiguiente, si la ves en mí y pretendes participarla conmigo y cambiar belleza por belleza, no es poca la ganancia que piensas sacar de mí: lo que intentas es adquirir algo que es bello de verdad a trueque de lo que es bello en apariencia, y lo que pretendes es en realidad cambiar *oro por bronce* [72]. Sin embargo, ¡oh bienaventurado!, mira mejor, no se te vaya a escapar que yo no valgo nada, pues la vista de la inteligencia comienza a ver agudamente cuando comienza a cesar en su vigor la de los ojos, y tú todavía te encuentras lejos de esto.

—Mis sentimientos son ésos —le dije yo después de oírle—, y ninguno de ellos ha sido expresado de otro modo que tal y como los pienso. Tú, por tu parte, toma la determinación que juzgues mejor para ti y para mí.

—En esto último —replicó— tienes razón. En adelante, pues, tomaremos juntos una decisión y haremos sobre esto y sobre lo demás lo que nos parezca a los dos lo mejor.

—Entonces, al escuchar esto, después de las palabras que yo había dicho y lanzado como dardos, creí que estaba herido. Me levanté, sin darle ya lugar a que dijera nada, le cubrí con mi manto —pues era invierno—, y arrebujándome debajo del raído capote de ése que veis ahí, ceñí con mis brazos a ese hombre verdaderamente divino y admirable y pasé acostado a su lado la noche entera. Y tampoco en esto, Sócrates, dirás que miento. Pues bien, pese a esto que hice, hasta tal extremo se sobrepuso a mí, me menospreció, se burló de mi belleza y me injurió —y eso que yo creía de ella que valía algo, ¡oh jueces!, pues jueces sois de la soberbia de Sócrates—, que..., sabedlo bien, por los dioses y por las diosas, ¡me levanté tras haber dormido con Sócrates, ni más ni menos que si me hubiera acostado con mi padre o con mi hermano mayor!

Después de esto, ¿qué estado de ánimo creéis que tendría yo, considerando, por un lado, que había sido

---

[72] Expresión homérica: *Il.* VI, 234.

despreciado y admirando, por otro, la naturaleza de éste, su templanza y su virilidad; si había encontrado un hombre tal, en prudencia y en dominio de sí mismo, como yo no hubiera creído que jamás encontraría? De suerte que no me era posible ni irritarme y privarme de su compañía, ni tampoco sabía cómo podría atraerlo hacia mí. Sabía bien que en cuanto al dinero era aquél más invulnerable en todas las partes de su ser que lo fuese Áyax al hierro, y en lo único que yo creía que se dejaría coger se me había escapado. Estaba, pues, en un aprieto: había sido subyugado por ese hombre como ninguno lo fue por nadie y mi vida giraba a su alrededor.

Me había ocurrido ya todo eso cuando hicimos en común la expedición a Potidea [73], y allí éramos compañeros de mesa. En primer lugar, ni que decir tiene que en las fatigas no sólo se mostraba más resistente que yo, sino también que los demás en su totalidad. Siempre que, por quedarnos aislados en alguna parte, como suele suceder en campaña, nos veíamos obligados a no comer, a su lado los demás no eran nadie en cuanto a resistencia se refiere. Por el contrario, en las comilonas era único por su capacidad de disfrutar, entre otras razones, porque, a pesar de que no lo hacía de buen grado, cuando era obligado a ello, vencía en el beber a todos; y lo que es más maravilloso de todo: jamás ha visto ningún hombre a Sócrates borracho. La prueba de esta afirmación me parece que la tendréis dentro de un momento. Además, respecto a resistencia frente a los rigores del invierno —pues allí son terribles los inviernos—, hacía maravillas siempre, pero especialmente una vez que había caído la

[73] Ciudad que se rebeló contra Atenas en el 432 a. de J. C. con la ayuda de Corinto. Asediada en ese mismo año por los atenienses fue tomada el 430-29 a. de J. C.

helada más tremenda que pueda darse. Todos, o no salían del interior de sus tiendas o, si salían, iban abrigados con una cantidad asombrosa de cosas y con los pies bien calzados y envueltos en tiras de fieltro y de piel de cordero. Este, en cambio, en tales circunstancias, salía con un manto como el que antes acostumbraba a llevar y andaba descalzo por el hielo con mayor facilidad que los demás con el calzado, y los soldados le miraban con malos ojos en la idea de que mostraba así desprecio hacia ellos.

Tal ocurría en este aspecto. *Mas qué acción además realizó y soportó el esforzado varón*[74], allí, una vez, en el ejército, vale la pena de oírse. Habiendo concebido algo en su mente, se había quedado plantado en el mismo sitio desde el amanecer reflexionando, y como no daba en la solución no cejaba en su empeño, sino que seguía inmóvil buscándola. Era ya mediodía y los hombres se habían dado cuenta, y admirados se decían los unos a los otros:

—Sócrates, desde el alba está inmóvil pensando en algo.

Por último, algunos de los jonios, cuando llegó la tarde y hubieron comido, sacaron al exterior sus jergones —era entonces verano, y al tiempo que descansaban al fresco, le observaban a ver si permanecía también de pie sin moverse durante la noche. Y de pie, sin moverse, estuvo hasta que vino el alba y se levantó el sol. Entonces se retiró tras haber elevado una plegaria al sol. Y si os parece bien, veámosle en las batallas, pues justo es ahora devolverle este homenaje, ya que cuando se dio la batalla[75], por la que me con-

---

[74] Hom. *Od.* IV, 242.
[75] Batalla que tuvo lugar en 432 a. de J. C. y que precedió al sitio de Potidea. Platón la menciona a principio del Cármides.

cedieron los generales el premio al valor, nadie me salvó la vida sino este hombre, que no quiso abandonarme herido y salvó a la vez mis armas y mi persona. Es verdad que yo, Sócrates, también entonces exhorté a los generales a darte a ti la condecoración, y en esto al menos no me recriminarás ni dirás que miento, pero el caso fue que, atendiendo los generales a mi prestigio y queriendo concederme a mí la distinción, mostraste tú mayor empeño que los generales en que yo la recibiera que en recibirla tú. Todavía en otra ocasión fue Sócrates espectáculo digno de contemplarse, cuando se retiraba de Delión [76] en franca huida el ejército. Me encontraba yo allí presente con un caballo, y éste, en cambio, con la armadura de hoplita. Se retiraba juntamente con Laques, cuando ya se habían dispersado nuestros hombres. En estas circunstancias me encontré por casualidad con él y, nada más verlo, les animé a los dos a tener confianza y les dije que no los abandonaría. Allí precisamente contemplé a Sócrates mejor que en Potidea, pues yo corría menos peligro por estar a caballo. En primer lugar, ¡cuánto sobrepasaba a Laques en serenidad! En segundo lugar, me parecía, Aristófanes, precisamente eso que tú dices, que caminaba también allí como aquí *"pavoneándose y lanzando la mirada a los lados"* [77], observando con calma a su alrededor a amigos y enemigos y mostrando a las claras a todo el mundo, incluso desde muy lejos, que si alguien ponía su mano

---

[76] Lugar de Beocia donde sufrieron una catástrofe los atenienses al mando de Hipócrates a manos de los tebanos, mandados por Pagondas, en 424 a. de J. C. Laques es un general ateniense, a cuyas órdenes combatió Sócrates en Delión. Murió en 418 en la batalla de Mantinea y ha dado nombre a un diálogo de Platón.

[77] *Nubes*, 362.

en ese varón se defendería muy esforzadamente. Por esta razón se retiraban con seguridad no sólo él sino también su compañero, pues se puede decir que a los que muestran tal resolución en la guerra no se les toca, sino que es a los que huyen desordenadamente a quienes se persigue.

Muchas son sin duda las otras y admirables cosas que se podrían alabar en Sócrates, pero si entre sus demás acciones tal vez las haya similares a las que se podrían contar de otra persona, en cambio, el no ser semejante a ninguno de los hombres, ni de los antiguos, ni de los que ahora viven, es digno de toda admiración. En efecto, con lo que fue un Aquiles se puede comparar a Brásidas [78] y a otros; y a su vez con lo que fue un Pericles, a Néstor y a Antenor; y de igual forma —pues hay también otros semejantes— se puede encontrar un parangón para los demás. En cambio, de un hombre como es éste, tan extraño en su persona y en sus discursos, no se puede encontrar a mano, por más que se busque, parangón alguno, ni entre los hombres de ahora ni entre los antiguos, a no ser que se le compare, tanto en su persona como en sus palabras, no con ninguno de los hombres, sino con los seres que digo: los silenos y los sátiros.

Y he aquí algo, por cierto, que ha pasado por alto al principio; el que también sus discursos son parecidísimos a los silenos que se abren. Si se quiere, en efecto, escuchar los discursos de Sócrates, se sacará al pronto la impresión de que son sumamente ridículos; ¡tales son los nombres y las expresiones con que

---

[78] Brásidas es el famoso general espartano que tomó Anfípolis en 422, donde murió juntamente con Cleón, el célebre demagogo, que mandaba las tropas atenienses. Néstor y Antenor son personajes homéricos, célebres por su prudencia y su elocuencia.

exteriormente están envueltos, como por una piel de
sátiro insolente! Habla de burros de carga, de herreros, de zapateros y de curtidores, y siempre parece
decir mediante las mismas expresiones las mismas cosas, de tal manera que todo hombre ignorante e insensato se reiría de sus discursos. Pero si se los ve
cuando están abiertos y se penetra en su interior, se
descubrirá primeramente que son los únicos discursos
que tienen sentido, y después que son enteramente
divinos y contienen en sí mismos un número grandísimo de imágenes de virtud y que se extienden al
mayor número de cosas, o mejor dicho, a todo aquello
que le atañe examinar al que tenga la intención de
hacerse honrado y bueno.

Estas son las cosas, amigos, que yo alabo en Sócrates; mezclando además con ellas las que le censuro, os he contado los agravios que me hizo. Sin embargo, no soy yo el único con quien se ha portado así,
sino que hizo también lo mismo con Cármides [79], Glaucón, Eutidemo, hijo de Diocles, y con muchísimos
otros, a quienes engañando éste como si fuera su
amante, en vez de amante resultó más bien amado.
Por eso te doy también a ti este aviso, Agatón: no te
dejes engañar por este hombre, saca la moraleja de
nuestros padecimientos y ponte en guaidia y no escarmientes, como el tonto del refrán, con los tuyos propios [80].

---

[79] Cármides era descendiente de Solón y tío paterno de
Platón. Ha dado nombre a un diálogo del filósofo. Eutidemo,
el hijo de Diocles, no debe ser confundido con el sofista que
aparece en la obra de Platón del mismo nombre.
[80] Se alude a un famoso refrán: "el tonto aprende padeciendo", que aparece formulado en Hesíodo, *Trab. y días*,
218, y del que se encuentran referencias en Homero, Heródoto, Esquilo y Sófocles.

Al terminar de decir esto Alcibíades, hubo una explosión de risas por su desenfado, ya que daba la impresión de que todavía estaba enamorado de Sócrates.

—Me parece, Alcibíades —dijo Sócrates—, que estás sereno, pues de no estarlo no hubieras intentado jamás, rodeándote con tan ingeniosos circunloquios, ocultar el motivo por el cual has dicho todo esto; a título accesorio lo colocaste al final de tu discurso, como si no fuera la razón de todo lo que has dicho el enemistarnos a Agatón y a mí, en esa idea que tienes de que yo debo amarte a ti y a ningún otro, y Agatón ser amado por ti y por nadie más. Pero no me pasaste inadvertido, sino que ese drama tuyo satírico y "silénico" ha quedado al descubierto. ¡Ea, querido Agatón!, que no triunfe en su intento y toma tus precauciones para que nadie nos enemiste a los dos.

Agatón entonces respondió:

—Por cierto, Sócrates, que estás en un tris de decir la verdad. Y conjeturo también que se acomodó en medio de los dos para separarnos. Pues bien, no le valdrá la pena, pues yo iré a sentarme a tu lado.

—Muy bien —replicó Sócrates—, siéntate aquí, a continuación mía.

—¡Oh Zeus! —exclamó Alcibíades—, ¡qué cosas me hace sufrir este hombre! Se ha hecho a la idea de que tiene que quedar por encima de mí en todo. ¡Ea, hombre admirable!, deja, aunque no sea más que eso, que Agatón se coloque en medio de nosotros.

—Imposible —replicó Sócrates—. Tú acabas de hacer mi elogio y yo a mi vez debo hacer el del que está a mi derecha. Si se acomoda Agatón a continuación tuya, ¿no me elogiará, por supuesto, de nuevo, en vez de ser elogiado por mí? Vamos, déjalo, divino Alcibíades, y no le niegues por celos al muchacho el ser alabado por mí. Y por cierto que ardo en deseos de encomiarlo.

—¡Ay, Alcibíades! —exclamó Agatón—, me es de todo punto imposible permanecer aquí. Por encima de todo me cambiaré de sitio para ser alabado por Sócrates.

—Ya tenemos lo de siempre —dijo Alcibíades—. Cuando está presente Sócrates le es imposible a ningún otro sacar partido de los bellos mancebos. Y ahora ¡con qué facilidad ha encontrado palabras, convincentes incluso, para que éste se sentara a su lado!

Agatón, entonces, se levantó con intención de sentarse al lado de Sócrates. Mas de repente llegó a la puerta de la casa un inmenso tropel de juerguistas y, como la encontraron abierta por estar saliendo alguien, fueron derechamente a reunirse con ellos y se acomodaron en los lechos. El tumulto llenó toda la casa, y a partir de este momento y sin orden alguno se vieron obligados a beber una enorme cantidad de vino. Erixímaco, entonces, Fedro y algunos otros —según me contó Aristodemo— se retiraron. El por su parte fue dominado por el sueño y durmió largo rato, ya que las noches eran largas, y se despertó al despuntar el día, cuando ya los gallos cantaban. Al despertarse vio que los demás estaban durmiendo o se habían ido, y que tan sólo Agatón, Aristófanes y Sócrates estaban todavía despiertos y bebían de una gran copa que se pasaban de izquierda a derecha. Sócrates, por descontado, conversaba con ellos. Del resto de su conversación, Aristodemo dijo que no se acordaba, pues no había atendido a ella desde el principio y estaba somnoliento, pero lo capital fue que Sócrates les obligó a reconocer que era propio del mismo hombre saber componer tragedia y comedia, y que el que con arte es poeta trágico también lo es cómico. Mientras eran obligados a admitir esto, sin seguirle demasiado bien, daban cabezadas de sueño hasta que se durmieron, primero Aristófanes y luego Agatón, cuando ya era de día. Sócrates, entonces, después que los hubo dormido, se levantó y se fue. Aristodemo me dijo que, como acostumbraba, siguió a Sócrates, el cual, una vez que llegó al Liceo [81], se lavó y pasó el resto del día como en otra ocasión cualquiera; y después de emplear así su jornada, al caer la tarde se fue a dormir a su casa.

---

[81] El Liceo era un gimnasio consagrado a Apolo Liceo, situado en el suburbio oriental de Atenas.

PRESENTACION DE «FEDON»

Tan rico es el contenido del Fedón, *que el subtítulo de "sobre el alma", que le diera la Antigüedad, parece quedársele estrecho. No se puede negar, es cierto, que la parte fundamental del diálogo se destina a la discusión de los argumentos que se dan en pro y en contra de la inmortalidad del alma. Pero el* Fedón *no es solamente eso; hay en él otras muchas cosas de capital importancia: el esbozo de la doctrina de las ideas, toda una teoría del conocimiento, la formulación de un ideal de vida, y, dando unidad a todo ello, el maravilloso relato de los últimos momentos de Sócrates*[1]. *Cabe, por tanto, plantearse, aunque no en los mismos términos que en el* Fedro, *el problema del objetivo que persiguió Platón al escribir este diálogo.*

---

[1] El *Fedón* plantea un doble problema histórico-cultural: por un lado, el de la veracidad de la parte puramente narrativa; por otro, el de la discriminación de lo socrático y lo platónico en lo doctrinal. No cabe duda de que, a grandes rasgos, el relato de Platón responde a la realidad de los hechos: hay una infinidad de pequeños detalles que lo delatan como verídico. Incluso el propio Platón, pese a lo que dice en 59 B, es probable que haya asistido personalmente a los últimos momentos del maestro. De otra manera, resulta difícil comprender la viveza de la narración y la minuciosidad de sus pormenores. Otra cosa ocurre en lo que respecta a la atribución a Sócrates del contenido ideológico del diálogo. ¿Quién habla aquí verdaderamente? ¿El Sócrates histórico o el propio Platón, por boca de su maestro? El problema, que no es otro que el de la verdadera realidad socrática, es excesiva-

Pero ésta, tal vez, es una cuestión que no podrá resolverse nunca de una manera satisfactoria, porque el Fedón, *como toda obra que roza lo genial, es susceptible de múltiples enfoques. Sin pretender, pues, dar con la* ultima ratio *del diálogo, diremos, en pocas palabras, lo que, a nuestro juicio, constituye su intención, para pasar después a ocuparnos de su análisis; camino éste que nos parece el más adecuado para exponer su doctrina.*

Platón no ha escrito este diálogo para sus contemporáneos, que de sobra conocían lo relativo al proceso, condena y muerte de su maestro, sino para la posteridad. Sus intenciones no han sido tanto el poner en claro las circunstancias que rodearon la muerte de Sócrates, como el dejar, cual precioso legado, un vivo documento de cómo el filósofo —que para él no es más que el hombre que vive con mayor autenticidad la verdadera esencia del hombre— se enfrenta con el momento supremo de su existencia: el de la muerte. Su meta principal ha sido el trazar una "filosofía de la muerte", una teoría del buen morir, tomando como

---

mente complicado para ser tratado aquí *in extenso*. Hagamos constar, sin embargo, que la postura de Taylor y de Burnet, para quienes todo lo que en nuestro diálogo dice Sócrates es genuinamente suyo, nos parece extremada. Platón, sin duda alguna, se ha servido de la figura de su maestro para exponer sus propias concepciones sobre la muerte y la inmortalidad del alma en conexión con otras doctrinas suyas, como la teoría de la reminiscencia y de las ideas. Sobre este espinoso problema, *cf.* Leon Robin, *Platon. Phédon.* París, "Les Belles Lettres", 1967[10]; págs. XXI-XXII. Un enfoque del mismo, breve, pero sustancioso, se puede encontrar en Angel Alvarez de Miranda, *Platón. Fedón.* Madrid, Instituto "Antonio de Nebrija", 1948; págs. XIX-XXV. Sobre la personalidad de Sócrates *cf.* el interesante estudio de Antonio Tovar, *Vida de Sócrates.* Madrid, "Revista de Occidente", 1947.

base la muerte ejemplar de un hombre de vida ejemplar: Sócrates, la mítica figura del filósofo[2].

Con el ropaje jurídico de un alegato, Platón ha dejado una justificación de la vida y vocación de su maestro en la Apología. En nuestro diálogo, de nuevo es presentado Sócrates haciendo una apología de sí mismo, pero esta vez no ante los jueces de Atenas, sino ante sus amigos, y no precisamente de su inocencia, sino de su actitud ante la muerte. Razones de amistad —"filantropía", diríamos mejor, en su más helénico sentido— le obligan a explicar el porqué de su enigmática grandeza de ánimo en el trance supremo, le impiden llevarse consigo a la tumba su secreto. Por eso, en el momento de emprender un viaje dudoso y definitivo, habrá de exponer cuantos motivos tiene para mostrarse sereno y confiado, para no sentir irritación ni desasosiego, para no ser presa de lo que en términos actuales denominaríamos la "angustia". Y de ahí que la mejor manera de pasar las dramáticas horas que preceden a su fin sea el hacer con sus amigos un examen de las opiniones humanas sobre la muerte, sopesándolas en la balanza del razonamiento. Pero este filosofar sobre la muerte, en muchos puntos se mostrará impotente para disipar temores, y será entonces preciso "mitologizar" para encontrar consuelo. La razón humana, con sus límites, no puede demostrar cuál será el destino que le espera al hombre una vez franqueada la frontera de la vida. Lo que venga después tan sólo una revelación divina puede precisarlo; no puede deducirse por razonamiento, es

---

[2] "De un extremo al otro, el *Fedón* se nos presenta como un sermón sobre la muerte. A través de las vacilaciones, los temores, las dudas, no cesa de buscar los motivos de serenidad y de esperanza en la determinación, cada vez más exacta, de una certeza racional". LEON ROBIN, *op. cit.*, pág. LXV.

objeto de creencia, de fe y de esperanza, y únicamente la religión puede dar cuenta de ello. Pero esa esperanza del filósofo en un más allá venturoso, esa fe que presta a la creencia religiosa, no es ni loca ni necia, al estar justificada y fundamentada en una demostración racional de la inmortalidad del alma. Y siendo el alma inmortal, cualquier creencia que se tenga sobre su ulterior destino, bien la que el propio Sócrates ofrece como ejemplo a su auditorio en el mito escatológico que corona la obra, bien cualquier otra semejante a ésta, siempre será bella. O dicho en los términos de Sócrates: el riesgo de creer bien vale la pena de correrse.

* * *

La discusión filosófica empieza con la paradoja, provocada por el mensaje de despedida a Eveno, de que la muerte es un bien al que debe aspirar el filósofo, mas no darse a sí mismo, sino esperar a recibir de otro. La aparente contradicción entre ambos asertos no pasa, como es natural, inadvertida a espíritu tan crítico como el de Cebes, forzándose con ello a Sócrates a justificarla de algún modo. La justificación se busca en las creencias órficas: los hombres están en una especie de presidio o cuerpo de guardia del que no pueden desertar, y como posesión de los dioses que son, tienen que esperar la orden de éstos para terminar sus días. Pero Cebes no se da por satisfecho: si tal es la opinión de Sócrates, ¿cómo es que no se irrita entonces al abandonar una situación de servidumbre en la que tiene por patronos a los mejores que existen: los dioses? Y el maestro queda obligado ahora a hacer su apología (63 E — 69 E).

La justificación de su postura estriba en su espe-

*ranza de llegar, una vez muerto, junto a otros dioses
y a otros hombres, no peores amos y compañeros de
esclavitud que los de este mundo. Por otra parte, la
vida del filósofo no es más que una continua askēsis
del morir y del estar muerto, puesto que la muerte no
es otra cosa que la separación del alma y del cuerpo,
y todo el empeño del filósofo se ha centrado precisamente en eso: en separarse lo más posible de los cuidados y placeres del cuerpo, en reconcentrarse en sí
mismo a solas con su alma, en desligarse de todo comercio corporal; en perseguir, en suma, la verdad
con el puro pensamiento, tratando de escapar del engaño inherente a los sentidos. De ahí también la convicción de que el alma únicamente podrá "dar caza"
a la realidad en el momento en que esté a solas consigo misma, es decir, una vez separada del cuerpo por
completo, lo que tan sólo acontece después de la muerte. Por tanto, si la realización de la suprema admiración del filósofo sólo es posible en la muerte; si
toda su vida no ha sido más que un continuo purificarse para este trance; si los misterios, además, proclaman que la suerte de los "iniciados" y "purificados" es radicalmente distinta de la de los profanos e
impuros, habitando aquéllos con los dioses, y yaciendo éstos en el fango, sería un contrasentido que el
filósofo, al encontrarse frente a frente con el logro
de sus aspiraciones, se mostrase abatido e irritado en
vez de contento y animoso.*

* * *

*Hasta aquí Sócrates ha cimentado su esperanza en
la persistencia del alma en motivos de fe, en la creencia en una revelación divina que proclama que después de la muerte le espera al hombre otra vida en la*

que le está reservado un premio o un castigo. Pero se cierne la sombra de una duda: ¿estamos seguros de esa existencia post mortem?

Y de nuevo Cebes plantea ahora una dificultad, que arranca de la antigua y popular creencia del "alma-soplo": ¿no se disipará el alma a la salida del cuerpo tal como el aliento o el humo? Tal vez requiera —dice— una justificación y una demostración no pequeña eso de que existe el alma cuando el hombre ha muerto, y tiene capacidad de obrar y entendimiento. *La fe en una beatitud de ultratumba debe fundamentarse en una demostración racional previa de la inmortalidad del alma. Sócrates es obligado a un nuevo enfoque de la cuestión, y se darán en esta segunda parte del diálogo (69 E — 84 D) diversas pruebas de la inmortalidad del alma.*

a) El origen de los contrarios. *(69 E — 72 E)*

Todas las cosas que tienen un contrario, en él precisamente tienen su origen: lo mayor procede de lo que antes era menor, lo más fuerte de lo que era más débil, e inversamente lo menor de lo mayor, lo más débil de lo más fuerte. Entre cada par de contrarios hay, por consiguiente, dos generaciones que van de cada uno de ellos a su contrario: así, un aumento y una disminución que dan origen respectivamente a lo mayor de lo menor, y a lo menor de lo mayor en los ejemplos citados. En consecuencia, si de lo que vive se produce lo que está muerto, de lo que está muerto habrá de producirse por necesidad lo que vive. Y si el tránsito de la vida a la muerte se llama "morir", el de la muerte a la vida será denominado "revivir". De ahí que las almas de los muertos necesariamente existan en alguna parte de donde vuelvan a la vida.

Presentación

Por lo demás, es necesario que el proceso de generaciones de unos contrarios a otros sea recíproco a la manera de un movimiento circular, ya que si las generaciones fuesen en línea recta, de uno de los términos siempre a su contrario, todas las cosas acabarían por tener la misma forma y cesarían de producirse. Por tanto, si al dormirse le corresponde siempre el despertarse —en el caso contrario todo llegaría a estar dormido— al morir le corresponde el revivir, so pena de que todo acabara por estar muerto.

b) La reminiscencia. *(72 E — 77 D)*

Dejado en este punto el argumento de los contrarios, Cebes recuerda a Sócrates lo dicho en otras ocasiones sobre el origen del conocimiento, repitiéndose a grandes rasgos la doctrina del Menón [3]. *El conocimiento no es otra cosa que una* anamnēsis, *un recordar cosas ya sabidas en tiempos, exigiendo, en consecuencia, que nuestra alma haya aprendido previamente las cosas que ahora recuerda unida a esta figura humana. Para ello tuvo que existir en alguna parte con anterioridad a su unión con el cuerpo.*

La teoría de la reminiscencia se vuelve a considerar a instancias de Simmias, analizándose la mecánica del recuerdo [4]. *Y de este examen resulta que si nosotros, al decir que varias cosas son iguales, recono-*

---

[3] Nuestro diálogo es, pues, posterior al *Menón*, cuya teoría del conocimiento se presenta como cosa sabida. Este hecho, unido a ciertos puntos de contacto con el *Gorgias* en la escatología, y con *El banquete* en la doctrina, permite considerarle con cierta exactitud como obra de la madurez de Platón.

[4] Las cosas se recuerdan por contigüidad, semejanza o contraste. Se olvidan por lejanía en el tiempo y falta de atención. Aristóteles ha recogido esta doctrina en su tratado *De memoria* (II, 45, I b, 16 y sigs.).

cemos, empero, que no son "lo igual en sí", ello es debido a que tenemos una noción previa de "lo igual en sí". Y esta noción no pueden dárnosla las cosas de este mundo que "aspiran" o "tienden a ser" iguales, pero no lo son, y tenemos que haberla adquirido con anterioridad al empezar a ver, a oír y a tener las restantes percepciones. Ahora bien, éstas las teníamos en el momento de nacer; luego, o bien hemos adquirido esa noción antes de nacer, o la adquirimos en ese mismo momento y acto seguido la perdemos, lo que es un supuesto absurdo. Y lo mismo que ocurre con lo igual, ha de decirse de lo bueno, lo bello y todas las demás realidades a las que se aplica la denominación de "en sí". De todo ello se desprende que nuestras almas antes de nacer tenían inteligencia, lo que exige que existieran en alguna parte.

Llegados a un acuerdo en este punto, Simmias hace notar que, a pesar de todo, la objeción de Cebes sigue en pie. En efecto, lo que se ha probado es la preexistencia del alma, pero no su postexistencia. El temor del vulgo todavía no se ha desvanecido: aun cuando el alma exista antes de nacer, ¿qué impide que, muerto el hombre, termine su existencia y quede destruida? Se ha demostrado —indica ahora Cebes— la mitad de lo que había que demostrar; queda por añadir la demostración de la continuidad de su existencia.

c) La conjunción de ambas pruebas. *(77 C—D)*

Sócrates arguye que la demostración de la continuidad de la existencia del alma está ya hecha, puesto que se admitió el argumento anterior del origen de los contrarios. En efecto —dice—, si el alma existe previamente, y es necesario que, cuando llegue a la vida y nazca, no nazca de otra cosa que de la muerte y del estado de muerte, ¿cómo no va a ser también necesario que exista una vez que muera, puesto que tiene que nacer de nuevo? *Sin embargo, Sócrates se da cuenta de que sus amigos no han quedado del todo convencidos, continuando en sus temores el "niño" que hay en el fondo de sus almas. Para calmar estos temores infantiles a la muerte, decide abordar la cuestión desde otro punto de vista.*

d) La indisolubilidad de lo simple. *(77 D — 84 B)*

Lo que se precisa ahora son conjuros, ensalmos, palabras alentadoras que inspiren en los corazones de los hombres una reconfortadora esperanza. Sócrates empieza a especular con probabilidades. ¿Qué cosas son susceptibles de disolverse? Evidentemente, aquellas que por naturaleza son compuestas, dado el que sus elementos pueden disgregarse de la misma manera que se compusieron. Ahora bien, lo que siempre se encuentra en un mismo estado, sin estar sometido a cambios, es probable que sea lo simple, en tanto que lo mutable sea, a la inversa, compuesto. Las verdaderas realidades, lo bueno, lo bello en sí, las esencias, en suma, de las cosas, ¿admiten cambios o son constantemente idénticas a sí mismas? Es evidente que no los admiten, en tanto que la multiplicidad de las cosas bellas o buenas, grandes o pequeñas, está en constante mutación. Pertenecen éstas al mundo de lo visible, y aquellas otras al de lo invisible. Ahora bien, el alma es algo invisible —al menos para los hombres— y, por consiguiente, se parece más a aquellas realidades que el cuerpo. Por otra parte, se ha dicho que el alma tan sólo puede ponerse en relación con dichas realidades cuando se desliga en lo posible del cuerpo. Y si con ellas se puede poner en relación y no éste, será debido a que con ellas tiene una afinidad que el cuerpo no posee. Por lo demás, el alma gobierna el cuerpo, y este privilegio es más propio de lo divino que de lo mortal.

De todo ello resulta que el alma es lo que en el hombre más se asemeja a lo divino, inmortal, indisoluble, inteligible, uniforme e inmutable. De ahí que, si al cuerpo le corresponde por naturaleza el disolverse prontamente, al alma, en cambio, según toda esta serie de probabilidades, sin duda le corresponda el ser completamente indisoluble, o al menos el aproximarse a serlo. Todos estos motivos de credibilidad que hacen suponer para el alma una substancia indisoluble se implican de nuevo en una escatología órfica. El alma del que ha filosofado en el recto sentido de la palabra, y se ha purificado en esta vida convenientemente, marcha al morir a morar con los dioses, en tanto que el alma que se separa del cuerpo en estado de impureza no puede verse libre por completo del elemento corpóreo. De ahí que conserve algo de las cualidades visibles del cuerpo y sea susceptible de verse en forma de fantasma en torno de las tumbas. De ahí también que, por el gran deseo que tiene de unirse a un cuerpo, reencarne inmediatamente. Y los cuerpos a los que estas almas son unidas están en consonancia con las costumbres y vicios que tuvieron aquéllas en la apariencia humana. Así, los glotones reencarnan en asnos, los ladrones en aves de rapiña. Aquellos hombres que, por el contrario, practicaron la virtud popular y cívica de la moderación y de la justicia, aunque sin el concurso de la filosofía, reencarnan en animales sociales como las abejas y las hormigas, e incluso en figura humana. El mito escatológico concluye en una exhortación a la filosofía, ocupación que implica un estilo ascético de vida. Se re-

conoce aquí la modalidad protréptica [5] *del método socrático, que tan clara formulación tiene en la* Apología *(29 D y sigs.). El filósofo sabe que está atado al cuerpo como a una prisión, y que la filosofía viene a liberarle de ella, haciéndole ver el engaño inherente a los sentidos, e invitándole a recogerse en sí mismo para poder ver, a solas con su alma, lo que es inteligible e invisible y constituye el verdadero ser de las cosas. Ahora bien, si tal conocimiento tiene, no debe hacer el trabajo sin fin de Penélope atando lo que aquélla desata, sino apartarse consecuentemente de placeres y deseos, penas y temores, porque —y he aquí un gran descubrimiento psicológico de Platón— es un hecho cierto que el alma considera a aquello que le produce un intenso placer o dolor como lo más verdadero y evidente. Y en el momento en que está el alma en tal disposición es cuando queda más encadenada al cuerpo. El hombre, pues, que ha logrado percatarse de todo esto, y lleva una vida genuinamente filosófica, aparte de alcanzar la verdadera virtud en esta vía de purificación, tiene sobrados motivos para encontrarse lleno de buenas esperanzas en el momento de emprender el viaje al otro mundo.*

* * *

Al terminar de hablar Sócrates, se produce un largo silencio que corta el diálogo en dos mitades. Todos los presentes quedan absortos en la meditación de lo expuesto, y parece como si el lector fuera también invitado a hacer examen de conciencia. Agorero silencio que anuncia que el diálogo va a alcanzar su fase decisiva. Un cuchicheo de Simmias y Cebes se deja oír,

[5] *Cf.* WERNER JAEGER, *Paideia*. Méjico-Buenos Aires, "Fondo de cultura económica", 1948, II, pág. 42.

y Sócrates tiene que aludir a su misión apolínea para lograr que, venciendo escrúpulos, se decidan sus amigos a exponer sus dudas.

a) El alma-armonía. *(85 E — 86 D)*

Comienza Simmias. La anterior demostración le parece insuficiente, porque lo dicho respecto del alma podría decirse de la lira, sus cuerdas y la armonía. La armonía es algo invisible, incorpóreo, algo completamente bello y divino que hay en la lira. Esta y sus cuerdas, por el contrario, son cuerpos, cosas materiales, condenadas a la corrupción. ¿Se podría afirmar, siguiendo la línea del argumento socrático, que, cuando se rompe la lira y se desgarran sus cuerdas, sigue existiendo la armonía porque es de índole invisible y afín a lo divino? Es evidente que no. Pues de igual manera entonces cabría considerar el alma como una armonía de las distintas tensiones que actúan en el cuerpo, provocadas por los distintos elementos que entran en su composición. Y al quebrantarse este estado de equilibrio, lo primero que en él desaparece es el alma como todas las armonías, en tanto que los restos del cuerpo visible aún perduran mucho tiempo.

b) Objeción de Cebes. *(86 D — 88 C)*

Sin responder inmediatamente, Sócrates invita a hablar a Cebes, quien, sin mostrarse de acuerdo con su compañero, por considerar que la preexistencia del alma es algo que ha quedado suficientemente demostrado, expone a su vez su dificultad. El alma, en efecto, es algo mucho más consistente y duradero que el cuerpo; persiste, una vez muerto éste, durante un tiempo que no se puede calcular; pero ¿quién garantiza que, al cabo de múltiples encarnaciones, se desgaste y quede aniquilada al perecer su último cuerpo, tal como un viejo tejedor que, habiendo gastado muchos vestidos, perezca antes que se deshaga el último de ellos?

Tras la exposición de ambas dificultades todos los presentes quedan abatidos y a disgusto. ¿Habrá, realmente, muerto el argumento defensor de la inmortalidad del alma y, como pretende Sócrates, será menester que se corten él y Fedón los cabellos en señal de luto? El arte dramático de Platón —ese gran trágico de la filosofía— llega a su cumbre en el episodio (88 C—91 C) que sigue a la objeción de Cebes. Vale este intermedio para poner de relieve la importancia de las objeciones planteadas con la pincelada psicológica de la ansiedad de Equécrates y el vivo retrato de la andreia *y la* sophrosynē *socráticas, al contestar tan mansamente a sus jóvenes objetores, y al acudir, cual nuevo Heracles del* logos, *a la defensa del argumento en peligro.*

La teoría del alma-armonía *es una concepción materialista que reduce el alma a una mera función, a un epifenómeno, diríamos en términos modernos, del cuerpo. Y el prestigio de que gozaba en la Antigüedad —especialmente en ciertas escuelas pitagóricas— lo pone de manifiesto la viva interrupción de Equécrates. Incluso para Platón debía de tener cierto atractivo, como puede sugerirlo el hecho, según hace constar con razón Friedländer* [6], *de que en el* Timeo *el alma del mundo es construida como una exacta armonía matemática.*

En cuanto a la objeción de Cebes, tiene también un

---

[6] Die platonischen Schriften. Berlín y Leipzig, 1930, página 331.

fuerte regusto materialista: el alma no es concebida por ella como algo definitivamente distinto del cuerpo; es, a lo sumo, un correlato de éste, cuya naturaleza no queda separada por completo de lo corpóreo. Una y otra concepción están basadas en los puntos de vista de la filosofía natural. Se impone, pues, una refutación en toda regla, que emprende Sócrates, después de dar la voz de alarma sobre los peligros que puede entrañar la misología o aborrecimiento de los razonamientos, que produce el abuso de los mismos por fines meramente erísticos.

c) Refutación de Simmias. *(91 E — 95 A)*

Los dardos de su ataque van dirigidos, en primer lugar, contra Simmias, y su punto de partida será el homologēma *de la reminiscencia al que todos los presentes han prestado su asentimiento. La teoría que supone al alma una armonía entre los elementos constitutivos del cuerpo está en pugna con la teoría de la reminiscencia, que exige la preexistencia del alma. ¿Cómo puede, en efecto, lo que es resultado de la composición de unos elementos, existir antes de que existieran los elementos con los que tenía que componerse? En segundo lugar, la armonía no puede tener otra modalidad de ser que la que tengan los componentes con los que se constituye; debe seguir a éstos, no debe "cantar" en sentido contrario. Pero el caso es que el alma no sólo se opone a las tendencias del cuerpo, sino que las domina y dirige. ¿Es esto propio de una armonía? Además, la teoría de Simmias niega en las almas la virtud y el vicio, pues ¿qué serían éstos?, ¿una "armonía" y una "inarmonía" que se superponen al alma? Pero una armonía en sí es perfecta, y no puede recibir un suplemento de armonía;*

y de admitir el segundo supuesto habría "inarmonía" en la "armonía", lo que es una contradicción.

d) La búsqueda del método. *(95 E — 99 D)*

En cuanto a la objeción de Cebes, Sócrates prefiere no atacarla directamente, pues se percata de cuánta mayor consistencia tiene que la de Simmias. Por ello, a la esperanzada ilusión del amigo de que pueda encontrar un rápido medio de refutarla, responde: No es cosa baladí, Cebes, lo que buscas. *En efecto, es preciso tratar a fondo de una forma total la causa de la generación y de la destrucción. De ahí que prefiera enfocar la cuestión con una problemática más amplia, y cuente su propia trayectoria filosófica*[7] *en su búsqueda de dicha causa. Ésta se efectuó en tres etapas: una primera en la que, siguiendo las directrices de la filosofía de la naturaleza, pretendió explicar los orígenes de las cosas por causas mecánicas y físicas. De este camino le apartó no sólo la multiplicidad de opiniones imperante, sino también la incapacidad de explicarse con ellas fenómenos tan sencillos como la causa de la producción de dos: ¿cuál es ésta, la adición de una unidad a otra, o bien la división de la unidad? La segunda etapa aparece cuando, desencantado de los resultados obtenidos por el método anterior, entra en conocimiento de la teoría de Anaxágoras, según la cual la mente es quien pone todo en orden y la causa de todas las cosas. Regocije-*

---

[7] Evidentemente, no se trata en este pasaje de la evolución intelectual del Sócrates histórico, ni de la del mismo Platón, para quien la filosofía natural no fue el punto de partida de sus especulaciones. Lo que aquí se ofrece es más bien una descripción de las directrices seguidas por la filosofía hasta la época de Platón (*cf.* FRIEDLÄNDER, *op. cit.*, página 332).

me —*dice*— con esta causa y pensé que, en cierto modo, era una ventaja que fuera la mente la causa de todas las cosas, pensando que, si eso era así, la mente ordenadora ordenaría y colocaría todas y cada una de las cosas allí donde mejor estuvieran. *Lo que busca Sócrates, una causa final, una interpretación teleológica del cosmos, y del hombre, parece a primera vista conseguido. Todo el problema de la cosmología queda reducido al responder a la pregunta: ¿qué es lo mejor para cada cosa? ¿Qué es lo mejor para la totalidad de todas ellas? Pero la maravillosa esperanza de haber encontrado una doctrina que pudiera explicar el sentido del Universo se derrumba, al comprobar que Anaxágoras, en el desarrollo de su obra, no recurre para nada a la mente, acudiendo, sin embargo, a causas mecánicas y físicas para la explicación de los fenómenos singulares, y confundiendo lamentablemente las causas reales de las cosas con las condiciones sin las cuales aquéllas no pueden actuar. Tal y como —dice gráficamente— si se dijera que Sócrates hace todo con la mente y, acto seguido, a la pregunta de por qué está sentado en la celda con las piernas dobladas, se adujeran sus huesos, tendones y músculos —condición sine qua non de su postura— como la causa real de su presente posición, pasando por alto el que allí está por haber sido condenado a muerte por los atenienses, y el que a él le pareció lo mejor acatar su sentencia, hechos ambos que constituyen la verdadera causa de su actual estancia en la prisión.*

e) La segunda navegación. *(99 D — 107 A)*

Todos estos motivos le hacen a Sócrates emprender una segunda navegación, un cambio radical de método que le lleva de las cosas a los logoi, *del mundo sensible a los conceptos.* Así es que —*dice a sus amigos*— *por aquí es por donde me he lanzado siempre, y tomando en cada ocasión como fundamento el juicio que juzgo el más sólido, lo que me parece estar en consonancia con él lo establezco como si fuera verdadero, no sólo en lo referente a la causa, sino también en lo referente a todas las demás cosas, y lo que no, como no verdadero. Y así, efectivamente, es como ha procedido un poco antes en su crítica de la objeción de Simmias.*

Este método adquiere su pleno sentido cuando lo que admite Sócrates como principio o fundamento es la existencia de las ideas, lo bello, lo bueno, lo grande en sí, y las demás realidades de este tipo. Admitido este principio, si se pregunta la causa de que una cosa sea bella, la respuesta será: porque participa o está presente en ella la belleza. De igual manera la causa de que se produzcan dos es la participación en la esencia de la dualidad. Ahora bien, este método que hasta aquí no conduce más que a meros juicios analíticos, a puras tautologías, se eleva un grado más, cuando, tras haber examinado las consecuencias que del principio admitido derivan, viendo si concuerdan o no consigo mismas, se pretende dar razón, a su vez, de este principio, para lo cual será preciso admitir un nuevo principio más general, hasta llegar por este camino a un resultado satisfactorio.

De esta manera, y por medio del diálogo, se van sacando sucesivamente las siguientes conclusiones: 1.ª) No sólo los contrarios en sí, sino también las cosas que participan de las esencias de éstos, no admiten en sí a sus contrarios; de suerte que cuando éstos vienen a ellas, o bien se retiran o bien perecen. Esta conclusión suscita la dificultad de uno de los circunstantes que recuerda lo dicho anteriormente sobre el origen de los contrarios. Pero Sócrates hace ver que entonces se trataba de las cosas (pragmata), *y ahora es cuestión de los contrarios en sí que están en las cosas. 2.ª) Existen cosas que, aunque no son contrarias, se excluyen mutuamente por estar una y otra unidas por necesidad, respectivamente, a uno y otro miembro de una pareja de contrarios. Así, por ejemplo, la nieve y el fuego, aunque de por sí no son contrarios, se excluyen, porque la primera participa de la esencia del frío, y el segundo de la del calor. 3.ª) Esto permite transcender la esfera de la mera tautología y llegar a un tipo de predicación lógica que aporte nuevos conocimientos. Así, pues, a la pregunta de qué debe producirse en un cuerpo para que se ponga caliente, no se responderá que calor, sino fuego.*

Con esta serie de premisas se puede acometer la fase decisiva del argumento. Si se pregunta: ¿qué debe producirse en un cuerpo para que tenga vida?, se contestará: un alma, pues la noción de "vida" va intrínsecamente unida a la noción de "alma". Ahora bien, la idea de "vida" tiene un contrario que es "muerte". Luego el alma no admite en sí el contrario del eidos *que trae consigo, el de la vida, siendo, por tanto, inmortal. Si se supone ahora que lo que es inmortal es indestructible, como parecen indicarlo claramente los dioses y la idea misma de la vida, al aparecer la muerte en el hombre, su cuerpo perece, pero el alma se retira incólume, cediendo su puesto a aquélla.*

Y esta conclusión —a la que se ha llegado mediante un proceso de continua depuración de los argumentos, "purificándolos", por decirlo así, en la misma vía ascética del sabio hasta separarlos por completo de la filosofía natural y hacerlos transcender a la del logos, *en la que no cabe la consideración de los sentidos, sino únicamente la del puro intelecto— resulta satisfacto-*

ria para Simmias y Cebes. Wilamowitz [8] agudamente hace notar que la participación esencial del alma en el eidos de la vida debía de ser sumamente clara para la mentalidad del griego, cuya lengua empleaba la mismo palabra psychē en el sentido de alma y de vida.

f) El mito final. *(107 A—114 C)*

Ahora bien, la conclusión de que el alma es inmortal tiene una importante repercusión en la esfera de la ética, que ya no podrá ser tratada con el mismo método "lógico" que ha conducido al establecimiento de esta verdad. Si la muerte, en efecto, supusiera un aniquilamiento del alma, el malvado quedaría libre de su propia maldad juntamente con aquélla. Pero, puesto que el alma es inmortal y al emprender su viaje al otro mundo no lleva consigo otro bagaje que su educación y crianza, tenemos que plantearnos en toda su fundamental magnitud el problema de los cuidados que deben prestársele. Pues de la inmortalidad del alma parece seguirse el imperativo ético de la existencia post mortem de una recompensa y de un castigo para el hombre. Pero esto es algo que no puede demostrarse racionalmente y se ofrece como objeto de fe, como una bella y gran esperanza, que queda cimentada en la demostración racional de la inmortalidad del alma. El mythos debe seguir al logos, y Platón desarrolla sus ideas de ultratumba en una ambiciosa concepción escatológica y cosmológica en la que se explican los destinos de los muertos, pudiendo considerársela con Kurt Singer [9] como un remoto antecedente de la Divina Comedia.

[8] *Platon, sein Leben und seine Werke.* Berlín, 1929, página 355.
[9] *Platon der Gründer.* Munich, 1927, pág. 59.

El sol que se pone marca el ocaso de la vida del viejo maestro. Se impone resumir lo dicho en una exhortación a la filosofía y en unas palabras de consuelo: Pues bien, ¡oh Simmias! —concluye Sócrates—, por todas estas cosas que hemos expuesto es menester poner de nuestra parte todo para tener participación durante la vida en la virtud y en la sabiduría, pues es hermoso el galardón y la esperanza grande. Ahora bien, el sostener con empeño que esto es tal como yo lo he expuesto no es lo que conviene a un hombre sensato. Sin embargo, que es tal o algo semejante lo que ocurre con nuestras almas y sus moradas, puesto que el alma se ha mostrado como algo inmortal, eso sí estimo que conviene creerlo y que vale la pena correr el riesgo de creer que es así.

* * *

Sigue la descripción de los últimos momentos del drama, sobria y digna, con la sublimidad de todo lo heroico, auténtico y sencillo. Han pasado veinticuatro siglos desde la muerte del viejo ateniense del demo de Alopece, y todavía hoy, al leer las últimas líneas del Fedón, experimentamos la misma íntima congoja que debió apoderarse de aquellos hombres al ver morir con su viejo amigo tal vez muchas de sus esperanzas. ¿Cuántos Simmias y cuántos Cebes no habrá entre nosotros que sentirán en el fondo de sus conciencias el gusanillo de la duda y querrían tener a su lado al gran encantador de Sócrates para calmarles sus temores de niño? Son muchos, en efecto, a quienes les ocurre lo mismo que aquel personaje de Cicerón [10] *que se expresaba de este modo sobre nuestro diálogo, que*

---

[10] *Tusculanas*, I, 11, 24.

tantas y tantas veces había releído: no sé cómo, mientras lo estoy leyendo, estoy de acuerdo con él; pero cuando lo cierro y empiezo a pensar conmigo mismo sobre la inmortalidad de las almas se me va por entero ese asentimiento. *Pues como no se le escapó a Schleiermacher, que tan buen conocedor fue de Platón, y como hace constar también Wilamowitz* [11], *toda la fuerza probatoria de los argumentos del* Fedón *descansa en la mutua implicación de dos nociones:* la eternidad del alma es la condición de la posibilidad de todo verdadero conocimiento para el hombre, y a la inversa, la realidad del conocimiento es el fundamento del que puede deducirse del modo más seguro la eternidad del alma. *Efectivamente, todas las pruebas de la inmortalidad del alma se basan en la teoría de la reminiscencia, quedando de este modo vinculada necesariamente la postexistencia del alma a su preexistencia.*

Pero no hay que reprocharle a Platón que no se diera cuenta de los resquicios que dejaba a la duda la discusión, según muestran tanto los escrúpulos de Simmias, en 107 A, ante la grandeza del tema y la flaqueza humana, como asimismo el amplio margen que se da a lo largo del diálogo a la fe en las creencias religiosas. Sumamente elocuente en este respecto es una observación, también de Simmias (85 D), hombre de ciertas tendencias místicas según se nos muestra en este diálogo, relativa a un theios logos *o revelación divina, como el más seguro y firme vehículo para realizar la navegación de la vida. Por lo demás, Sócrates, en 107 B, no sólo comprende la postura de su amigo, sino asegura que incluso los supuestos primeros, por más que parezcan seguros, han de someterse a nuevos y*

[11] *Op. cit.*, pág. 356.

más precisos exámenes [12]. *Y de hecho, Platón ha emprendido nuevas investigaciones sobre el alma en otros diálogos como el* Fedro *y las* Leyes, *en los que se agrega a las pruebas del* Fedón *la de la automoción del alma, el libro IV de la* República, *donde aparece la doctrina de su tripartición, e incluso el* Timeo, *en el que se completa su concepción del alma con nuevas teorías.*

Mas no por estos fallos y lagunas pierde el Fedón la fuerza innata de la obra del genio. Ningún diálogo platónico ha sido tan leído, estudiado y comentado a lo largo de toda la historia. Y pocas obras habrá que hayan podido prestar tan gran consuelo al hombre angustiado por el problema de su pervivencia, ni ofrecerle un ejemplo de "mítica muerte" para el momento de enfrentarse con su fin. Cada época, empero, ha leído el Fedón a su manera: desde aquel Cleómbroto de Ambracia que, mal interpretándolo, se arrojó al mar después de su lectura, pasando por los estoicos como Catón, que en él buscaron la fuerza para morir a su debido tiempo, y los cristianos primitivos que vieron aquí un anticipo de la doctrina de Cristo, hasta llegar a un Erasmo de Rotterdam que, forjándose con su lectura la imagen de Sócrates, llegó a exclamar: "Sancte Socrates, ora pro nobis". *¿Cuál será el destino que en tiempos venideros le estará reservado a nuestra obra?*

---

[12] En LEON ROBIN, *op. cit.*, pág. LII, se puede encontrar la enumeración de una serie de puntos que el *Fedón* deja en la penumbra.

FEDON

Personas del diálogo

EQUÉCRATES, FEDÓN, APOLODORO, SÓCRATES, CEBES, SIMMIAS, CRITÓN, EL SERVIDOR DE LOS ONCE [1].

EQUÉCRATES. —¿Estuviste tú, Fedón, con Sócrates el día aquel en que bebió el veneno en la cárcel, o se lo has oído contar a otro?

FEDÓN. —Estuve yo personalmente, Equécrates.

EQUÉCRATES. —¿Y qué es lo que dijo antes de morir? ¿Y cómo acabó sus días? Con gusto te lo oiría contar, porque ningún ciudadano de Fliunte [2] va ahora

---

[1] Equécrates, pitagórico de Fliunte. Fedón de Elis, perteneciente a una noble familia, según cuenta Diógenes Laercio, fue llevado a Atenas como prisionero y rescatado a instancias de Sócrates por uno de sus discípulos, tal vez Cebes. En la época en que se desarrolla el diálogo era muy joven y llevaba aún, como era costumbre entre los mancebos, el cabello largo (cf. 89 B). Mucho después de la muerte del maestro fundó una escuela filosófica en Elis. Apolodoro el Falereo, personaje conocido por su ferviente devoción a Sócrates. Se habla de él en el principio del *Banquete* y en la *Apología* (34 A). Simmias y Cebes, los principales interlocutores de este diálogo, son dos pitagóricos de Tebas, discípulos de Filolao. Según se dice en el *Critón*, trajeron una importante suma de dinero para ayudar a Sócrates a escapar de la prisión. Critón, que da nombre a un célebre diálogo de Platón, era del mismo demo y de la misma edad que Sócrates.

[2] Fliunte, ciudad del Peloponeso, en la que había un círculo pitagórico fundado por Eurito de Tarento, discípulo de Filolao. En ella es donde transcurre la acción de este diálogo. Fedón conversa con Equécrates y otras personas, cuya presencia se deduce de 58 D y 102 A.

con frecuencia a Atenas, ni tampoco, desde hace mucho tiempo, ha venido de allí forastero alguno que haya sido capaz de darnos noticia cierta sobre esta cuestión, a no ser lo de que bebió el veneno y murió. De lo demás no han sabido decirnos nada.

FEDÓN.—¿Ni siquiera os habéis enterado, entonces, de qué manera se llevó a cabo el proceso? [3]

EQUÉCRATES.—Sí, eso nos lo ha contado alguien. Y nos extrañamos por cierto de que, acabado el juicio, hace bastante tiempo, muriera mucho después, según es evidente. ¿Por qué fue así, Fedón?

FEDÓN.—Hubo con él, Equécrates, una coincidencia: el día antes del juicio dio la casualidad de que estaba con la guirnalda puesta la popa del navío que envían los atenienses a Delos.

EQUÉCRATES.—Y ese navío, ¿qué es?

FEDÓN.—La nave en la que, según dicen los atenienses, llevó Teseo un día a Creta a aquellas siete pare-

---

[3] En Atenas había dos clases de juicios, ἀγῶνες τιμητοί, o con estimación de pena, y ἀτίμητοι, en los que la pena estaba determinada por la ley. En el primero de los casos, que fue el del juicio de Sócrates, los jueces tenían que decidirse, bien por la τίμησις (pena que proponía el acusador) o por la ἀντιτίμησις (la que proponía el acusado). Al pedir la pena capital Ánito y Meleto para Sócrates, éste es muy probable que se hubiera salvado si como *antitimēsis* hubiera propuesto una multa, pero el filósofo, en el ocaso de su vida, juzgó indigno de su línea de conducta semejante componenda. Tras de exponer ante los jueces los beneficios que el pueblo de Atenas le debía, en un supremo rasgo de humor, solicitó como castigo el ser alimentado a expensas públicas y tener puesto de honor en la ciudad. Aun para jueces más templados que los atenienses, tal demanda era excesiva: la τίμησις fue aceptada y Sócrates condenado a muerte. Conviene, pues, hacer notar que la condena del filósofo fue debida, no tanto a injusticia de los que le juzgaron, como a imperfección de un sistema judicial y de derecho en el que no tenía vigencia el axioma de *nulla poena sine lege*.

jas [4], y no sólo las salvó, sino que también él quedó a salvo. Hicieron entonces los atenienses, según se dice, el voto a Apolo de que si se salvaban llevarían todos los años a Delos una peregrinación; peregrinación ésta que desde entonces envían siempre cada año al dios, incluso ahora. Pues bien, una vez que comienzan la peregrinación, tienen la costumbre de tener libre de impureza a la ciudad durante ese tiempo, y de no dar muerte a nadie por orden estatal, hasta que la nave llegue a Delos y regrese de nuevo a Atenas. Y esto, a veces, cuando por una contingencia los vientos los detienen, lleva mucho tiempo. La peregrinación comienza una vez que el sacerdote de Apolo corona la popa de la nave; y esta ceremonia, como digo, era la que casualmente se había celebrado la víspera del juicio. Por esta razón fue mucho el tiempo que pasó Sócrates en la prisión desde su sentencia hasta su muerte.

EQUÉCRATES.—Y ¿cómo fueron las circunstancias de la muerte? ¿Qué fue lo que se dijo o se hizo? ¿Qué amigos fueron los que estuvieron con él? ¿O no les dejaron los magistrados estar presentes, y acabó sus días solo y sin amigos?

FEDÓN.—No, estaban allí algunos, muchos incluso.

EQUÉCRATES.—Procura, entonces, relatarnos todo con la mayor exactitud posible, si es que no tienes algún quehacer que te lo impida.

---

[4] Egeo, rey de Atenas, mató a Androgeo, hijo de Minos, rey de Creta. En venganza marchó éste contra la ciudad, y, con sus súplicas a los dioses, logró desencadenar sobre ella la peste y el hambre. Para poner fin a sus calamidades, los atenienses se avinieron a dar la satisfacción que les imponía el oráculo de Delfos: enviar todos los años a Creta siete mancebos y siete doncellas, que debían perecer devorados por el horrible Minotauro. Teseo, el hijo de Egeo, puso fin a tan cruento tributo al dar muerte, con ayuda de Ariadna, al monstruo.

FEDÓN.—No, por cierto; estoy libre de ocupaciones, e intentaré contároslo, pues el evocar la memoria de Sócrates, bien hable yo o le oiga hablar a otro, es siempre para mí la cosa más agradable de todas.

EQUÉCRATES.—Pues bien, Fedón, en los que te van a escuchar tienes a otros tantos como tú. Ea, pues, intenta exponernos todo con la mayor precisión que puedas.

FEDÓN.—Por cierto que al estar yo allí me sucedió algo extraño. Pues no se apoderaba de mí la compasión en la idea de que asistía a la muerte de un amigo, porque se me mostraba feliz, Equécrates, aquel varón, no sólo por su comportamiento, sino también por sus palabras. Tan tranquila y noblemente moría, que se me ocurrió pensar que no descendía al Hades sin cierta asistencia divina, y que al llegar allí iba a tener una dicha cual nunca tuvo otro alguno. Por esta razón no sentía en absoluto compasión, como parecería natural al asistir a un acontecimiento luctuoso, pero tampoco placer, como si estuviéramos entregados a la filosofía tal y como acostumbrábamos; y eso que la conversación era de este tipo. Sencillamente, había en mí un sentimiento extraño, una mezcla desacostumbrada de placer y de dolor, cuando pensaba que, de un momento a otro, aquél iba a morir. Y todos los presentes estábamos más o menos en un estado semejante: a veces reíamos y a veces llorábamos, pero sobre todo uno de nosotros, Apolodoro. Pues ya lo conoces a él y su modo de ser.

EQUÉCRATES.—¡Cómo no voy a conocerle!

FEDÓN.—Encontrábase, es cierto, en completo abatimiento; pero yo también estaba conmovido, y asimismo los demás.

EQUÉCRATES.—¿Y quiénes, Fedón, estaban por ventura allí presentes?

Fedón.—Ese que te digo, Apolodoro, que formaba parte del grupo de sus paisanos, juntamente con Critobulo y su padre: Hermógenes, Epígenes, Esquines y Antístenes, y estaban también Ctesipo el Peanieo, Menéxeno [5] y algunos otros del país. Platón estaba enfermo, según creo.

Equécrates.—¿Y había algún extranjero?

Fedón.—Sí, Simmias el Tebano, Cebes y Fedondas; y de Mégara, Euclides y Terpsión.

Equécrates.—¿Y qué? ¿Se encontraban con ellos Aristipo y Cleómbroto?

Fedón.—No, por cierto. Se decía que estaban en Egina.

Equécrates.—¿Estaba presente algún otro?

Fedón.—Si no me equivoco, creo que fueron sólo éstos los que estuvieron.

Equécrates.—¿Y qué más? ¿Qué conversaciones dices que hubo?

[5] Critobulo, hijo de Critón, famoso por su belleza, reaparece en el *Banquete* de Jenofonte. Hermógenes, hermano de Calias e hijo de Hipónico, fue hombre muy aficionado a las enseñanzas de los sofistas. Perteneció al círculo socrático, según se deduce de otros diálogos platónicos. Epígenes formaba también parte de los habituales de Sócrates (cf. Jen., *Mem.* III, 12). Esquines, llamado "el Socrático", no debe ser confundido con el célebre orador. La Antigüedad conocía de él algunos diálogos, y parece ser que estuvo, como Platón, en Sicilia, en la corte de Dionisio II, después de la muerte del maestro. Antístenes es el célebre fundador de la escuela cínica. Ctesipo es mencionado en el *Eutidemo* y en el *Lisis*. Menéxeno es el mismo personaje que da nombre a un diálogo platónico. De Fedondas, el compatriota de Simmias y Cebes, y de Terpsión apenas se sabe nada. Euclides es el fundador de la escuela de Mégara, que trató de combinar la doctrina parmenidea del ente con las enseñanzas socráticas. Aristipo de Cirene fundó la escuela hedonista, similar en sus directrices al epicureísmo. Cleómbroto de Ambracia, según un epigrama de Calímaco, se arrojó al mar después de leer el *Fedón*.

Fedón.—Voy a intentar exponerte todo minuciosamente, desde el principio. Te diré, pues, que ya los días anteriores solíamos ir sin falta, tanto yo como los demás, a ver a Sócrates, reuniéndonos al amanecer en el tribunal donde se había celebrado el juicio, pues estaba cerca de la cárcel. Allí esperábamos siempre a que se abriera la prisión, charlando los unos con los otros, porque no se abría muy de mañana. Una vez abierta, entrábamos a visitar a Sócrates, y las más de las veces pasábamos el día entero con él. Pero en aquella ocasión nos habíamos reunido aún más temprano, porque el día anterior, cuando salimos de la prisión, a la caída de la tarde, nos enteramos de que la nave había regresado de Delos. En vista de ello, nos dimos los unos a los otros el aviso de llegar lo más pronto posible al lugar de costumbre. Llegamos, y saliéndonos al encuentro el portero que solía abrirnos nos dijo que esperáramos y que no nos presentáramos allí hasta que él lo indicara.

—Los Once —nos dijo— están quitándole los grillos a Sócrates y dándole la noticia de que en este día morirá.

Mas no tardó mucho rato en volver y nos invitó a entrar. Entramos, pues, y nos encontramos a Sócrates que acababa de ser desencadenado, y a Jantipa [6] —ya la conoces— con su hijo en brazos y sentada a su lado. Al vernos, Jantipa rompió a gritar y a decir cosas tales como las que acostumbran las mujeres.

—¡Ay, Sócrates!, ésta es la última vez que te dirigirán la palabra los amigos y tú se la dirigirás a ellos.

---

[6] No se ha de ver aquí una alusión al mal carácter de Jantipa, proverbial en la literatura posterior. En Platón la irascible mujer nunca aparece bajo este aspecto. No así en Jenofonte, que dice de ella: "nadie podría soportar su mal carácter" *(Mem.* II, 2, 7).

Sócrates, entonces, lanzó una mirada a Critón y le dijo:

—Critón, que se la lleve alguien a casa.

Y a aquélla se la llevaron, chillando y golpeándose el pecho, unos criados de Critón.

Sócrates, por su parte, sentándose en la cama, dobló la pierna, restregósela con la mano, y, al tiempo que la friccionaba, dijo:

—¡Qué cosa más extraña, amigos, parece eso que los hombres llaman placer! ¡Cuán sorprendentemente está unido a lo que semeja su contrario: el dolor! Los dos a la vez no quieren presentarse en el hombre, pero si se persigue al uno y se le coge, casi siempre queda uno obligado a coger también al otro, como si fueran dos seres ligados a una única cabeza. Y me parece —agregó— que si hubiera caído en la cuenta de ello Esopo hubiera compuesto una fábula que diría que la divinidad, queriendo imponer paz a la guerra que se hacían, como no pudiera conseguirlo, les juntó en el mismo punto sus coronillas; y por esta razón en aquel que se presenta el uno le sigue a continuación el otro. Así también me parece que ha ocurrido conmigo: una vez que por culpa de los grillos estuvo en mi pierna el dolor, llegó ahora en pos suyo, según se ve, el placer.

Interrumpiéndole entonces Cebes, le dijo:

—¡Por Zeus!, Sócrates, que has hecho bien en recordármelo. Sobre esos poemas que has compuesto, poniendo en verso las fábulas de Esopo y el himno a Apolo, ya me han preguntado algunos, pero sobre todo Eveno, anteayer, por qué razón los hiciste una vez llegado aquí, cuando anteriormente jamás habías compuesto ninguno. Si te importa, pues, que yo pueda responder a Eveno[7] cuando de nuevo me pregunte,

---

[7] Se trata de Eveno de Paros, poeta y sofista, de cuyas invenciones retóricas se habla en el *Fedro*.

porque bien sé que me preguntará, dime qué debo decir.

—Pues dile, Cebes —le contestó—, la verdad; que no los hice por querer convertirme en rival suyo ni de sus poemas, pues sabía que esto no era fácil, sino por tratar de enterarme qué significaban ciertos sueños, y también por cumplir con un deber religioso, por si acaso era ésta la música que me prescribían componer. Tratábase, en efecto, de lo siguiente: Con mucha frecuencia en el transcurso de mi vida se me había repetido en sueños la misma visión, que, aunque se mostraba cada vez con distinta apariencia, siempre decía lo mismo: "Oh Sócrates, trabaja en componer música." Yo, hasta ahora, entendí que me exhortaba y animaba a hacer precisamente lo que venía haciendo, y que al igual que los que animan a los corredores, ordenábame el ensueño ocuparme de lo que me ocupaba, es decir, de hacer música, porque tenía yo la idea de que la filosofía, que era de lo que me ocupaba, era la música más excelsa. Pero ahora, después de que se celebró el juicio y la fiesta del dios me impidió morir, estimé que, por si acaso era esta música [8] popular la que me ordenaba el sueño hacer, no debía desobedecerle, sino, al contrario, hacer poesía; pues era para mí más seguro no marcharme de esta vida antes de haber cumplido con este deber religioso, componiendo poemas y obedeciendo al ensueño. Así, pues, hice en primer lugar un poema al dios a quien correspondía la fiesta que se estaba celebrando. Mas después de haber hecho este poema al dios caí en la cuenta de que el poeta, si es que se propone ser poeta, debe tratar en sus poemas mitos y no razonamientos; yo, empero,

---

[8] Recuérdese que en Grecia se daba el nombre de música a toda actividad cultural que estuviera en relación con las artes de las musas.

no era mitólogo, y por ello precisamente entre los mitos que tenía a la mano y me sabía —los de Esopo— di forma poética a los primeros que al azar se me ocurrieron. Dile, pues, esto a Eveno, Cebes, y que tenga salud, y que, si es hombre sensato, me siga lo más rápidamente posible. Me marcharé, según parece, hoy, puesto que lo ordenan los atenienses.

Entonces Simmias dijo:

—¡Qué consejo éste que le das a Eveno, Sócrates! Muchas son ya las veces que me he tropezado con ese hombre, y estoy por decir, a juzgar por lo que yo tengo visto, que en modo alguno te hará caso de buen grado.

—¿Y qué? —replicó Sócrates—, ¿no es filósofo Eveno?

—A mí al menos me lo parece —contestó Simmias.

—Pues entonces Eveno se mostrará dispuesto a ello, como todo aquel que tome por esa ocupación un interés digno de ella. Sin embargo, posiblemente no ejercerá sobre sí mismo violencia, pues esto, según dicen, no es lícito. —Y al tiempo que decía esto hizo descender sus piernas hasta tocar el suelo, y así sentado continuó el resto de la conversación.

Preguntóle entonces Cebes:

—¿Cómo es que dices, Sócrates, por un lado esto de que no es lícito ejercer violencia sobre sí mismo y por otro que el filósofo estaría deseoso de seguir al que muere?

—¿Y que, Cebes, no habéis oído hablar, tú y Simmias, de tales cuestiones, habiendo sido discípulos de Filolao? [9]

—Con claridad, al menos, no, Sócrates.

---

[9] Filolao de Crotona fue uno de los más conspicuos representantes del pitagorismo en el siglo v a. de J. C. Expulsados los miembros de su secta de la Magna Grecia, fundó en Tebas una escuela pitagórica.

—Pues también yo hablo sobre esto de oídas. Así que lo que buenamente he oído decir no tengo ningún inconveniente en repetirlo. Es más, tal vez sea lo más apropiado para el que está a punto de emigrar allá el recapacitar y referir algún mito sobre cómo pensamos qué es esa emigración. Y ¿qué otra cosa se podría hacer en el tiempo que falta hasta que se ponga el sol?

—Entonces, Sócrates, ¿en qué se basan los que dicen que no es lícito darse muerte a sí mismo? Porque yo, como tú me preguntabas hace un momento, ya le oí decir a Filolao, cuando vivía con nosotros, y a algunos otros, que no se debía hacer eso. Pero algo definitivo sobre ello jamás se lo he oído a nadie.

—Pues es menester no desalentarse —dijo—, porque tal vez lo podrías oír. Sin embargo, quizá te parecerá extraño que sea ésta la única cuestión simple entre todas y que jamás se presente al hombre como las demás. Hay casos, sí, e individuos para quienes mejor les sería estar muertos que vivir, pero lo que tal vez parezca chocante es que para esos individuos, para quienes vale más estar muertos, sea una impiedad el hacerse ese beneficio a sí mismos, y tengan que esperar a que sea otro su bienhechor.

Entonces Cebes, sonriendo ligeramente, exclamó, hablando en su propia lengua:

—Sépalo Zeus.

—En efecto —prosiguió Sócrates—, desde este punto de vista puede dar la impresión de algo ilógico. Sin embargo, no lo es y tal vez tenga alguna explicación. Y a propósito, lo que se dice en los misterios sobre esto, que los hombres estamos en una especie de presidio, y que no debe liberarse uno a sí mismo ni evadirse de él, me parece algo grandioso y de difícil interpretación. Pero lo que sí me parece, Cebes, que se dice con razón es que los dioses son quienes se cuidan de nosotros y que nosotros, los hombres, somos una de sus posesiones. ¿No te parece así?

—A mí, sí —respondió Cebes.

—Y tú, en tu caso —prosiguió—, si alguno de los seres que son de tu propiedad se suicidara, sin indicarle tú que quieres que muera, ¿no te irritarías con él?; y si pudieras aplicarle algún castigo, ¿no se lo aplicarías?

—Sin duda alguna —respondió Cebes.

—Pues bien, quizá desde este punto de vista no sea ilógica la obligación de no darse muerte a sí mismo, hasta que la divinidad envíe un motivo imperioso, como el que ahora se me ha presentado.

—Esto sí —dijo Cebes— es a todas luces verosímil. Pero lo que decías hace un momento de que los filósofos estarían dispuestos con gusto a morir, eso, Sócrates, parece un absurdo, si está bien fundado lo que acabamos de decir: que la divinidad es quien se cuida de nosotros y que nosotros somos sus posesiones. Pues el que los hombres más sensatos no sientan enojo por abandonar esa situación de servidumbre en la que tienen por patronos a los mejores patronos que hay, a los dioses, no tiene explicación, porque no cabe que el sabio crea que él cuidará mejor de sí mismo al estar en libertad. En cambio, un hombre insensato posiblemente creería que debe escapar de su amo, sin hacerse la reflexión de que no debe uno huir de lo que es bueno, sino, al contrario, permanecer a su lado lo más posible; de ahí que huyera irreflexivamente. Pero el que tiene inteligencia es muy probable que deseara estar siempre junto a quien es mejor que él. Y, según esto, Sócrates, lo lógico es lo contrario de lo que se decía hace un instante: a los sensatos es a quienes cuadra sentir enojo por morir; a los insensatos, en cambio, alegría.

Al oírle, Sócrates me dio la impresión de que se alegraba con las objeciones de Cebes; y dirigiendo la mirada hacia nosotros, dijo:

—Siempre, es verdad, está Cebes rastreando algún argumento, y nunca se muestra dispuesto a aceptar al pronto lo que se diga.

—Pero el caso es, Sócrates —dijo Simmias—, que a mí también me parece que esta vez Cebes no dice ninguna tontería. Pues ¿por qué razón unos hombres, sabios de verdad, huirían de amos que son mejores que ellos y se apartarían tan a la ligera de su lado? Y me parece que es a ti a quien apunta Cebes en su razonamiento, porque con tanta facilidad soportas el abandonar no sólo a nosotros, sino también a unos amos excelentes, según tú mismo reconoces, a los dioses.

—Es justa vuestra observación —replicó—, y, según creo, lo que vosotros queréis decir es que yo debo defenderme contra ella como si estuviera ante un tribunal.

—Exactamente —dijo Simmias.

—Pues ¡ea! —agregó—, intentaré defenderme ante vosotros más convincentemente que ante los jueces. En efecto, ¡oh Simmias y Cebes!, si yo no creyera, primero, que iba a llegar junto a otros dioses sabios y buenos, y después, junto a hombres muertos mejores que los de aquí, cometería una falta si no me irritase con la muerte. Pero el caso es, sabedlo bien, que tengo la esperanza de llegar junto a hombres que son buenos; y aunque esto no lo afirmaría yo categóricamente, no obstante, el que he de llegar junto a dioses que son amos excelentes insistiría en afirmarlo, tenedlo bien sabido, más que cualquier otra cosa semejante. De suerte que, por esta razón, no me irrito tanto como me irritaría en caso contrario, sino que tengo la esperanza de que hay algo reservado a los muertos, y, como se dice desde antiguo, mucho mejor para los buenos que para los malos.

—¿Y entonces qué, Sócrates —dijo Simmias—, tienes la intención de marcharte quedándote tú solo con esa idea en la cabeza, y no nos harás participar de ella a nosotros también? Pues es algo común a todos nosotros, según me parece, ese bien; y a la vez tendrás tu defensa, si logras convencernos de lo que dices.

—Está bien, lo intentaré —dijo—. Pero, antes que nada, preguntemos a Critón, que está ahí, qué es lo que da la impresión de querer decirme desde hace rato.

—¿Y qué otra cosa va a ser, Sócrates, sino que desde hace tiempo me está diciendo el que te va a dar el veneno que conviene advertirte que hables lo menos posible? Pues asegura que al charlar se acaloran demasiado, y que no se debe poner un obstáculo semejante al veneno, pues si no, hay casos en que se ven obligados a beberlo hasta dos o tres veces los que obran así.

—Mándale a paseo —le respondió Sócrates—. Que cuide tan sólo de preparar su veneno para darme doble dosis, o triple incluso, si es preciso.

—Ya me suponía yo tu respuesta, pero hace un buen rato que me está molestando.

—Déjale —replicó—. Y ahora es a vosotros, los jueces, a quienes quiero ya rendir cuentas de por qué me parece a mí natural que un hombre que ha pasado su vida entregado a la filosofía se muestre animoso cuando está en trance de morir, y tenga la esperanza de que en el otro mundo va a conseguir los mayores bienes, una vez que acabe sus días. Y cómo puede ser esto así, oh Simmias y Cebes, voy a intentar explicároslo.

—Es muy posible, en efecto, que pase inadvertido a los demás que cuantos se dedican por ventura a la filosofía en el recto sentido de la palabra no practican otra cosa que el morir y el estar muertos. Y si esto es verdad, sería sin duda un absurdo el que durante toda su vida no pusieran su celo en otra cosa sino ésta, y el que, una vez llegada, se irritasen con aquello que desde tiempo atrás anhelaban y practicaban.

Entonces Simmias, echándose a reír, exclamó:

—¡Por Zeus!, Sócrates, a pesar de que hace un momento no tenía en absoluto ganas de reírme, me has obligado a ello. Pues creo que, si el vulgo hubiera oído decir eso mismo, lo hubiera estimado muy bien dicho respecto de los que se dedican a la filosofía. Y con el vulgo estarían de completo acuerdo nuestros compatriotas [10] en que verdaderamente los que filosofan están moribundos. Y dirían, además, que a ellos no se les escapa que son dignos de padecer tal suerte.

—Y dirían la verdad, Simmias, salvo en lo que a ellos no se les escapa eso. Porque efectivamente les pasa inadvertido de qué modo están moribundos, en qué sentido merecen la muerte, y qué clase de muerte merecen los que son filósofos de verdad. Hablemos, pues, entre nosotros mismos —añadió—, y mandemos a aquéllos a paseo. ¿Creemos que es algo la muerte?

—Sin duda alguna —le replicó Simmias.

—¿Y que no es otra cosa que la separación del alma y del cuerpo? ¿Y que el estar muerto consiste en que

---

[10] Los tebanos gozaban en la Antigüedad fama de materialistas, amigos tan sólo de los placeres de la mesa y del vino y ajenos a toda actividad del espíritu. El mismo Píndaro tiene que salir al paso del dicho proverbial "cerda de Beocia", que servía para designar al hombre grosero *(Olimp.* VI, 153).

el cuerpo, una vez separado del alma, queda a un lado solo en sí mismo, y el alma a otro, separada del cuerpo, y sola en sí misma? ¿Es, acaso, la muerte otra cosa que eso?

—No —respondió—, es eso.

—En tal caso, mi buen amigo, mira a ver si eres de la misma opinión que yo, pues a partir de vuestro asentimiento creo que adquiriremos mayor conocimiento sobre lo que consideramos. ¿Te parece a ti propio del filósofo el interesarse por los llamados placeres de la índole, por ejemplo, de los de la comida y la bebida?

—De ningún modo, Sócrates —respondió Simmias.

—¿Y de los placeres del amor?

—Tampoco.

—¿Y qué diremos, además, de los cuidados del cuerpo? ¿Te parece que los considera dignos de estimación un hombre semejante? Así, por ejemplo, la posesión de mantos y calzados distinguidos y los restantes adornos del cuerpo ¿te da la impresión de apreciarlos o despreciarlos, salvo en lo que sea de gran necesidad participar en ellos?

—A mí me parece que los desprecia —respondió—, al menos, el filósofo de verdad.

—¿Y no te parece —prosiguió— que en su totalidad la ocupación de un hombre semejante no versa sobre el cuerpo, sino, al contrario, en estar separado lo más posible de él, y en aplicarse al alma?

—A mí, sí.

—¿Y en primer lugar, no está claro en tal conducta que el filósofo desliga el alma de su comercio con el cuerpo lo más posible y con gran diferencia sobre los demás hombres?

—Resulta evidente.

—Y, sin duda, Simmias, parécele al vulgo que la

vida de aquel que no considera agradable ninguna de dichas cosas, ni toma parte en ellas, no merece la pena, y que es algo cercano a la muerte a lo que tiende quien no se cuida en nada de los placeres corporales.

—Es enteramente cierto lo que dices.

—¿Y qué decir sobre la adquisición misma de la sabiduría? ¿Es o no un obstáculo el cuerpo, si se le toma como compañero en la investigación? Y te pongo por ejemplo lo siguiente: ¿ofrecen, acaso, a los hombres alguna garantía de verdad la vista y el oído, o viene a suceder lo que los poetas nos están repitiendo siempre, que no oímos ni vemos nada con exactitud? Y si entre los sentidos corporales éstos no son exactos, ni dignos de crédito, difícilmente lo serán los demás, puesto que son inferiores a ellos. ¿No te parece así?

—Así, por completo —dijo.

—Entonces —replicó Sócrates— ¿cuándo alcanza el alma la verdad? Pues siempre que intenta examinar algo juntamente con el cuerpo, está claro que es engañada por él.

—Dices verdad.

—¿Y no es al reflexionar cuando, más que en ninguna otra ocasión, se le muestra con evidencia alguna realidad?

—Sí.

—E indudablemente la ocasión en que reflexiona mejor es cuando no la perturba ninguna de esas cosas, ni el oído, ni la vista, ni dolor, ni placer alguno, sino que, mandando a paseo el cuerpo, se queda en lo posible sola consigo mismo y, sin tener en lo que puede comercio alguno ni contacto con él, aspira a alcanzar la realidad.

—Así es.

—¿Y no siente en este momento el alma del filósofo un supremo desdén por el cuerpo, y se escapa de él, y busca quedarse a solas consigo misma?
—Tal parece.
—¿Y qué ha de decirse de lo siguiente, Simmias: afirmamos que es algo lo justo en sí, o lo negamos?
—Lo afirmamos, sin duda, ¡por Zeus!
—¿Y que, asimismo, lo bello es algo y lo bueno también?
—¡Cómo no!
—Pues bien, ¿has visto ya con tus ojos en alguna ocasión alguna de tales cosas?
—Nunca —respondió Simmias.
—¿Las percibiste, acaso, con algún otro de los sentidos del cuerpo? Y estoy hablando de todo; por ejemplo, del tamaño, la salud, la fuerza; en una palabra, de la realidad de todas las demás cosas, es decir, de lo que cada una de ellas es. ¿Es, acaso, por medio del cuerpo como se contempla lo más verdadero de ellas, u ocurre, por el contrario, que aquel de nosotros que se prepara con el mayor rigor a reflexionar sobre la cosa en sí misma, que es objeto de su consideración, es el que puede llegar más cerca del conocer cada cosa?
—Así es, en efecto.
—¿Y no haría esto de la manera más pura aquel que fuera a cada cosa tan sólo con el mero pensamiento, sin servirse de la vista en el reflexionar y sin arrastrar ningún otro sentido en su meditación, sino que, empleando el mero pensamiento en sí mismo, en toda su pureza, intentara dar caza a cada una de las realidades, sola, en sí misma y en toda su pureza, tras haberse liberado en todo lo posible de los ojos, de los oídos y, por decirlo así, de todo el cuerpo, convencido de que éste perturba el alma y no la permite

entrar en posesión de la verdad y de la sabiduría, cuando tiene comercio con ella? ¿Acaso no es éste, oh Simmias, quien alcanzará la realidad, si es que la ha alcanzado alguno?

—Es una verdad grandísima lo que dices, Sócrates —replicó Simmias.

—Pues bien —continuó Sócrates—, después de todas estas consideraciones, por necesidad se forma en los que son genuinamente filósofos una creencia tal, que les hace decirse mutuamente algo así como esto: "Tal vez haya una especie de sendero que nos lleve a término [juntamente con el razonamiento en la investigación] [11], porque mientras tengamos el cuerpo y esté nuestra alma mezclada con semejante mal, jamás alcanzaremos de manera suficiente lo que deseamos. Y decimos que lo que deseamos es la verdad. En efecto, son un sin fin las preocupaciones que nos procura el cuerpo por culpa de su necesaria alimentación; y encima, si nos ataca alguna enfermedad, nos impide la caza de la verdad. Nos llena de amores, de deseos, de temores, de imágenes de todas clases, de un montón de naderías, de tal manera que, como se dice, por culpa suya no nos es posible tener nunca un pensamiento sensato. Guerras, revoluciones y luchas nadie las causa, sino el cuerpo y sus deseos, pues es por la adquisición de riquezas por lo que se originan todas las guerras, y a adquirir riquezas nos vemos obligados por el cuerpo, porque somos esclavos de sus cuidados; y de ahí, que por todas estas causas no tengamos tiempo para dedicarlo a la filosofía. Y lo peor de todo es que, si nos queda algún tiempo libre de su cuidado y nos dedicamos a reflexionar sobre

---

[11] Burnet rechaza del texto lo incluido entre corchetes por considerarlo superfluo.

algo, inesperadamente se presenta en todas partes en nuestras investigaciones y nos alborota, nos perturba y nos deja perplejos, de tal manera que por su culpa no podemos contemplar la verdad. Por el contrario, nos queda verdaderamente demostrado que, si alguna vez hemos de saber algo en puridad, tenemos que desembarazarnos de él y contemplar tan sólo con el alma las cosas en sí mismas. Entonces, según parece, tendremos aquello que deseamos y de lo que nos declaramos enamorados, la sabiduría; tan sólo entonces, una vez muertos, según indica el razonamiento, y no en vida. En efecto, si no es posible conocer nada de una manera pura juntamente con el cuerpo, una de dos, o es de todo punto imposible adquirir el saber, o sólo es posible cuando hayamos muerto, pues es entonces cuando el alma queda sola en sí misma, separada del cuerpo, y no antes. Y mientras estemos con vida, más cerca estaremos del conocer, según parece, si en todo lo posible no tenemos ningún trato ni comercio con el cuerpo, salvo en lo que sea de toda necesidad, ni nos contaminamos de su naturaleza, manteniéndonos puros de su contacto, hasta que la divinidad nos libre de él. De esta manera, purificados y desembarazados de la insensatez del cuerpo, estaremos, como es natural, entre gentes semejantes a nosotros y conoceremos por nosotros mismos todo lo que es puro; y esto tal vez sea lo verdadero. Pues al que no es puro es de temer que le esté vedado el alcanzar lo puro." He aquí, oh Simmias, lo que necesariamente pensarán y se dirán unos a otros todos los que son amantes del aprender [12] en el recto sentido de la palabra. ¿No te parece a ti así?

—Enteramente, Sócrates.

---

[12] Φιλομαθής equivale aquí a φιλόσοφος

—Así, pues, compañero —dijo Sócrates—, si esto es verdad, hay una gran esperanza de que, una vez llegado adonde me encamino, se adquirirá plenamente allí, más que en ninguna otra parte, aquello por lo que tanto nos hemos afanado en nuestra vida pasada; de suerte que el viaje que ahora se me ha ordenado se presenta unido a una buena esperanza, tanto para mí como para cualquier otro hombre que estime que tiene su pensamiento preparado y, por decirlo así, purificado.

—Exacto —respondió Simmias.

—¿Y la purificación no es, por ventura, lo que en la tradición se viene diciendo desde antiguo [13], el separar el alma lo más posible del cuerpo y el acostumbrarla a concentrarse y a recogerse en sí misma, retirándose de todas las partes del cuerpo, y viviendo en lo posible tanto en el presente como en el después sola en sí misma, desligada del cuerpo como de una atadura?

—Así es en efecto —dijo.

—¿Y no se da el nombre de muerte a eso precisamente, al desligamiento y separación del alma con el cuerpo?

—Sin duda alguna —respondió Simmias.

—Pero el desligar el alma, según afirmamos, es la aspiración suma, constante y propia tan sólo de los que filosofan en el recto sentido de la palabra; y la ocupación de los filósofos estriba precisamente en eso mismo, en el desligamiento y separación del alma y del cuerpo. ¿Sí o no?

—Así parece.

—¿Y no sería ridículo, como dije al principio, que un hombre que se ha preparado durante su vida a

---

[13] Platón se refiere a las tradiciones órficas.

vivir en un estado lo más cercano posible al de la muerte, se irrite luego cuando le llega ésta?

—Sería ridículo. ¡Cómo no!

—Luego, en realidad, oh Simmias —replicó Sócrates—, los que filosofan en el recto sentido de la palabra se ejercitan en morir, y son los hombres a quienes resulta menos temeroso el estar muertos. Y puedes colegirlo de lo siguiente: si están enemistados en todos los respectos con el cuerpo y desean tener el alma sola en sí misma, ¿no sería un gran absurdo que, al producirse esto, sintieran temor y se irritasen y no marcharan gustosos allá, donde tienen esperanza de alcanzar a su llegada aquello de que estuvieron enamorados a lo largo de su vida —que no es otra cosa que la sabiduría— y de librarse de la compañía de aquello con lo que estaban enemistados? ¿No es cierto que al morir amores humanos, mancebos amados, esposas e hijos, fueron muchos los que se prestaron de buen grado a ir en pos de ellos al Hades, impulsados por la esperanza de que allí verían y se reunirían con los seres que añoraban? Y en cambio, si alguien ama de verdad la sabiduría, y tiene con vehemencia esa misma esperanza, la de que no se encontrará con ella de una manera que valga la pena en otro lugar que en el Hades ¿se va a irritar por morir y marchará allá a disgusto? Preciso es creer que no, compañero, si se trata de un verdadero filósofo, pues tendrá la firme opinión de que en ninguna otra parte, salvo allí, se encontrará con la sabiduría en estado de pureza. Y si esto es así, como decía hace un momento, ¿no sería un gran absurdo que un hombre semejante tuviera miedo a la muerte?

—Sí, por Zeus —dijo Simmias—, un gran absurdo.

—¿Y no te parece que es indicio suficiente de que un hombre no era amante de la sabiduría, sino del cuerpo, el verle irritarse cuando está a punto de morir? Y probablemente ese mismo hombre resulte también amante del dinero, o de honores, o una de estas dos cosas, o las dos a la vez.

—Efectivamente —respondió—, ocurre tal y como dices.

—¿Acaso no es, Simmias —prosiguió— lo que se llama valentía lo que más conviene a los que son así?

—Sin duda alguna —dijo.

—¿Y no es la moderación, incluso eso que el vulgo llama moderación, es decir, el no dejarse excitar por los deseos, sino mostrarse indiferente y mesurado ante ellos, lo que conviene a aquellos únicamente que, descuidándose en extremo del cuerpo, viven entregados a la filosofía?

—Necesariamente —respondió.

—En efecto —siguió Sócrates—, pues si quieres considerar la valentía y la moderación de los demás, te parecerá que es extraña.

—¿En qué sentido, Sócrates?

—¿No sabes —prosiguió— que todos los demás consideran la muerte como uno de los grandes males?

—Lo sé, y muy bien —dijo.

—¿Y cuando afrontan la muerte los que entre ellos son valientes no la afrontan por miedo a mayores males?

—Así es.

—Luego el tener miedo y el temor es lo que hace valientes a todos, salvo a los filósofos; y eso que es ilógico que se sea valiente por temor y cobardía.

—Completamente.

—¿Y qué hemos de decir de los que entre ellos son moderados? ¿No les ocurre lo mismo? ¿No es por una cierta intemperancia por lo que son moderados? Aunque digamos que es imposible, sin embargo, lo que les ocurre con respecto a esa necia moderación es algo semejante al caso anterior. Temen verse privados de los placeres que ansían, y se abstienen de unos vencidos por otros. Y pese a que llaman intemperancia al dejarse dominar por los placeres, les sucede, no obstante, que dominan unos, mas por estar dominados por otros. Y esto equivale a lo que se decía hace un momento, que en cierto modo se moderan por causa de una cierta intemperancia.

—Así parece.

—Y tal vez, oh bienaventurado Simmias, no sea el recto cambio con respecto a la virtud, el trocar placeres por placeres, penas por penas y temor por temor, es decir, cosas mayores por cosas menores, como si se tratara de monedas. En cambio, tal vez sea la única moneda buena, por la cual debe cambiarse todo eso, la sabiduría. Por ella y con ella quizá se compre y se venda de verdad todo, la valentía, la moderación, la justicia y, en una palabra, la verdadera virtud; con la sabiduría tan sólo, se añadan o no los placeres y los temores y todas las demás cosas de ese tipo. Pero si se cambian entre sí, separadas de la sabiduría, es muy probable que una virtud semejante sea una mera apariencia, una virtud en realidad propia de esclavos y que no tiene nada de sano ni de verdadero. Por el contrario, la verdadera realidad tal vez sea una purificación de todas las cosas de este tipo, y asimismo la moderación, la justicia, la valentía y la misma sabiduría, un medio de purificación. Igualmente es muy posible que quienes nos instituyeron los misterios no hayan sido hombres mediocres, y que, al contrario, hayan estado en lo cierto al decir desde antiguo, de un modo enigmático, que quien llega profano y sin iniciar al Hades yacerá en el fango, mientras que el que allí llega purificado e iniciado habitará con los dioses. Pues son, al decir de los que presiden las iniciaciones, *"muchos los portatirsos, pero pocos los bacantes"* [14]. Y éstos, en mi opinión, no son otros que los que se han dedicado a la filosofía en el recto sentido de la palabra. Por llegar yo también a ser uno de ellos no omití en lo posible cuanto estuvo de mi parte, a lo largo de mi vida, sino que me afané de todo corazón. Y si mi afán fue el que la cosa merecía y he tenido éxito, al llegar allí, sabré, si Dios quiere, la exacta verdad, dentro de un rato, según creo. Tal es, oh Simmias y Cebes —dijo—, la defensa que yo hago para demostrar que es natural que no me duela ni me irrite el abandonaros a vosotros ni a mis amos de aquí, puesto que pienso que he de encontrarme allí, no menos que aquí, con buenos amos y compañeros. [Pero éste es un punto que produce sus dudas en el vulgo] [15]. Así que, si en mi defensa os resulta a vosotros más convincente que a los jueces de Atenas, me doy por satisfecho.

Al acabar de decir esto Sócrates, Cebes, tomando la palabra, dijo:

—Oh Sócrates, todo lo demás me parece que está bien dicho, pero lo relativo al alma produce en los hombres grandes dudas por el recelo que tienen de que, una vez que se separe del cuerpo, ya no exista en ninguna parte, sino que se destruya y perezca en el mismo día en que el hombre muera, y que tan pronto como se separe del cuerpo y de él

[14] Refrán órfico, de sentido similar al conocido pasaje de San Mateo. En la época de Platón, los *Orpheotelestai*, es decir, los que iniciaban en los misterios, gozaban fama de charlatanes. De ahí el cuidado de Sócrates al hablar de los que instituyeron los misterios.

[15] Burnet rechaza del texto lo incluido entre corchetes como interpolación.

salga, disipándose como un soplo o como el humo [16] se marche en un vuelo y ya no exista en ninguna parte. Pues, si verdaderamente estuviera en alguna parte ella sola, concentrada en sí misma y liberada de esos males que hace un momento expusiste, habría una grande y hermosa esperanza, oh Sócrates, de que es verdad lo que tú dices. Pero tal vez requiera una justificación y una demostración no pequeña eso de que existe el alma cuando el hombre ha muerto, y tiene capacidad de obrar y entendimiento.

—Verdad es lo que dices —replicó Sócrates—. Pero, ¿qué debemos hacer? ¿Quieres que charlemos sobre si es verosímil que así sea, o no?

—Yo, por mi parte —repuso Cebes—, escucharía con gusto qué opinión tienes sobre ello.

—Al menos —dijo Sócrates—, no creo que ahora dijera nadie que me escuchase, ni aunque fuera un poeta cómico, que soy un charlatán y que hablo sobre lo que no me atañe. Así que, si te parece, será menester examinarlo. Y consideremos la cuestión de este modo: ¿tienen una existencia en el Hades las almas de los finados, o no? Pues existe una antigua tradición, que hemos mencionado, que dice que, llegadas de este mundo al otro las almas, existen allí y de nuevo vuelven acá, naciendo de los muertos. Y si esto es verdad, si de los muertos renacen los vivos, ¿qué otra cosa cabe afirmar sino que nuestras almas tienen una existencia en el otro mundo?; pues no podrían volver a nacer si no existieran. Y la prueba suficiente de que esto es verdad sería el demostrar de una manera evidente que los vivos no tienen otro origen

---

[16] La concepción del alma como un soplo que se exhala con el último suspiro es la que se encuentra en los poemas homéricos.

que los muertos. Si esto no es posible, sería preciso otro argumento.

—Exacto —dijo Cebes.

—Pues bien —prosiguió Sócrates—, si quieres comprender mejor la cuestión, no debes considerarla tan sólo en el caso de los hombres, sino también en el de todos los animales y plantas; en una palabra, tenemos que ver con respecto a todo lo que tiene un origen, si éste no es otro que su contrario, en todos los seres que tienen algo que está con ellos en oposición análoga a aquella en que está lo bello con respecto a lo feo, lo justo con lo injusto, y otras innumerables cosas que están en la misma relación. Esto es, pues, lo que tenemos que considerar, si es necesario que todos los seres que tienen un contrario no tengan en absoluto otro origen que su contrario. Un ejemplo: cuando una cosa se hace mayor ¿no es necesario que de menor que era antes se haga luego mayor?

—Sí.

—Y en el caso de que se haga más pequeña, ¿no ocurrirá que de mayor que era primero se hará después menor?

—Así es —contestó.

—¿Y no es verdad que lo más débil procede de lo más fuerte y lo más rápido de lo más lento?

—Sí.

—¿Y qué? ¿Lo que se hace peor, no procede de lo mejor, y lo más justo, de lo más injusto?

—Indudablemente.

—¿Tenemos entonces probado —preguntó Sócrates— de un modo satisfactorio, que todo se produce así, que las cosas contrarias nacen de sus contrarios?

—Sin duda.

—¿Y qué respondes ahora? ¿No hay en eso algo

así como dos generaciones entre cada par de contrarios, una que va del primero al segundo y otra que va, a su vez, del segundo al primero? Entre una cosa mayor y una menor ¿no hay un aumento y una disminución? ¿Y no llamamos, en consecuencia, al primer acto aumentar y al segundo disminuir?

—Sí —contestó.

—¿Y con respecto al descomponerse y al componerse, al enfriarse y al calentarse, y a todas las cosas que ofrecen una oposición semejante, aunque a veces no tengamos nombres para denominarlas, no ocurre de hecho lo mismo en todas ellas necesariamente, que tienen su origen las unas en las otras y que la generación va mutuamente de cada una de ellas a su contraria?

—En efecto —dijo.

—Entonces ¿qué? —replicó Sócrates— ¿Hay algo que sea contrario al vivir de la misma manera que el dormir es contrario al estar despierto?

—Sí, lo hay —respondió.

—¿Qué?

—El estar muerto.

—¿Y no se origina lo uno de lo otro, puesto que son contrarios?; ¿y no son dos las generaciones que hay entre ambos, puesto que son dos?

—Imposible es negarlo.

—Pues bien —prosiguió Sócrates—, yo te voy a hablar a ti de una de esas parejas a las que me refería hace un momento, de ella y de sus generaciones, y tú me vas a hablar a mí de la otra. Se trata del dormir y del estar despierto, y digo que del dormir se origina el estar despierto y del estar despierto el dormir, siendo las generaciones de ambos una el dormirse y la otra el despertarse. ¿Te basta con lo dicho, o no?

—Desde luego que sí.

—Responde tú ahora de igual manera —añadió—, a propósito de la vida y de la muerte. ¿No afirmas que el estar muerto es lo contrario del vivir?

—Sí.

—¿Y que se origina lo uno de lo otro?

—Sí.

—Entonces, ¿qué es lo que se produce de lo que vive?

—Lo que está muerto —respondió.

—¿Y qué se produce —replicó Sócrates— de lo que está muerto?

—Lo que vive, necesario es reconocerlo.

—¿Proceden, entonces, de lo que está muerto, tanto las cosas que tienen vida, como los seres vivientes?

—Es evidente —respondió.

—Luego nuestras almas existen en el Hades.

—Tal parece.

—Y de las dos generaciones que aquí intervienen, ¿no es obvia la una?; pues el morir es cosa evidente sin duda. ¿No es verdad?

—Por completo.

—¿Qué haremos entonces? ¿No vamos a admitir en compensación la generación contraria, sino que ha de quedar coja en este aspecto la naturaleza? ¿No es necesario más bien conceder al morir una generación contraria?

—De todo punto.

—¿Cuál es esa?

—El revivir.

—Y si existe el revivir, ¿no será eso de revivir una generación que va de los muertos a los vivos?

—Sin duda.

—Luego convenimos aquí también que los vivos proceden de los muertos no menos que los muertos de los vivos, y, siendo esto así, parece que hay indicio suficiente de que es necesario que las almas de los muertos existan en alguna parte, de donde vuelvan a la vida.

—Me parece, Sócrates —respondió—, que, según lo convenido, es necesario que así sea.

—Pues bien, Cebes —dijo Sócrates—, que lo hemos convenido con razón puedes verlo, a mi entender, de esta manera. Si no hubiera una correspondencia constante en el nacimiento de unas cosas con el de otras como si se movieran en círculo, sino que la generación fuera en línea recta, tan sólo de uno de los dos términos a su contrario, sin que de nuevo doblara la meta en dirección al otro, ni recorriera el camino en sentido inverso, ¿no te das cuenta de que todas las cosas acabarían por tener la misma forma, experimentar el mismo cambio, y cesarían de producirse?

—¿Qué quieres decir? —preguntó.

—No es difícil comprender lo que digo —contestó Sócrates—. Por ejemplo: si existiera el dormirse, pero no se produjera en correspondencia el despertarse a partir de lo que está dormido, te das cuenta de que todas las cosas terminarían por mostrar que lo que le ocurrió a Endimión [17] es una bagatela; y no se le distinguiría a aquél en ninguna parte, por encontrarse todas las demás cosas en su mismo estado, en el de estar durmiendo. Y si todas las cosas se unieran y no se separaran, al punto ocurriría lo que dijo Anaxá-

---

[17] Endimión era un pastor de tan gran belleza, que la Luna, enamorada de él, le hizo caer en un sueño sin fin en el monte Latmos, para poderle besar sin ser vista. Según otra versión del mito, fue condenado a tal pena por haber requerido de amores a Hera en el Olimpo, donde había sido admitido en la compañía de los dioses.

goras: *"Todas las cosas en el mismo lugar"* [18]. Y de la misma manera, oh querido Cebes, si muriera todo cuanto participa de la vida, y, después de morir, permaneciera lo que está muerto en dicha forma sin volver de nuevo a la vida, ¿no sería de gran necesidad que todo acabara por morir y nada viviera? Pues aun en el caso de que lo que vive naciera de las demás cosas que tienen vida, si lo que vive muere, ¿qué medio habría de impedir que todo se consumiera en la muerte?

—Ninguno en absoluto, Sócrates —dijo Cebes—. Me parece enteramente que dices la verdad.

—En efecto, Cebes, nada hay a mi entender más cierto; y nosotros, al reconocerlo así no nos engañamos, sino que tan realidad es el revivir como el que los vivos proceden de los muertos, y el que las almas de éstos existen [y a las que son buenas les va mejor y a las que son malas peor] [19].

—Y además —repuso Cebes interrumpiéndole—, según ese argumento, Sócrates, que tú sueles con tanta frecuencia repetir, de que el aprender no es sino recordar, resulta también, si dicho argumento no es falso, que es necesario que nosotros hayamos aprendido en un tiempo anterior lo que ahora recordamos. Mas esto es imposible, a no ser que existiera nuestra alma en alguna parte antes de llegar a estar en esta figura humana. De suerte que también según esto parece que el alma es algo inmortal.

—Pero, oh Cebes —replicó Simmias, tomando la palabra—, ¿cuáles son las pruebas de esto? Recuérdamelas, pues en este momento no las conservo bien en la memoria.

---

[18] De este caos primitivo, según la doctrina del filósofo de Clazómenas, forma el cosmos la mente ordenadora.
[19] Interpolación.

—Se basan —contestó Cebes— en un único y excelente argumento; al ser interrogados los hombres, si se les hace la pregunta bien, responden de por sí todo tal y como es; y ciertamente no serían capaces de hacerlo si el conocimiento y el concepto exacto de las cosas no estuviera ya en ellos. Así, pues, si se les enfrenta con figuras geométricas o con otra cosa similar, se delata de manera evidentísima que así ocurre.

—Mas si con este argumento, Simmias —medió Sócrates—, no te convences, mira a ver si, considerando la cuestión de este otro modo, te sumas a nuestra opinión. Lo que pones en duda es el cómo lo que se llama instrucción puede ser un recuerdo.

—No es que yo lo ponga en duda —replicó Simmias—, lo que yo pido es experimentar en mí eso de que se está hablando, es decir que se me haga recordar. Pero con lo que comenzó a decir Cebes, sobre poco más o menos, recuerdo ya todo y estoy casi convencido. Sin embargo, no por eso dejaré ahora de escuchar con menor gusto cómo planteas tú la cuestión.

—De este modo —respondió Sócrates—. Estamos, sin duda, de acuerdo en que si alguien recuerda algo tiene que haberlo sabido antes.

—En efecto —dijo Simmias.

—¿Y no reconocemos también que cuando un conocimiento se presenta de la siguiente manera es un recuerdo? ¿Cuál es esa manera que digo? Esta. Cuando al ver u oír algo, o al tener cualquier otra percepción, no sólo se conoce la cosa de que se trata, sino también se piensa en otra sobre la que no versa dicho conocimiento sino otro ¿no decimos con razón que se recordó aquello cuya idea vino a la mente?

—¿Cómo dices?

—Por ejemplo, lo siguiente: el conocimiento de un hombre y el de una lira son dos cosas distintas.

—¡Cómo no!

—¿Y no sabes que a los enamorados, cuando ven una lira, o un manto, o cualquier otro objeto que suele usar su amado, les ocurre lo que se ha dicho? Reconocen la lira y al punto tienen en el pensamiento la imagen del muchacho a quien pertenecía. Esto es lo que es un recuerdo. De la misma manera que, cuando se ve a Simmias, muchas veces se acuerda uno de Cebes, y se podrían citar otros mil casos similares.

—Sí, por Zeus, otros mil —replicó Simmias.

—¿Y lo que entra en este tipo de cosas no es un recuerdo? ¿Y no lo es, sobre todo, cuando le ocurre a uno esto con lo que se tenía olvidado por el tiempo, o por no poner en ello atención?

—Exacto —respondió.

—¿Y qué? —continuó Sócrates—. ¿Es posible, cuando se ve un caballo dibujado o el dibujo de una lira, acordarse de un hombre, y recordar a Cebes, al ver un retrato de Simmias?

—Sí.

—¿Y no lo es también el acordarse de Simmias cuando ve uno su retrato?

—En efecto, es posible —respondió.

—¿Y no sucede en todos estos casos que el recuerdo se produce a partir de cosas semejantes, o cosas diferentes?

—Sí, sucede.

—Pero, al menos en el caso de recordar algo a partir de cosas semejantes, ¿no es necesario el que se nos venga además la idea de si a aquello le falta algo o no en su semejanza con lo que se ha recordado?

—Sí, es necesario —contestó.

—Considera ahora —prosiguió Sócrates— si lo

que ocurre es esto. Afirmamos que de algún modo existe lo igual, pero no me refiero a un leño que sea igual a otro leño, ni a una piedra que sea igual a otra, ni a ninguna igualdad de este tipo, sino a algo que, comparado con todo esto, es otra cosa: lo igual en sí. ¿Debemos decir que es algo, o que no es nada?

—Digamos que es algo ¡por Zeus! —replicó Simmias— y con una maravillosa convicción.

—¿Sabemos acaso lo que es en sí mismo?

—Sí —respondió.

—¿De dónde hemos adquirido el conocimiento de ello? ¿Será tal vez de las cosas de que hace un momento hablábamos? ¿Acaso al ver leños, piedras u otras cosas iguales, cualesquiera que sean, pensamos por ellas en lo igual en el sentido mencionado, que es algo diferente de ellas? ¿O no se te muestra a ti como algo diferente? Considéralo también así: ¿No es cierto que piedras y leños que son iguales, aun siendo los mismos, parecen en ocasiones iguales a unos y a otros no?

—En efecto.

—¿Y qué? ¿Las cosas que son en realidad iguales se muestran a veces ante ti como desiguales, y la igualdad como desigualdad?

—Nunca, Sócrates.

—Luego no son lo mismo —replicó— las cosas esas iguales que lo igual en sí.

—No me lo parecen en modo alguno, Sócrates.

—Pero, no obstante, ¿no son esas cosas iguales, a pesar de diferir de lo igual en sí, las que te lo hicieron concebir y adquirir su conocimiento?

—Es enteramente cierto lo que dices.

—Y esto ¿no ocurre, bien porque es semejante a ellas, bien porque es diferente?

—Exacto.

—En efecto —dijo Sócrates—, no hay en ello ninguna diferencia. Si al ver un objeto piensas a raíz de verlo en otro, bien sea semejante o diferente, es necesario que este proceso haya sido un recuerdo.

—Sin duda alguna.

—¿Y qué? —continuó—, ¿no nos ocurre algo similar en el caso de los leños y de esas cosas iguales que hace un momento mencionábamos? ¿Acaso se nos presentan iguales de la misma manera que lo que es igual en sí? ¿Les falta algo para ser tal y como es lo igual, o no les falta nada?

—Les falta, y mucho —respondió.

—Ahora bien, cuando se ve algo y se piensa: esto que estoy viendo yo ahora quiere ser tal y como es cualquier otro ser, pero le falta algo y no puede ser tal y como es dicho ser, sino que es inferior, ¿no reconocemos que es necesario que quien haya tenido este pensamiento se encontrara previamente con el conocimiento de aquello a que dice que esto otro se asemeja, pero que le falta algo para una similitud completa?

—Necesario es reconocerlo.

—¿Qué respondes entonces? ¿Nos ocurre o no lo mismo con respecto a las cosas iguales y a lo igual en sí?

—Lo mismo enteramente.

—Luego es necesario que nosotros hayamos conocido previamente lo igual, con anterioridad al momento en que, al ver por primera vez las cosas iguales, pensamos que todas ellas tienden a ser como es lo igual, pero les falta algo para serlo.

—Así es.

—Pero también convenimos que ni lo hemos pensado, ni es posible pensarlo por causa alguna que no sea el ver, el tocar o cualquier otra percepción; que lo mismo digo de todas ellas.

—En efecto, Sócrates, pues su caso es el mismo, al menos respecto de lo que pretende demostrar el razonamiento.

—Pues bien, a juzgar por las percepciones, se debe pensar que todas las cosas iguales que ellas nos presentan aspiran a lo que es igual, pero son diferentes a esto. ¿Es así como lo decimos?

—Es así.

—Luego, antes de que nosotros empezáramos a ver, a oír y a tener las demás percepciones, fue preciso que hubiéramos adquirido ya de algún modo el conocimiento de lo que es lo igual en sí, si es que a esto íbamos a referir las igualdades que nos muestran las percepciones en las cosas, y pensar, al referirlas, que todas ellas se esfuerzan por ser de la misma índole que aquello, pero son, sin embargo, inferiores.

—Necesario es, Sócrates, según lo dicho anteriormente.

—Y al instante de nacer, ¿no veíamos ya y oíamos y teníamos las restantes percepciones?

—Efectivamente.

—¿No fue preciso, decimos, tener ya adquirido con anterioridad a estas percepciones el conocimiento de lo igual?

—Sí.

—En ese caso, según parece, por necesidad lo teníamos adquirido antes de nacer.

—Eso parece.

—Pues bien, si lo adquirimos antes de nacer y nacimos con él, ¿no sabíamos ya antes de nacer e inmediatamente después de nacer, no sólo lo que es igual en sí, sino también lo mayor, lo menor y todas las demás cosas de este tipo? Pues nuestro razonamiento no versa más sobre lo igual en sí, que sobre lo bello en sí, lo bueno en sí, lo justo, lo santo, o sobre todas aquellas cosas que, como digo, sellamos con el rótulo de "lo que es en sí", tanto en las preguntas que planteamos como en las respuestas que damos. De suerte que es necesario que hayamos adquirido antes de nacer los conocimientos de todas estas cosas.

—Así es.

—Y si, tras haberlos adquirido, no los olvidáramos cada vez, siempre naceríamos con ese saber [20] y siempre lo conservaríamos a lo largo de la vida. Pues, en efecto, el saber estriba en adquirir el conocimiento de algo y en conservarlo sin perderlo. Y por el contrario, Simmias, ¿no llamamos olvido a la pérdida de un conocimiento?

—Sin duda alguna, Sócrates —respondió.

—Pero si, como creo, tras haberlo adquirido antes de nacer, lo perdimos en el momento de nacer, y después, gracias a usar en ello de nuestros sentidos, recuperamos los conocimientos que tuvimos antaño, ¿no será lo que llamamos aprender el recuperar un conocimiento que era nuestro? ¿Y si a este proceso le denominamos recordar, no le daríamos el nombre exacto?

—Completamente.

—Al menos, en efecto, se ha mostrado que es posible, cuando se percibe algo, se ve, se oye o se experimenta otra sensación cualquiera, el pensar, gracias a la cosa percibida, en otra que se tenía olvidada, y a la que aquélla se aproximaba bien por su diferencia o bien por su semejanza. Así que, como digo, una de dos, o nacemos con el conocimiento de aquellas cosas

---

[20] A saber, en los sucesivos nacimientos.

y lo mantenemos todos a lo largo de nuestra vida o los que decimos que aprenden después no hacen más que recordar, y el aprender en tal caso es recuerdo.

—Así es efectivamente, Sócrates.

—Entonces, Simmias, ¿cuál de las dos cosas escoges? ¿Nacemos nosotros en posesión del conocimiento o recordamos posteriormente aquello cuyo conocimiento habíamos adquirido con anterioridad?

—No puedo, Sócrates, en este momento escoger.

—¿Y qué? ¿Puedes tomar partido en esto otro y decir cuál es tu opinión sobre ello? Un hombre en posesión de un conocimiento, ¿podría dar razón de lo que conoce, o no?

—Eso es de estricta necesidad, Sócrates —respondió.

—¿Y te parece también que todos pueden dar razón de esas cosas de las que hablábamos hace un momento?

—Tal sería mi deseo, ciertamente —replicó Simmias—, pero, por el contrario, mucho me temo que mañana a estas horas ya no haya ningún hombre capaz de hacerlo dignamente.

—Luego ¿es que no crees, Simmias —preguntó Sócrates—, que todos tengan un conocimiento de ellas?

—En absoluto.

—¿Recuerdan, entonces, lo que en su día aprendieron?

—Necesariamente.

—¿Cuándo adquirieron nuestras almas el conocimiento de estas cosas? Pues evidentemente no ha sido después de haber tomado nosotros forma humana.

—No, sin duda alguna.

—Luego fue anteriormente.

—Sí.

—En tal caso, Simmias, existen también las almas

antes de estar en forma humana, separadas de los cuerpos, y tenían inteligencia.

—A no ser, Sócrates, que adquiramos esos conocimientos al nacer, pues aún queda ese momento.

—Sea, compañero. Pero, entonces, ¿en qué otro tiempo los perdemos? Pues nacemos sin ellos, como acabamos de convenir; ¿o es que los perdemos en el instante en que los adquirimos? ¿Puedes, acaso, indicar otro momento?

—En absoluto, Sócrates, no me di cuenta de que dije una tontería.

—¿Y es que la cuestión, Simmias, se nos presenta así? —continuó Sócrates—. Si, como repetimos una y otra vez, existe lo bello, lo bueno y todo lo que es. una realidad semejante, y a ella referimos todo lo que procede de las sensaciones, porque encontramos en ella algo que existía anteriormente y nos pertenecía, es necesario que, de la misma manera que dichas realidades existen, exista también nuestra alma, incluso antes de que nosotros naciéramos. Pero si éstas no existen, ¿no se habría dicho en vano este razonamiento? ¿No se presenta así la cuestión? ¿No hay una igual necesidad de que existan estas realidades y nuestras almas, antes, incluso, de que nosotros naciéramos, y de que, si no existen aquéllas tampoco existan éstas?

—Es extraordinaria, Sócrates, la impresión que tengo —dijo Simmias— de que hay la misma necesidad. Y el razonamiento arriba a buen puerto, a saber, que nuestras almas existen antes de nacer nosotros del mismo modo que la realidad de la que acabas de hablar. Pues nada tengo por tan evidente como el que lo bello, lo bueno y todas las demás cosas de esta índole de que hace un momento hablabas tienen existencia en grado sumo; y en mi opinión, al menos, la demostración queda hecha de un modo satisfactorio.

—¿Y en la de Cebes, qué? —replicó Sócrates—, pues es preciso convencer también a Cebes.

—Lo mismo —dijo Simmias—, según creo. Y eso que es el hombre más reacio a dejarse convencer por los razonamientos. Sin embargo, creo que ha quedado plenamente convencido de que antes de nacer nosotros existía nuestra alma. Con todo, la cuestión de si, una vez que hayamos muerto, continuará existiendo, tampoco me parece a mí, Sócrates —agregó— que se haya demostrado. Antes bien, estimo que aún sigue en pie la objeción que hizo Cebes hace un rato, el temor del vulgo de que, al morir el hombre, se disuelva el alma y sea para ella este momento el fin de su existencia. Pues ¿qué es lo que impide que nazca, se constituya y exista en cualquier otra parte, incluso antes de llegar al cuerpo humano, pero en el momento en que haya llegado a éste y se haya separado de él termine también su existencia y encuentre su destrucción?

—Dices bien, Simmias —repuso Cebes—. Es evidente que se ha demostrado algo así como la mitad de lo que es menester demostrar: que antes de nacer nosotros existía nuestra alma, pero es preciso añadir la demostración de que, una vez que hayamos muerto, existirá exactamente igual que antes de nuestro nacimiento, si es que la demostración ha de quedar completa.

—La demostración, oh Simmias y Cebes —dijo Sócrates—, queda hecha ya en este momento, si queréis combinar en uno solo este argumento con el que, con anterioridad a éste, admitimos aquel de que todo lo que tiene vida nace de lo que está muerto. En efecto, si el alma existe previamente, y es necesario que, cuando llegue a la vida y nazca, no nazca de otra cosa que de la muerte y del estado de muerte, ¿cómo no va a ser también necesario que exista, una vez que muera, puesto que tiene que nacer de nuevo? Queda demostrado, pues, lo que decís desde este momento incluso. No obstante, me parece que, tanto tú como Simmias, discutiríais con gusto esta cuestión con mayor detenimiento, y que teméis, como los niños, que sea verdad que el viento disipe el alma y la disuelva con su soplo mientras está saliendo del cuerpo, en especial cuando se muere no en un momento de calma, sino en un gran vendaval.

Cebes, entonces, le dijo sonriendo:

—Como si tuviéramos ese temor, intenta convencernos, oh Sócrates. O mejor dicho, no como si fuéramos nosotros quienes lo tienen, pues tal vez haya en nuestro interior un niño que sea quien sienta tales miedos. Intenta, pues, disuadirle de temer a la muerte como al coco.

—Pues bien —replicó Sócrates—, preciso es aplicarle ensalmos cada día, hasta que le hayáis curado por completo.

—Y ¿de dónde sacaremos —respondió Cebes— un buen conjurador de tales males, puesto que tú nos abandonas?

—Grande es la Hélade, Cebes —repuso Sócrates—, en la que tiene que haber en alguna parte hombres de valía, y muchos son también los pueblos bárbaros que debéis escudriñar en su totalidad en búsqueda de un tal conjurador, sin ahorrar ni dineros ni trabajos, ya que no hay nada en lo que más oportunamente podríais gastar vuestros haberes. Y debéis también buscarlo entre vosotros mismos, pues tal vez no podríais encontrar con facilidad a quienes pudieran hacer esto mejor que vosotros.

—Así se hará, ciertamente —dijo Cebes—. Pero volvamos al punto en que hemos quedado, si te place.

—Desde luego que me place, ¿cómo no iba a placerme?

—Dices bien —repuso Cebes.

—¿Y lo que debemos preguntarnos a nosotros mismos —dijo Sócrates—, no es algo así como esto: a qué clase de ser le corresponde el ser pasible de disolverse y con respecto a qué clase de seres debe temerse que ocurra este percance y con respecto a qué otra clase no? Y a continuación, ¿no debemos considerar a cuál de estas dos especies de seres pertenece el alma y mostrarnos, según lo que resulte de ello, confiados o temerosos con respecto a la nuestra?

—Es verdad lo que dices —asintió Cebes.

—¿Y no es lo compuesto y lo que por naturaleza es complejo aquello a lo que corresponde el sufrir este percance, es decir, el descomponerse tal y como fue compuesto? Mas si por ventura hay algo simple, ¿no es a eso solo, más que a otra cosa, a lo que corresponde el no padecerlo?

—Me parece que es así —respondió Cebes.

—¿Y no es sumamente probable que lo que siempre se encuentra en el mismo estado y de igual manera sea lo simple, y lo que cada vez se presenta de una manera distinta y jamás se encuentra en el mismo estado sea lo compuesto?

—Tal es, al menos, mi opinión.

—Pasemos, pues —prosiguió—, a lo tratado en el argumento anterior. La realidad en sí, de cuyo ser damos razón en nuestras preguntas y respuestas, ¿se presenta siempre del mismo modo y en idéntico estado, o cada vez de manera distinta? Lo igual en sí, lo bello en sí, cada una de las realidades en sí, el ser ¿admite un cambio cualquiera? ¿O constantemente cada una de esas realidades que tienen en sí y con respecto a sí misma una única forma, siempre se presenta en idéntico modo y en idéntico estado, y nunca, en ningún momento y de ningún modo, admite cambio alguno?

—Necesario es, Sócrates —respondió Cebes—, que se presente en idéntico modo y en idéntico estado.

—¿Y qué ocurre con la multiplicidad de las cosas bellas, como, por ejemplo, hombres, caballos, mantos o demás cosas, cualesquiera que sean, que tienen esa cualidad, o que son iguales o con todas aquellas, en suma, que reciben el mismo nombre que esas realidades? ¿Acaso se presentan en idéntico estado, o todo lo contrario que aquéllas, no se presentan nunca, bajo ningún respecto, por decirlo así, en idéntico estado, ni consigo mismas, ni entre sí?

—Así ocurre con estas cosas —respondió Cebes—; jamás se presentan del mismo modo.

—Y a estas últimas cosas, ¿no se las puede tocar y ver y percibir con los demás sentidos, mientras que a las que siempre se encuentran en el mismo estado es imposible aprehenderlas con otro órgano que no sea la reflexión de la inteligencia, puesto que son invisibles y no se las puede percibir con la vista?

—Completamente cierto es lo que dices —respondió Cebes.

—¿Quieres que admitamos —prosiguió Sócrates— dos especies de realidades, una visible y la otra invisible?

—Admitámoslo.

—¿Y que la invisible siempre se encuentra en el mismo estado, mientras que la visible nunca lo está?

—Admitamos también esto —respondió Cebes.

—Sigamos, pues —prosiguió—, ¿hay una parte en nosotros que es el cuerpo y otra que es el alma?

—Imposible sostener otra cosa.

—¿Y a cuál de esas dos especies diríamos que es más similar y más afín el cuerpo?

—Claro es para todos que a la visible —respondió.

—¿Qué, y el alma? ¿Es algo visible o invisible?

—Los hombres, al menos, Sócrates, no la pueden ver.

—Pero nosotros hablábamos de lo que es visible y de lo que no lo es para la naturaleza del hombre, ¿o con respecto a qué otra naturaleza crees que hablamos?

—Con respecto a la de los hombres.

—¿Qué decimos, pues, del alma? ¿Es algo que se puede ver o que no se puede ver?

—Que no se puede ver.

—¿Invisible, entonces?

—Sí.

—Luego el alma es más semejante que el cuerpo a lo invisible, y éste, a su vez, más semejante que aquélla a lo visible.

—De toda necesidad, Sócrates.

—¿Y no decíamos también hace un momento que el alma, cuando usa del cuerpo para considerar algo, bien sea mediante la vista, el oído o algún otro sentido —pues es valerse del cuerpo como instrumento el considerar algo mediante un sentido— es arrastrada por el cuerpo a lo que nunca se presenta en el mismo estado y se extravía, se embrolla y se marea como si estuviera ebria, por haber entrado en contacto con cosas de esta índole?

—En efecto.

—¿Y no agregábamos que, por el contrario, cuando reflexiona a solas consigo misma allá se va, a lo que es puro, existe siempre, es inmortal y siempre se presenta del mismo modo? ¿Y que, como si fuera por afinidad, reúnese con ello siempre que queda a solas consigo misma y le es posible, y cesa su extravío y siempre queda igual y en el mismo estado con relación a esas realidades, puesto que ha entrado en contacto con objetos que, asimismo, son idénticos e inmutables? ¿Y que esta experiencia del alma se llama pensamiento?

—Enteramente está bien y de acuerdo con la verdad lo que dices, oh Sócrates —repuso.

—Así, pues, ¿a cuál de esas dos especies, según lo dicho anteriormente y lo dicho ahora, te parece que es el alma más semejante y más afín?

—Mi parecer, Sócrates —respondió Cebes—, es que todos, incluso los más torpes para aprender, reconocerían, de acuerdo con este método, que el alma es por entero y en todo más semejante a lo que siempre se presenta de la misma manera que a lo que no.

—¿Y el cuerpo, qué?

—Se asemeja más a la otra especie.

—Considera ahora la cuestión, teniendo en cuenta el que, una vez que se juntan alma y cuerpo en un solo ser, la naturaleza prescribe a éste el servir y el ser mandado, y a aquélla, en cambio, el mandar y el ser su dueña. Según esto también, ¿cuál de estas dos atribuciones te parece más semejante a lo divino y cuál a lo mortal? ¿No estimas que lo divino es apto por naturaleza para mandar y dirigir y lo mortal para ser mandado y servir?

—Tal es, al menos, mi parecer.

—Pues bien, ¿a cuál de los dos semeja el alma?

—Evidente es, Sócrates, que el alma semeja a lo divino y el cuerpo a lo mortal.

—Considera ahora, Cebes —prosiguió—, si de todo lo dicho nos resulta que es a lo divino, inmortal, inteligible, uniforme, indisoluble y que siempre se presenta en identidad consigo mismo y de igual manera, a lo que más se asemeja el alma, y si, por el contrario, es a lo humano, mortal, multiforme, ininteligible, disoluble y que nunca se presenta en identidad consigo mismo, a lo que, a su vez, se asemeja más el cuerpo. ¿Podemos decir contra esto otra cosa para demostrar que no es así?

—No podemos.

—¿Y entonces, qué? Estando así las cosas, ¿no le corresponde al cuerpo el disolverse prontamente, y al alma, por el contrario, el ser completamente indisoluble o el aproximarse a ese estado?

—¡Cómo no!

—Pues bien, tú observas —dijo— que, cuando muere un hombre, su parte visible y que yace en lugar visible [21], es decir, su cuerpo, que denominamos cadáver, y al que corresponde el disolverse, deshacerse y disiparse, no sufre inmediatamente ninguno de estos cambios, sino que se conserva durante un tiempo bastante largo, y si el finado tiene el cuerpo en buen estado y muere en una buena estación del año, se mantiene incluso mucho tiempo. Y si el cuerpo se pone enjuto y es embalsamado, como las momias de Egipto, consérvase entero, por decirlo así, un tiempo indefinido. Además hay algunas partes del cuerpo, los huesos, los tendones y todo lo que es similar, que aunque aquél se pudra, son, valga la palabra, inmortales. ¿No es verdad?

—Sí.

—Y el alma, entonces, la parte invisible, que se va a otro lugar de su misma índole, noble, puro e invisible, al Hades en el verdadero sentido de la palabra [22] a reunirse con un dios bueno y sabio, a un lugar al que, si la divinidad quiere, también habrá de enca-

---

[21] Es decir, la tumba.
[22] Juego de palabras intraducible. Se pone en relación etimológica Ἀΐδης (=Hades) con ἀϊδής (=invisible).

minarse al punto mi alma; ese alma, repito, cuya índole es tal como hemos dicho, y que así es por naturaleza, ¿queda disipada y destruida, acto seguido de separarse del cuerpo, como afirma el vulgo? Ni por lo más remoto, oh amigos Cebes y Simmias, sino que, muy al contrario, lo que sucede es esto. Si se separa del cuerpo en estado de pureza, no arrastra consigo nada de él, dado el que, por su voluntad, no ha tenido ningún comercio con él a lo largo de la vida, sino que lo ha rehuido, y ha conseguido concentrarse en sí misma, por haberse ejercitado constantemente en ello. Y esto no es otra cosa que filosofar en el recto sentido de la palabra y, de hecho, ejercitarse a morir con complacencia. ¿O es que esto no es una práctica de la muerte?

—Completamente.

—Así, pues, si en tal estado se encuentra, se va a lo que es semejante a ella, a lo invisible, divino, inmortal y sabio, adonde, una vez llegada, le será posible ser feliz, libre de extravío, insensatez, miedos, amores violentos y demás males humanos, como se dice de los iniciados, pasando verdaderamente el resto del tiempo en compañía de los dioses. ¿Debemos afirmarlo así, Cebes, o de otra manera?

—Pero en el caso, supongo yo, de que se libere del cuerpo manchada e impura, por tener con él continuo trato, cuidarle y amarle, hechizada por él y por las pasiones y placeres, hasta el punto de no considerar que exista otra verdad que lo corporal, que aquello que se puede tocar y ver, beber y comer, o servirse de ello para gozo de amor, en tanto que aquello que es oscuro a los ojos e invisible pero inteligible y susceptible de aprehenderse con la filosofía, está acostumbrada a odiarlo, temerlo y rehuirlo; un alma que en tal estado se encuentre, ¿crees tú que se separa del cuerpo, sola y en sí misma y sin estar contaminada?

—En lo más mínimo —respondió.

—¿Sepárase entonces, supongo, dislocada por el elemento corporal, que el trato y la compañía del cuerpo hicieron connatural a ella, debido al continuo estar juntos y a la gran solicitud que por él tuvo?

—Exacto.

—Mas a éste, querido, preciso es considerarle pesado, agobiante, terrestre y visible. Al tenerlo, pues, un alma de esa índole es entorpecida y arrastrada de nuevo al lugar visible, por miedo de lo invisible y del Hades [23], según se dice, y da vueltas alrededor de monumentos fúnebres y sepulturas, en torno de los que se han visto algunos sombríos fantasmas de almas; imágenes ésas, que es lógico que produzcan tales almas, que no se han liberado con pureza, sino que participan de lo visible, por lo cual se ven.

—Es verosímil, Sócrates.

—Es verosímil, ciertamente, Cebes. Y asimismo lo es que no sean esas almas las de los buenos, sino las de los malos, que son obligadas a errar en torno de tales lugares en castigo de su anterior modo de vivir, que fue malo. Y andan errantes hasta el momento en que, por el deseo que siente su acompañante, el elemento corporal, son atadas a un cuerpo. Y, como es natural, los cuerpos a que son atadas tienen las mismas costumbres que ellas habían tenido en su vida.

—¿Qué clase de costumbres son ésas que dices, Sócrates?

—Digo, por ejemplo, que los que se han entregado a la glotonería, al desenfreno, y han tenido desmedida afición a la bebida sin moderarse, es natural que

---

[23] Mismo juego de palabras que en (21).

entren en el linaje de los asnos y de los animales de la misma calaña. ¿No lo crees así?

—Es completamente lógico lo que dices.

—Y los que han puesto por encima de todo las injusticias, las tiranías y las rapiñas, en el de los lobos, halcones y milanos. O ¿a qué otro lugar decimos que pueden ir a parar tales almas?

—No hay duda —contestó Cebes—, a tales cuerpos.

—¿Y no está claro —prosiguió— con respecto a las demás almas, a dónde irá a parar cada una, según las semejanzas de sus costumbres?

—Sí lo está —respondió—, ¡cómo no va a estarlo!

—Ahora bien, ¿no es cierto —continuó Sócrates— que aun dentro de este grupo, los más felices y los que van a parar a mejor lugar son los que han practicado la virtud popular y cívica, que llaman moderación y justicia, que nace de la costumbre y la práctica sin el concurso de la filosofía y de la inteligencia?

—¿Por qué son éstos los más felices?

—Porque es natural que lleguen a un género de seres que sea tal como ellos son, sociable y civilizado, como puede serlo el de las abejas, avispas y hormigas, e incluso que retornen al mismo género humano, y de ellos nazcan hombres de bien.

—Es natural.

—Pero al linaje de los dioses, a ése es imposible arribar sin haber filosofado y partido en estado de completa pureza; que ahí sólo es lícito que llegue el deseoso de saber. Por esa razón, oh amigos Simmias y Cebes, los que son filósofos en el recto sentido de la palabra se abstienen de los deseos corporales todos, mantiénense firmes, y no se entregan a ellos; ni el temor a la ruina de su patrimonio, ni a la pobreza les arredra, como al vulgo y a los amantes de la riqueza; ni temen tampoco la falta de consideración y de gloria que entraña la miseria, como los amantes de poder y de honores, por lo cual abstiénense de tales cosas.

—Efectivamente, Sócrates —dijo Cebes—, lo contrario no estaría en consonancia con ellos.

—Sin duda alguna, ¡por Zeus! —repuso éste—. Por eso las mandan a paseo en su totalidad quienes tienen algún cuidado de su alma y no viven para el cuerpo, ocupados en modelarle, y no siguen el mismo camino de aquéllos [24], en la idea de que no saben a donde van, sino que, pensando que no deben obrar en contra de la filosofía y de la liberación y purificación que ésta procura, se encaminan en pos de ella por el camino que les indica.

—¿Cómo, Sócrates?

—Yo te lo diré —respondió—. Conocen, en efecto, los deseosos de saber que, cuando la filosofía se hace cargo del alma, ésta se encuentra sencillamente atada y ligada al cuerpo, y obligada a considerar las realidades a través de él, como a través de una prisión, en vez de hacerlo ella por su cuenta y por medio de sí misma, en una palabra, revolcándose en la total ignorancia; y que la filosofía ve que lo terrible de esa prisión es que se opera por medio del deseo, de suerte que puede ser el mismo encadenado el mayor cooperador de su encadenamiento. Así, pues, como digo, los amantes de aprender saben que, al hacerse cargo la filosofía de nuestra alma en tal estado, le da consejos suavemente e intenta liberarla, mostrándole que está lleno de engaño el examen que se hace por medio de los ojos, y también el que se realiza valiéndose de los oídos y demás sentidos; que asimismo aconseja al alma retirarse de éstos y a no usar de ellos en lo que no sea de necesidad, invitándola a recogerse y a con-

---

[24] A saber, que viven para el cuerpo.

centrarse en sí misma, sin confiar en nada más que en sí sola, en lo que ella en sí y de por sí capte con el pensamiento como realidad en sí y de por sí; que, en cambio, lo que examina valiéndose de otros medios y que en cada caso se presenta de diferente modo, la enseña a no considerarlo verdadero en nada; y también que lo que es así es sensible y visible, mientras que lo que ella ve es inteligible e invisible. Así, pues, por creer el alma del verdadero filósofo que no se debe oponer a esta liberación, se aparta consecuentemente de los placeres y deseos, penas y temores en lo que puede, porque piensa que, una vez que se siente un intenso placer, temor, pena o deseo, no padece por ello uno de esos males tan grandes que pudieran pensarse, como, por ejemplo, el ponerse enfermo o el hacer un derroche de dinero por culpa del deseo, sino que lo que sufre es el mayor y el supremo de los males, y encima sin que lo tome en cuenta.

—¿Cuál es ese mal, Sócrates? —preguntó Cebes.

—Que el alma de todo hombre, a la vez que siente un intenso placer o dolor en algo, es obligada también a considerar que aquello, con respecto a lo cual le ocurre esto en mayor grado, es lo más evidente y verdadero, sin que sea así. Y éste es el caso especialmente de las cosas visibles. ¿No es verdad?

—Por completo.

—¿Y no es cierto que en el momento de sentir tal afección es cuando el alma es encadenada más por el cuerpo?

—¿Cómo?

—Porque cada placer y dolor, como si tuviera un clavo, la clava al cuerpo, la sujeta como con un broche, la hace corpórea y la obliga a figurarse que es verdadero lo que afirma el cuerpo. Pues por tener las mismas opiniones que el cuerpo y deleitarse con los mismos objetos, por fuerza adquiere, según creo, las costumbres y el mismo régimen de vida que el cuerpo, y se hace de tal calaña que nunca puede llegar al Hades en estado de pureza, sino que parte allá contaminada siempre por el cuerpo, de tal manera que pronto cae de nuevo en otro cuerpo y en él echa raíces, como si hubiera sido sembrada, quedando, en consecuencia, privada de la existencia en común con lo divino, puro y que sólo tiene una única forma.

—Grandísima verdad es lo que dices, Sócrates —dijo Cebes.

—Por tanto, Cebes, ésa es la razón de que los que reciben con justicia el nombre de amantes del saber sean moderados y valientes, no la que aduce el vulgo. ¿O tú crees que es ésta?

—No, por cierto. Yo, no lo creo así.

—No, sin duda. Por el contrario, así sería como calculara el alma de un filósofo, y no creería que, si a la filosofía atañe el desatarla, a ella, en cambio, mientras aquélla la desata, le corresponde el entregarse a los placeres y penas, para atarse de nuevo y realizar un trabajo sin fin, como el de Penélope, manejando el telar en el sentido contrario. Antes bien, pone en calma las pasiones, sigue al razonamiento, y, sin separarse en ningún momento de él, contemplando lo verdadero, divino y que no es objeto de opinión, y alimentada por ello, cree que así debe vivir mientras viva, y que, una vez que su vida acabe, llegará a lo que es afín a sí misma y tal como ella es, liberándose de los males humanos. Y, como consecuencia de tal régimen de vida, no hay peligro de que sienta temor [puesto que hase ejercitado en ello] [25], oh Simmias y Cebes, de

[25] Burnet rechaza lo comprendido entre corchetes, por suponerlo una glosa de "como consecuencia de tal género de vida".

quedar esparcida en el momento de separarse del cuerpo, o de ser disipada por el soplo de los vientos y de marcharse en un vuelo, sin existir ya en ninguna parte.

Después de decir esto Sócrates, prodújose silencio durante mucho rato, y tanto el mismo Sócrates, según se dejaba ver, como la mayor parte de nosotros estábamos absortos en el argumento expuesto. Por su parte, Cebes y Simmias conversaban entre ellos dos en voz baja. Al verles, Sócrates les preguntó:

—¿Qué? ¿Acaso os parece que lo dicho no ha quedado completo? Pues muchos puntos quedan aún que pueden dar pie a sospechas y reparos, si es que verdaderamente se ha de hacer una exposición, satisfactoria. Si es otra cosa lo que consideráis, estoy hablando en vano; mas si es sobre algo de lo expuesto donde radica vuestra duda, no vaciléis, tomad vosotros la palabra y exponed la cuestión según os parezca que sería mejor dicha, tomándome a mí, a vuestra vez, como interlocutor, si creéis que con mi ayuda vais a tener más oportunidades de encontrar una solución.

Simmias, entonces, le respondió:

—Pues bien, Sócrates, te diré la verdad. Desde hace un rato estamos uno y otro en duda, y nos empujamos y nos animamos mutuamente a preguntarte, porque, si bien estamos deseosos de oírte, no nos atrevemos a importunarte, por temor a que nuestras preguntas te desagraden, dada la presente desdicha.

Al oírle, Sócrates sonrió levemente y respondió:

—¡Ay, Simmias! Difícilmente, no cabe duda, podré persuadir a los demás de que no tengo por desdicha la presente situación, cuando ni siquiera a vosotros os puedo persuadir de ello, y teméis que me encuentre ahora de peor humor que en el resto de mi vida. Es más; al parecer, en lo que respecta a dotes adivinatorias, soy, en vuestra opinión, inferior a los cisnes, que, una vez que danse cuenta de que tienen que morir, aun cuando antes también cantaban, cantan entonces más que nunca y del modo más bello, llenos de alegría porque van a reunirse con el dios del que son siervos. Mas los hombres, por su propio miedo a la muerte, calumnian incluso a los cisnes y dicen que, lamentando su muerte, entonan, movidos de dolor, un canto de despedida, sin tener en cuenta que no hay ningún ave que cante cuando tiene hambre, frío o padece algún otro sufrimiento, ni el propio ruiseñor, ni la golondrina, ni la abubilla[26], que, según dicen, cantan deplorando su pena. Pero, a mi modo de ver, ni estas aves ni tampoco los cisnes cantan por dolor, sino que, según creo, como son de Apolo, son adivinos, y por prever los bienes del Hades cantan y se regocijan aquel día, como nunca lo hicieran hasta entonces. Y en lo que a mí respecta, me considero compañero de esclavitud de los cisnes y consagrado al mismo dios, y en no peores condiciones que ellos en lo tocante a la facultad de adivinar que otorga mi señor, ni tampoco en mayor abatimiento que ellos por abandonar

---

[26] Alusiones a la leyenda del canto del cisne se encuentran a lo largo de toda la literatura griega. Aristóteles incluso la recoge en su *Historia de los animales*. El ruiseñor, la golondrina y la abubilla eran protagonistas de una bella leyenda del Atica. El rey tracio Tereo deshonró a su cuñada Filomela, y, a fin de que no pudiera delatarle a su mujer, le cortó la lengua. Mas Filomela bordó en un lienzo todo lo ocurrido y se lo mostró a Procne, su hermana. Llena de ira, Procne mató en venganza a su hijo Itis y, despedazándole, sirvió sus miembros a su marido en el transcurso de un banquete. Cuando Tereo reconoció tan horrendo crimen, lanzóse tras las hermanas con intención de castigarlas; pero durante la persecución los dioses le convirtieron en abubilla, a Filomela en golondrina y a Procne en el ruiseñor que, con sus melodiosos trinos, lamenta sin cesar la suerte del infeliz Itis.

la vida. Por esta razón, pues, debéis hablar y preguntarme lo que queráis, mientras lo permitan los Once de Atenas [27].

—Dices bien —repuso Simmias—. Así que te voy a decir mi duda, y éste, a su vez, te dirá en qué no admite lo expuesto. A mí me parece, oh Sócrates, sobre las cuestiones de esta índole tal vez lo mismo que a ti, que un conocimiento exacto de ellas es imposible o sumamente difícil de adquirir en esta vida, pero que el no examinar por todos los medios posibles lo que se dice sobre ellas, o el desistir de hacerlo, antes de haberse cansado de considerarlas bajo todos los puntos de vista, es propio de hombre muy cobarde. Porque lo que se debe conseguir con respecto a dichas cuestiones es una de estas cosas: aprender o descubrir por uno mismo qué es lo que hay de ellas, o bien, si esto es imposible, tomar al menos la tradición humana mejor y más difícil de rebatir y, embarcándose en ella, como en una balsa, arriesgarse a realizar la travesía de la vida, si es que no se puede hacer con mayor seguridad y menos peligro en navío más firme, como, por ejemplo, una revelación de la divinidad [28]. Así, pues, yo, por mi parte, no tendré vergüenza de preguntarte, ya que tú nos invitas a ello, ni me echaré en cara después que ahora no te dije mi opinión. Porque a mí, oh Sócrates, tras haber considerado conmigo mismo y con éste lo expuesto, no me parece que haya quedado suficientemente demostrado.

—Tal vez, amigo —dijo Sócrates—, lo que te parece sea verdad. Ea, pues, di en qué te parece que hay deficiencia.

---

[27] Los *Once* eran unos magistrados investidos de poder ejecutivo, que tenían a su cargo las ejecuciones públicas y la custodia de los presos.
[28] Alusión a las doctrinas órficas.

—En esto, creo yo —repuso Simmias—: en el hecho de que sobre la armonía, la lira y las cuerdas se podría emplear el mismo argumento, a saber, que la armonía es algo indivisible, incorpóreo, completamente bello y divino que hay en la lira afinada, pero que la lira en sí y las cuerdas son cuerpos, cosas materiales, compuestas, terrestres y emparentadas con lo mortal. Así, pues, supongamos que, una vez que se rompe o se corta la lira y se arrancan sus cuerdas, alguien sostiene, empleando el mismo argumento que tú, que es necesario que exista todavía aquella armonía y que no se haya perdido. Porque sería de todo punto imposible que dijera que si bien la lira existe todavía, aun cuando hayan sido arrancadas sus cuerdas, y siguen también existiendo éstas que son mortales, en tanto que la armonía, en cambio, que tiene la misma naturaleza que lo divino e inmortal, y con ello está emparentada, perece antes que lo mortal. Antes bien, lo que aquél diría es que es necesario que la armonía exista aún en alguna parte, y que las maderas y cuerdas se pudren antes de que a aquélla le ocurra nada. Pues bien, Sócrates, creo que tú también has pensado que es precisamente así, sobre poco más o menos, como nosotros creemos que es el alma, es decir, que estando nuestro cuerpo, valga la palabra, tensado [29] y sostenido por lo caliente y lo frío, lo seco y lo húmedo y algunos opuestos similares, nuestra alma es la mezcla y la armonía de éstos, una vez que se han mezclado bien y proporcionalmente entre sí. Así, pues, si resulta que el

---

[29] No hay que ver aquí una simple opinión de Simmias, sino una teoría médica sobre la constitución del alma en relación con la doctrina empedoclea de los cuatro elementos. Tal teoría pudiera ser muy bien la de Filolao, del que Simmias era discípulo, y se sabe que escribió varios tratados de medicina.

alma es una especie de armonía, está claro que, cuando nuestro cuerpo se relaja o se tensa en exceso por las enfermedades o demás males, se presenta al punto la necesidad de que el alma, a pesar de ser sumamente divina, se destruya como las demás armonías existentes en los sonidos y en las obras artísticas todas, en tanto que los restos de cada cuerpo perduran mucho tiempo, hasta que se les quema o se pudren. Mira, por consiguiente, qué vamos a responder a este argumento, en el caso de que alguien pretenda que el alma, por ser la mezcla de los elementos del cuerpo, es la primera que perece en lo que llamamos muerte.

Mirándole entonces Sócrates fijamente, como acostumbraba las más de las veces, le dijo sonriendo:

—Justo es, ciertamente, lo que dice Simmias. Así, pues, si alguno de vosotros se encuentra en mayor abundancia de recursos que yo, ¿por qué no le ha contestado ya? Pues no parece hombre que acometa a la ligera el argumento. No obstante, me parece que, antes de dar una respuesta, es preciso oír a Cebes qué es lo que a su vez censura al argumento, a fin de que, con tiempo por medio, deliberemos qué es lo que vamos a responder. Después, tras de haberles escuchado les daremos la razón, en el caso de que nos parezca que van acordes, y, si no, es el momento ya de defender el argumento. Ea, pues, Cebes —le animó—, di qué fue lo que a ti te perturbaba [30].

—Ahora lo diré —dijo Cebes—. Para mí es evidente que el razonamiento se encuentra aún en el mismo punto, y que es susceptible de la misma censura que le hacíamos anteriormente. El que nuestra alma existía, antes incluso de venir a parar a esta forma, es

---

[30] Burnet rechaza del texto las palabras ἀπιστίαν παρέχει (=procura dudas), que considera una glosa de "perturbaba"

algo que no me vuelve atrás en afirmar que ha quedado demostrado de un modo que me place sumamente, y, si no es molesto el decirlo, convincente por completo. Pero el que, una vez muertos nosotros, sigue existiendo en alguna parte, ya no me lo parece así. Mas tampoco concedo a la objeción de Simmias que el alma es algo menos consistente y menos duradero que el cuerpo: en todos estos puntos me parece que el alma es muy superior al cuerpo. Entonces, "¿Por qué —me diría el razonamiento— persistes en tus dudas, ya que ves que, muerto el hombre, lo que es más débil continúa existiendo? ¿No crees que es necesario que lo más duradero siga mientras tanto conservándose?" Atiende ahora a esto, a ver si es razonable lo que digo, pues, al parecer, también yo, como Simmias, necesito un símil. En efecto, a mí me parece que la anterior afirmación se hace de un modo parecido a como pudiera hacer alguien, a propósito de un viejo tejedor que ha muerto, la de que el individuo en cuestión no ha perecido, sino que conserva la existencia en alguna parte; presentara como prueba el hecho de que el manto que le cubría y que él mismo tejió se conserva y no ha perecido; preguntara, si alguno no le creía: "¿Cuál de estas dos cosas es más duradera, el género humano o el de los mantos que usa y lleva el hombre?", y, al respondérsele que es mucho más duradero el género de los hombres, se figurara que había quedado demostrado que, con mucha mayor razón, el hombre conserva la existencia, puesto que lo menos duradero no ha perecido. Pero esto, oh Simmias, creo que no es así. Examina también tú lo que digo. Todo el mundo reconocería que dice una necedad el que tal cosa sostiene. En efecto, el tejedor de nuestro ejemplo, que ha gastado y ha tejido muchos mantos semejantes, perece después de aquéllos, que son muchos, pero antes del último, y no por esto hay mayor razón para pensar que el hombre es inferior y más débil que un manto. Esta misma comparación, a mi entender, podría admitirla el alma con relación al cuerpo, y para mí sería evidente que se diría lo adecuado, si tal cosa se dijera de ambos: que el alma es más duradera y el cuerpo más débil y menos duradero. Pero asimismo habría de afirmarse que, si bien cada una de las almas desgasta muchos cuerpos, especialmente cuando la vida dura muchos años —pues si el cuerpo fluye y se pierde, mientras el hombre está aún con vida, el alma, en cambio, constantemente vuelve a tejer lo deteriorado—, no obstante, es necesario que, cuando el alma perezca, se encuentre en posesión de su postrer tejido, y sea éste el único a quien preceda aquélla en su ruina. Y, aniquilada el alma, entonces mostrará ya el cuerpo su natural debilidad y, pudriéndose, desaparecerá pronto. De manera que aún no está justificado el confiar, por prestar fe a este argumento, en que, una vez que muramos, sigue existiendo nuestra alma en alguna parte. Pues, aunque se concediera a quien lo emplea más aún de lo que tú dices, otorgándole no sólo el que nuestras almas existían antes incluso de que nosotros naciéramos, sino también el que nada impide que, una vez que hayamos muerto, las almas de algunos continúen existiendo en ese momento y más adelante, dando lugar a futuros nacimientos y nuevas muertes, pues es por naturaleza el alma algo tan consistente que puede resistir muchos nacimientos; ni aun haciéndole esta concesión, se le podría conceder que el alma no sufre en los múltiples nacimientos, y que, por último, no queda totalmente aniquilada en una cualquiera de esas muertes. Mas esa muerte y esa separación del cuerpo que trae al alma la destrucción, habría que afirmar que nadie la conoce, pues es imposible para cualquiera de nosotros el darse cuenta de ello. Y si esto es así, nadie tiene derecho a mostrarse confiado ante la muerte sin que su confianza sea una insensatez, a no ser que pueda demostrar que el alma es algo completamente inmortal e indestructible. Pero si no puede, es necesario que el que está a punto de morir tema siempre respecto de su alma que, en el momento de su separación con el cuerpo, quede completamente destruida.

Después de oírles hablar, todos quedamos a disgusto, según nos confesamos más tarde mutuamente, porque parecía que, tras haber quedado nosotros sumamente convencidos por el razonamiento anterior, nos habían de nuevo puesto en confusión e infundido desconfianza, no sólo frente a los razonamientos hasta entonces dichos, sino también frente a los que iban a pronunciarse después, unida al recelo de que no fuéramos jueces de ninguna valía, o que la cuestión en sí se prestara a dudas.

EQUÉCRATES.—¡Por los dioses!, oh Fedón, que os disculpo. Pues también a mí al escucharte ahora se me ocurre decirme a mí mismo: "¿A qué argumento entonces daremos crédito? ¡Tan convincente que era el razonamiento que hizo Sócrates, y ahora se ha hundido en la incertidumbre!" Pues me subyuga de manera extraordinaria, ahora y siempre, ese decir que nuestra alma es una especie de armonía y, al ser mencionado, me hizo recordar, por decirlo así, que éste había sido también mi parecer. Y de nuevo, como al principio, estoy sumamente necesitado de cualquier otro argumento que me convenza de que el alma del que fallece no fallece juntamente con él. Así, pues, dime, ¡por Zeus!, ¿cómo abordó Sócrates el razonamiento? ¿Mostróse también él, como dices que estabais vosotros, disgustado por algo, o acudió, por el contrario, con calma en ayuda de su argumento? ¿Fue eficaz la ayuda que le prestó o insuficiente? Explícanoslo todo en la forma más detallada que puedas.

Fedón.—En verdad, oh Equécrates, que, pese a haber admirado a Sócrates muchas veces, nunca le admiré más que en aquella ocasión que estuve a su lado. El que supiera encontrar una respuesta tal vez no tiene nada de extraño. Pero lo que más me maravilló de él fue, ante todo, con cuánto placer, benevolencia y deferencia acogió la argumentación de los jóvenes, luego, con cuánta penetración percibió el efecto que había producido en nosotros la argumentación de aquéllos, y, por último, cuán bien supo curarnos. Estábamos en fuga y derrotados, por decirlo así, y él nos llamó de nuevo al combate, impulsándonos a seguirle y a considerar con él el razonamiento.

Equécrates.—¿Cómo?

Fedón.—Yo te lo diré. Me encontraba por casualidad a su derecha, sentado en un banquillo junto a la cama, y él estaba en un asiento mucho más elevado que yo. Acaricióme la cabeza, y estrujándome los cabellos que me caían sobre el cuello —pues tenía la costumbre de jugar con mi melena, cuando la ocasión se presentaba— me dijo:

—Mañana tal vez, oh Fedón, te cortarás esta hermosa cabellera.

—Es natural, Sócrates —le respondí.

—No, si me haces caso.

—¿Qué quieres decir? —repuse.

—Que es hoy —replicó— cuando debemos cortarnos, tú esos cabellos y yo los míos, si el razonamiento se nos muere y no podemos hacerle revivir. Al menos yo, si fuera tú, y se me escapara el argumento, me obligaría por juramento, como los argivos [31], a no

[31] Herodoto I, 82, cuenta que los argivos, después de perder Tíreas en lucha contra los lacedemonios, se obligaron por

llevar el pelo largo, antes de vencer, volviendo a la carga, la argumentación de Simmias y de Cebes.

—Pero —le objeté yo— contra dos, se dice, ni siquiera Heracles puede.

—Pues llámame a mí en ayuda, a tu Yolao[32], mientras haya todavía luz.

—Está bien. Te llamo en ayuda, pero no como Heracles, sino como Yolao a Heracles.

—Lo mismo dará —replicó—. Pero cuidemos primero de que no nos ocurra un percance.

—¿Cuál? —le pregunté.

— El de convertirnos —dijo— en *misólogos*[33], de la misma manera que los que se hacen misántropos; porque no hay peor percance que le pueda a uno suceder que el de tomar odio a los razonamientos. Y la misología se produce de la misma manera que la misantropía. En efecto, la misantropía se insinúa en nosotros como consecuencia de tener sin conocimiento excesiva confianza en alguien, y considerar a dicho individuo completamente franco, sano y digno de fe, descubriendo poco después que era malvado, desleal y, en una palabra, otro. Y cuando esto le ocurre a uno muchas veces, y especialmente ante los que se había podido considerar como los más íntimos y más amigos, por tropezarse con frecuencia, termina uno por odiar a todos y considerar que en nadie hay

ley y juramento a no dejarse crecer el cabello los hombres y a no llevar adornos de oro las mujeres hasta haber reconquistado la ciudad perdida.

[32] Yolao, hijo de Ificles, fue el fiel escudero de Heracles, que libró al héroe durante su lucha con la hidra de Lerna de un monstruoso cangrejo que le había mordido, y quemó, asimismo, los cuellos del monstruo, para impedir que le nacieran dos cabezas por cada una que se le amputaba. A la muerte de Heracles luchó valientemente en defensa de los hijos de éste.

[33] Es decir, aborrecedores de los discursos.

nada sano en absoluto. ¿No te has percatado de que esto se produce más o menos así?

—Por completo —le respondí.

—¿Y no es cierto —prosiguió— que esto está mal, y manifiesto que el que así obra intenta, sin tener conocimiento de las cosas humanas, tratar a los hombres? Pues si los hubiera tratado con conocimiento, hubiera considerado las cosas tal como son, que los buenos en exceso, o malos redomados son unos y otros escasos, mientras que los intermedios son muchísimos.

—¿Qué quieres decir? —le pregunté.

—El caso, por ejemplo —respondió— de las cosas sumamente pequeñas y grandes. ¿Crees que hay algo más raro de encontrar que un hombre, un perro, o cualquier otra cosa sumamente grande o pequeña? ¿Y no ocurre otro tanto con las rápidas o lentas, bellas y feas, negras o blancas? ¿No te has percatado de que entre todas las cosas de esta índole las que son los extremos de los opuestos son escasas y pocas, en tanto que las que están en un término medio son abundantes y muchas?

—Por completo —le respondí.

—¿No crees, entonces —prosiguió—, que si se propusiera un certamen de maldad, serían también muy pocos los que en él se revelaran los primeros?

—Al menos, es probable —respondí yo.

—Es probable, en efecto —dijo—. Mas no es en este punto donde radica la semejanza de los razonamientos con los hombres —pero como eras tú ahora quien iba delante, yo te seguí—, sino más bien en este otro; cuando sin el concurso del arte de los razonamientos se tiene fe en que un razonamiento es verdadero, y luego, acto seguido, se opina que es falso, siéndolo efectivamente algunas veces, pero otras no, y se sigue de nuevo opinando que es de una manera o de otra. Y son precisamente los que se dedican a razonar el pro y el contra de las cosas los que, según me consta, terminan por creer que han adquirido la suprema sabiduría y que son los únicos que han comprendido que, ni en las cosas hay nada de ellas que sea sano ni cierto, ni tampoco en los razonamientos, sino que la realidad en su totalidad va y viene de arriba para abajo, ni más ni menos que si estuviera en el Euripo [34], y no permanece quieta ni un momento en ningún punto.

—Gran verdad es —dije yo— lo que dices.

—Así pues, oh Fedón —prosiguió—, sería un percance lamentable el que, siendo un razonamiento verdadero, cierto y posible de entender, por el hecho de tropezarse con otros que son así, pero que a las mismas personas unas veces les parecen verdaderos y otras no, no se atribuyera uno a sí mismo la culpa o a su propia incompetencia, y por despecho terminara por desprenderse alegremente la culpa de sí mismo y colgársela a los razonamientos, pasando desde entonces el resto de la vida odiándolos y vituperándolos, y quedando así privado del verdadero conocimiento de las realidades.

—Sí, por Zeus —le dije—, sería un percance lamentable, sin duda.

—Por consiguiente —continuó—, ante todo precavámonos de él, y no dejemos entrar en nuestra alma la idea de que hay peligro de que no haya nada sano en los razonamientos, sino que, muy al contrario, debemos inculcarle la de que somos nosotros los que aun no estamos en estado sano, y que debemos viril-

---

[34] Estrecho entre Eubea y Beocia, en el que, al decir de Estrabón, cambia de dirección la corriente siete veces al día.

mente aspirar a estarlo: tú y los demás, en razón de toda la vida que os queda, y yo en razón de la muerte misma, pues tal vez esté en un tris en el momento presente de no encontrarme en el estado de un verdadero amante de la sabiduría sino en el de un amante del triunfo, como los que carecen totalmente de instrucción. Pues a tales hombres, cuando discuten de algo, no les interesa cómo es en realidad aquello de lo que tratan; en cambio en conseguir que los presentes aprueben las tesis que sostienen, en eso sí que ponen su mayor celo. En cuanto a mí, estimo que en el momento presente me voy a diferenciar de ellos tan sólo en esto: no es en conseguir que los presentes opinen que es verdad lo que yo digo, a no ser como un efecto accesorio, en lo que pondré mi empeño, sino en que me parezca a mí mismo lo más posible que así es en realidad. Pues calculo, oh querido amigo —y mira cuán interesadamente—, que si resulta verdad lo que digo, está bien el dejarse convencer, y, si después de la muerte no hay nada, al menos el momento justo de antes de morir molestaré menos con mis lamentos a los que me rodean, y esta insensatez mía no perdurará tampoco —lo que sería una desgracia—, sino que perecerá poco después. Ahora, oh Simmias y Cebes, una vez preparado de esta manera, abordo el asunto. Vosotros, por vuestra parte, si me hacéis caso, habéis de preocuparos de Sócrates poco, de la verdad mucho más; si os parece que digo la verdad, reconocedlo; si no, oponeos con toda clase de argumentos, procurando que mi celo no nos engañe ni a mí ni a vosotros, y me marche como una abeja habiéndoos dejado el aguijón metido dentro.

—Ea, pues, en marcha —prosiguió—. Pero, ante todo, recordadme lo que decíais, si veis que no me acuerdo. Simmias, por un lado, según creo, tiene sus dudas y el temor de que el alma, a pesar de ser algo más divino y más bello que el cuerpo, perezca antes que éste, por ser una especie de armonía. Por otra parte, Cebes me pareció que me hacía esta concesión, a saber: que el alma es algo más duradero que el cuerpo, pero que hay algo que es incierto para todo el mundo. Helo aquí: tal vez el alma, tras de haber desgastado muchos cuerpos y muchas veces, al abandonar el último cuerpo, quede entonces destruida, y precisamente en esto estribe la muerte, en la destrucción del alma, ya que el cuerpo está pereciendo incesantemente. ¿Es esto, oh Simmias y Cebes, u otra cuestión lo que tenemos que considerar?

Ambos reconocieron que era lo dicho.

—En ese caso, ¿admitís en su totalidad los argumentos anteriores, o unos sí y otros no?

—Unos sí, pero otros no —dijeron.

—¿Qué decís, entonces, de aquel razonamiento en el que afirmábamos que el aprender era un recuerdo, y que, al ser eso así, era necesario que nuestra alma existiera en otro lugar antes de ser encadenada al cuerpo?

—Yo, por mi parte —respondió Cebes—, si entonces me dejó convencido de una forma maravillosa, ahora también sigo aferrado a él como a ningún otro argumento.

—Y, por cierto —dijo Cebes—, también yo me encuentro en ese caso, y mucho me asombraría que cambiara alguna vez de opinión sobre ese asunto.

—Pues por necesidad, oh huésped tebano —repuso entonces Sócrates—, tienes que cambiar de opinión, si es que persiste la creencia de que la armonía es algo compuesto, y el alma una armonía constituida por los elementos que hay en tensión en el cuerpo. Pues, sin duda, no te consentirás a ti mismo decir que la armonía estaba constituida antes de que existieran los elementos con los que tenía que componerse. ¿Lo consentirás acaso?

—De ningún modo, Sócrates —respondió.

—¿Te das cuenta, entonces —continuó Sócrates—, de que es el sostener esto la consecuencia a que llegas, cuando afirmas, por una parte, que el alma existía, antes incluso de venir a parar a la figura y cuerpo del hombre, y, por otra, que estaba constituida de elementos aún no existentes? Pues efectivamente, la armonía no es cosa de la misma índole que aquello con lo que la comparas, sino que lo que primero nace es la lira, las cuerdas y los sonidos, sin estar aún armonizados, y lo que se constituye en último término y primero perece es la armonía. Así que ¿cómo va a estar acorde este tu aserto con aquél otro?

—No podrá estarlo en modo alguno —respondió Simmias.

—Y eso que —dijo Sócrates—, si a algún aserto le conviene estar acorde, es precisamente al que trata de la armonía.

—En efecto, le conviene —dijo Simmias.

—Pero este tuyo no lo está. Ea, pues, mira cuál de estos dos asertos escoges, que el aprender es un recuerdo o que el alma es una armonía.

—Con mucho, el primero, Sócrates. Pues el último se me ha ocurrido sin demostración, con la ayuda de cierta verosimilitud especiosa, que es también la que suscita esta opinión en la mayoría de los hombres. Pero yo estoy consciente de que los argumentos que realizan las demostraciones, valiéndose de verosimilitudes, son impostores, y, si no se mantiene uno en guardia ante ellos, engañan con suma facilidad, no sólo en geometría, sino también en todo lo demás. En cambio, el argumento referente al recuerdo y al aprender se ha desarrollado sobre un principio digno de aceptarse. Pues lo que se vino a decir fue que nuestra alma existía antes incluso de venir a parar al cuerpo, de la misma manera que existe su realidad que tiene por nombre el de "lo que es". Este es el principio que yo, estoy convencido, he aceptado plenamente y con razón. Necesariamente, pues, como es natural, por esta causa no debo admitir, ni a mí ni a nadie, el decir que el alma es una armonía.

—¿Y qué opinas, Simmias, de esta otra cuestión? —dijo Sócrates—. ¿Te parece que a la armonía o a cualquier otra composición le corresponde tener otra modalidad de ser que aquella que tengan los componentes con los que se constituye?

—En absoluto.

—¿Ni tampoco, a lo que se me alcanza, el hacer o padecer algo que no se ajuste a lo que aquéllos hagan o padezcan?

—Simmias le dio su asentimiento.

—Luego a la armonía no le corresponde el guiar a los elementos con los que haya sido compuesta, sino el seguirlos.

—Simmias compartió esta opinión.

—Luego muy lejos está la armonía de moverse o de sonar en sentido contrario a sus propias partes, o de oponerse a ellas en cualquier otra cosa.

—Muy lejos, en efecto —respondió.

—¿Y qué? ¿No es por naturaleza la armonía de tal suerte que cada armonía es tal y como es armonizada? [35]

—No comprendo —dijo Simmias.

---

[35] Es decir, según la cuerda del instrumento a la que se ajuste la melodía.

—¿Es que —continuó Sócrates— en el caso de que sea armonizada más y en mayor extensión —en el supuesto de que esto sea posible— no habría armonía en mayor intensidad y extensión, y si lo fuera menos y en menor extensión no sería la armonía menor en intensidad y extensión?

—Exacto.

—¿Ocurre, acaso, eso con respecto al alma, de tal manera que un alma sea más que otra, aun en la más mínima proporción, bien en extensión e intensidad, o en pequeñez e inferioridad, eso mismo: alma?

—En modo alguno —respondió.

—Adelante, pues, ¡por Zeus! —siguió Sócrates—. ¿Se dice de unas almas que tienen sensatez y virtud y que son buenas, y de otras, en cambio, que son insensatas y malvadas? ¿Se dice también esto de acuerdo con la verdad?

—De acuerdo con la verdad, sin duda.

—En tal caso, ¿qué diría que son esas cosas que hay en las almas, la virtud y la maldad, uno cualquiera de los que opinan que el alma es una armonía? ¿Acaso que son a su vez otra especie de armonía e inarmonía? ¿Que una de ellas, la buena, está armonizada y tiene en sí, siendo armonía, otra armonía, y que la otra no está de por sí armonizada y no tiene en sí misma otra armonía?

—Yo, por mi parte —respondió Simmias—, no sé responder. Pero está claro que sería algo por el estilo lo que diría quien sustentara la anterior opinión.

—Sin embargo, —repuso Sócrates—, se ha convenido anteriormente que un alma no es ni más ni menos alma que otra. Y el contenido de este asentimiento es que tampoco una armonía es ni mayor, ni inferior, ni menor que otra. ¿No es verdad?

—Enteramente.

—¿Y que la armonía, que no es ni mayor ni menor, tampoco está más o menos armonizada? ¿Es así?
—Por completo.
—¿Y es posible que la armonía que no está armonizada ni más ni menos participe en mayor o menor grado de la armonía, o tiene que participar en igual medida?
—En igual medida.
—Luego un alma, puesto que no es en mayor ni en menor grado que otra eso mismo, alma, ¿tampoco está más o menos armonizada?
—Así es.
—Y al ocurrirle esto, ¿tampoco participará más de inarmonía ni de armonía?
—No, sin duda alguna.
—Y al ocurrirle a su vez esto, ¿acaso podría tener un alma mayor participación que otra en maldad o en virtud, una vez admitido que la maldad es inarmonía y la virtud armonía?
—No podrá tenerla mayor.
—O, mejor dicho aún, según el razonamiento correcto: ningún alma participará en la maldad, puesto que es armonía. Pues, sin duda alguna, la armonía, al ser completamente eso mismo, armonía, nunca tendrá participación en la inarmonía.
—Nunca, es cierto.
—Y tampoco, es evidente, la tendrá el alma en la maldad, puesto que es completamente alma.
—En efecto, ¿cómo podría tenerla, al menos según lo dicho anteriormente?
—Luego, de acuerdo con este razonamiento, todas las almas de todos los seres vivos serán buenas por igual, ya que por naturaleza las almas son por igual eso mismo, almas.

—Al menos, a mí me lo parece, Sócrates —dijo Simmias.

—¿Y te parece también —replicó— que está bien dicho en esa forma nuestro argumento? ¿No te parece que le ocurriría esto, si fuera exacta la hipótesis de que el alma es una armonía?

—De ningún modo está bien dicho —respondió.

—¿Y qué? —prosiguió Sócrates—. Entre todas las cosas que hay en el hombre, ¿es posible que digas que sea otra que el alma la que mande, sobre todo si es sensata?

—Yo, al menos, no lo digo.

—¿Cede, acaso, a las afecciones del cuerpo, o se opone a ellas? Y quiero decir lo siguiente: por ejemplo, el que cuando se tiene calor y sed nos arrastre hacia lo contrario, a no beber, y cuando se tiene hambre a no comer, y otros mil casos similares, en los que vemos al alma oponerse a los apetitos del cuerpo ¿No es verdad?

—Completamente.

—Pero ¿no hemos convenido, por el contrario, en nuestros argumentos anteriores, que nunca, al menos en el caso de que sea armonía, cantaría en sentido contrario a las tensiones, relajamientos, vibraciones, y cualquier otra afección que experimentaran los elementos con los que estaba constituida, sino que los seguía y nunca podía guiarlos?

—Lo convenimos —respondió—. ¡Cómo no!

—¿Entonces, qué? ¿No se nos muestra ahora realizando todo lo contrario? Guía a todos esos elementos con los que se dice que está compuesta; poco le falta para oponerse a todos durante toda la vida; es dueña y señora en todos sus modales: reprime unas cosas, las que entran en el campo de la gimnástica y de la medicina, con excesivo rigor y por medio de sufrimientos; otras, en cambio, con más blandura, en parte con amenazas, en parte con consejos; en fin, conversa con los deseos, las cóleras y los temores, como si ella fuera diferente y se tratara de otros seres. Más o menos tal y como lo describe Homero en la *Odisea*, donde dice de Ulises:

Y golpeándose el pecho reprendió a su corazón con
[*estas palabras:*
Aguanta, corazón, que cosa aún más perra antaño so-
[*portaste* [36].

¿Crees, acaso, que el poeta compuso estos versos con la idea de que el alma es armonía y susceptible de ser conducida por las afecciones del cuerpo, y no en la de que es capaz de guiarlas y domeñarlas como cosa que es excesivamente divina para ser comparada con una simple armonía?

—¡Por Zeus!, Sócrates, así me parece.

—Luego, entonces, oh excelente amigo, en modo alguno nos está bien decir que el alma es una especie de armonía. Pues en tal caso, al parecer, no estaríamos de acuerdo ni con Homero, ese poeta divino, ni con nosotros mismos.

—Así es —respondió.

—¡Sea pues! —dijo Sócrates—. Lo que respecta a Armonía la Tebana, según parece, nos ha salido propicio de un modo adecuado. Pero ahora —agregó— ¿qué vamos a hacer, Cebes, con Cadmo? [37] ¿Cómo nos le haremos propicio, y con qué razonamiento?

—Tú me parece que lo encontrarás —respondió Ce-

[36] *Odisea* XX, 17.
[37] Armonía, hija de Ares y de Afrodita, era la esposa de Cadmo, según la leyenda tebana.

bes—. Al menos, este razonamiento que has hecho contra la armonía me resultó extraordinariamente imprevisto. En efecto, al exponer Simmias su dificultad, chocábame en extremo que alguien pudiera manejarse con su argumento. Así, pues, me pareció sumamente extraño que no pudiera aguantar, acto seguido, el primer ataque del tuyo. Por ello no me sorprendería que le ocurriera lo mismo al razonamiento de Cadmo.

—Oh buen hombre —repuso Sócrates—. No hagas excesivas presunciones, no sea que algún mal de ojo nos ponga en fuga al razonamiento que está a punto de aparecer. Pero de esto se cuidará la divinidad. Nosotros, por nuestra parte, llegando al cuerpo a cuerpo como los héroes de Homero, probemos si dices algo de peso. Lo que buscas es, en resumen, lo siguiente: pretendes que se demuestre que nuestra alma es indestructible e inmortal, sin lo cual, el filósofo que está a punto de morir, al mostrarse confiado y al creer que una vez muerto encontrará en el otro mundo una felicidad mucho mayor que si hubiera llevado hasta el fin de sus días otra vida distinta, es de temer que tenga una confianza insensata y necia. Mas el demostrar que el alma es algo consistente y divino y que existía ya, antes de que nosotros nos convirtiéramos en hombres, no impide en nada, según afirmas, que no sea inmortalidad lo que todas esas notas indican, sino el hecho de que el alma es algo muy duradero y existió anteriormente un tiempo incalculable, teniendo conocimiento y realizando un montón de diversas acciones. Pero no por ello el alma es inmortal, sino que el hecho en sí de venir a parar a un cuerpo humano supone para ella el principio de su ruina, a la manera de una enfermedad. Y de este modo vive en medio de penalidades esta vida y, cuando llega a su término, queda destruida en lo que se llama muerte.

Y nada importa, dices, el que vaya una sola vez o muchas a un cuerpo, al menos en lo que respecta al temor de cada uno de nosotros; pues temer es lo que cuadra, si no se es insensato, a quien no sepa o no pueda dar razón de que es algo inmortal. Tales son, Cebes, más o menos, según creo, las razones que dices. Y adrede vuelvo sobre ellas muchas veces, para que no se nos escape nada, y para que añadas o quites lo que quieras.

—Por el momento —dijo Cebes— no necesito quitar ni añadir nada. Eso es justamente lo que digo.

Sócrates, entonces, tras de haberse callado durante un largo rato y considerar algo consigo mismo, dijo: No es cosa baladí, Cebes, lo que buscas. En efecto, es preciso tratar a fondo de una forma total la causa de la generación y de la destrucción. Conque, si quieres, te voy a contar mis propias experiencias sobre el asunto. Luego, si te parece de utilidad algo de lo que te digo, lo utilizarás para hacer convincente lo que tú dices.

—Desde luego que quiero —repuso Cebes.

—Escúchame, pues, como a quien se dispone a hacer un discurso. Yo, Cebes, cuando era joven —comenzó Sócrates—, deseé extraordinariamente ese saber que llaman investigación de la naturaleza. Parecíame espléndido, en efecto, conocer las causas de cada cosa, el porqué se produce, el porqué se destruye, y el porqué es cada cosa. Y muchas veces daba vueltas a mi cabeza considerando en primer lugar cuestiones de esta índole: ¿acaso es cuando lo caliente y lo frío alcanzan una especie de putrefacción, como afirman algunos, el momento en que se forman los seres vivos?[38]; o bien: ¿es la sangre aquello con

[38] Esta es la teoría de Arquelao de Atenas, discípulo de Anaxágoras, y, a su vez, según el testimonio de Teofrasto,

que pensamos, o es el aire o el fuego? ¿O no es ninguna de estas cosas, sino el cerebro, que es quien procura las sensaciones del oído, la vista y el olfato, y de éstas se originan la memoria y la opinión, y de la memoria y la opinión, cuando alcanzan la estabilidad, nace, siguiendo este proceso, el conocimiento?[39] Luego consideraba yo, a su vez, las destrucciones de estas cosas, los cambios del cielo y de la tierra, y acabé por juzgarme tan exento de dotes para esta investigación como más no podía darse. Y la prueba que te daré te bastará: en lo que anteriormente sabía con certeza, al menos según mi opinión y la de los demás, quedé entonces tan sumamente cegado por esa investigación, que olvidé incluso eso que antes creía saber, entre otras muchas cosas, por ejemplo, el porqué crece el hombre. Hasta entonces, efectivamente, creía que para todo el mundo estaba claro que era por el comer y el beber; pues una vez que por los alimentos se añadían carnes a las carnes y huesos a los huesos, y de esta manera y en la misma proporción se añadía a las restantes partes del cuerpo lo que le es propio a cada una, lo que tenía poco volumen

---

maestro de Sócrates. Para él el principio del movimiento es la mutua separación de lo frío y de lo caliente, y el origen de los seres vivos la mezcla de lo frío y de lo caliente en la parte inferior de la tierra, mezcla ésta que produce un légamo, semejante a la leche, con el que se nutren todos los seres.

[39] Para Anaxímenes, a quien sigue Diógenes de Apolonia, el alma es aire, concepción primitiva que empalma con la antigua homérica del alma-soplo. Para Heráclito, en cambio, el alma es fuego, siendo el alma más seca o más ígnea la más sabia. Empédocles, por su parte, sostiene que el alma es la sangre. Alcmeón de Crotona e Hipócrates pusieron la sede de la conciencia en el cerebro. Inexplicablemente Aristóteles y los estoicos volvieron a la antigua idea de que era el corazón el órgano receptor de las sensaciones.

adquiría después mucho, y de esta forma se hacía grande el hombre que era pequeño. Así creía yo entonces. ¿No te parece que con razón?

—A mí, sí —dijo Cebes.

—Considera esto todavía. Creía que mi opinión era acertada cuando un hombre grande, al ponerse al lado de uno pequeño, se me mostraba mayor justamente en la cabeza, y lo mismo un caballo respecto de otro caballo. Y casos aún más claros que éstos: diez me parecían más que ocho porque a éstos se añadían dos, y dos más que uno, porque sobrepasaban a éste en la mitad.

—Y ahora —preguntó Cebes— ¿qué opinas sobre ello?

—Estoy lejos de creer, ¡por Zeus! —respondió Sócrates—, que conozco la causa de ninguna manera de estas cosas, pues me resisto a admitir siquiera que, cuando se agrega una unidad a una unidad, sea la unidad a la que se ha añadido la otra la que se ha convertido en dos, o que sea la unidad añadida, o bien que sean la agregada y aquélla a la que se le agregó la otra las que se conviertan en dos por la adición de la una a la otra. Porque si cuando cada una de ellas estaba separada de la otra constituía una unidad y no eran entonces dos, me extraña que, una vez que se juntan entre sí, sea precisamente la causa de que se conviertan en dos, a saber, el encuentro derivado de su mutua yuxtaposición. Y tampoco puedo convencerme de que, cuando se divide una unidad, sea, a la inversa, la división la causa de que se produzcan dos, pues ésta es contraria a la causa anterior de que se produjeran dos; porque entonces fue el hecho de juntar y de añadir lo uno a lo otro, y ahora lo es el de separar y retirar lo uno de lo otro. Y asimismo ya no puedo convencerme a mí mismo de que sé en virtud de qué se produce la unidad, ni, en una palabra, el porqué se produce, perece o es ninguna otra cosa, según este método de investigación. Pero yo me amaso, como buenamente sale, otro método diferente, pues el anterior no me agrada en absoluto.

Y una vez oí decir a alguien mientras leía de un libro, de Anaxágoras, según dijo, que es la mente lo que pone todo en orden y la causa de todas las cosas [40]. Regocijéme con esta causa y me pareció que, en cierto modo, era una ventaja que fuera la mente la causa de todas las cosas. Pensé que, si eso era así, la mente ordenadora ordenaría y colocaría todas y cada una de las cosas allí donde mejor estuvieran. Así, pues, si alguno quería encontrar la causa de cada cosa, según la cual nace, perece o existe, debía encontrar sobre ello esto: cómo es mejor para ella ser, padecer o realizar lo que fuere. Y, según este razonamiento, resultaba que al hombre no le correspondía examinar ni sobre eso mismo, ni sobre las demás cosas nada que no fuera lo mejor y lo más conveniente, pues, a la vez, por fuerza conocería también lo peor, puesto que el conocimiento que versa sobre esos objetos es el mismo. Haciéndome, pues, con deleite estos cálculos, pensé que había encontrado en Anaxágoras a un maestro de la causa de los seres de acuerdo con mi deseo, y que primero me haría conocer si la tierra es llana o esférica [41], y, una vez que lo hubiera hecho, me explicaría a continuación la causa y la necesidad, diciéndome lo que era lo mejor, y también que lo mejor era que fuera de tal forma.

---

[40] Este es el punto central de la doctrina de Anaxágoras (cf. fr. 12 Diels).

[41] Para Parménides y los pitagóricos, la tierra es esférica. Los filósofos jónicos la consideran llana, salvo Anaximandro, que la supone cilíndrica.

Y si dijera que estaba en el centro, me explicaría acto seguido que lo mejor era que estuviera en el centro. Y si me demostraba esto, estaba dispuesto a no echar de menos otra especie de causa. E igualmente estaba dispuesto a informarme sobre el sol, la luna y los demás astros, a propósito de sus velocidades relativas, sus revoluciones y demás cambios, del porqué es mejor que cada uno haga y padezca lo que hace y padece. Pues no hubiera creído nunca que él, diciendo que habían sido ordenados por la mente, les asignaría otra causa que el hecho de que lo mejor es que estén tal y como están. Así, pues, creía que, al atribuir la causa a cada una de esas cosas y a todas en común, explicaría también lo que es mejor para cada una de ellas y el bien común a todas. ¡Por nada del mundo hubiera vendido mis esperanzas! Antes bien, con gran diligencia cogí los libros y los leí lo más rápidamente que pude, para saber cuanto antes lo mejor y lo peor.

Mas mi maravillosa esperanza, oh compañero, la abandoné una vez que, avanzando en la lectura, vi que mi hombre no usaba para nada la mente, ni le imputaba ninguna causa en lo referente a la ordenación de las cosas, sino que las causas las asignaba al aire, al éter y a otras muchas cosas extrañas. Me pareció que le ocurría algo sumamente parecido a alguien que dijera que Sócrates todo lo que hace lo hace con la mente y, acto seguido, al intentar enumerar las causas de cada uno de los actos que realizo, dijera en primer lugar que estoy aquí sentado, porque mi cuerpo se compone de huesos y tendones; que los huesos son duros y tienen articulaciones que los separan los unos de los otros, en tanto que los tendones tienen la facultad de ponerse en tensión y de relajarse, y envuelven los huesos juntamente con las carnes y la piel que los sostiene; que, en consecuencia, al balancearse los huesos en sus coyunturas, los tendones con su relajamiento y su tensión hacen que sea yo ahora capaz de doblar los miembros, y que ésa es la causa de que yo esté aquí sentado con las piernas dobladas [42]. E igualmente, con respecto a mi conversación con vosotros, os expusiera otras causas análogas imputándolo a la voz, al aire, al oído y a otras mil cosas de esta índole, y descuidándose de decir las verdaderas causas, a saber, que puesto que a los atenienses les ha parecido lo mejor el condenarme, por esta razón a mí también me ha parecido lo mejor el estar aquí sentado, y lo más justo el someterme, quedándome aquí, a la pena que ordenen. Pues, ¡por el perro!, tiempo ha, según creo, que estos tendones y estos huesos estarían en Mégara o en Boecia, llevados por la apariencia de lo mejor, de no haber creído yo que lo más justo y lo más bello era, en vez de escapar y huir, el someterme en acatamiento a la ciudad a la pena que me impusiera. Llamar causas a cosas de aquel tipo es excesivamente extraño. Pero si alguno dijera que, sin tener tales cosas, huesos, tendones y todo lo demás que tengo, no sería capaz de llevar a la práctica mi decisión, diría la verdad. Sin embargo, el decir que por ellas hago lo que hago, y eso obrando con la mente, en vez de decir que es por la elección de lo mejor, podría ser una grande y grave ligereza de expresión. Pues, en efecto, lo es el no ser capaz de distinguir que una cosa es la causa real de algo, y otra aquello sin lo cual la causa nunca podría ser causa. Y esto, según se ve, es a lo que los más, andando a tientas como en las tinieblas, le dan el nombre de causa, empleando un término que no le

[42] Cf. 60 B.

corresponde. Por ello, el uno, poniendo alrededor de la tierra un torbellino, formado por el cielo, hace que así se mantenga en su lugar; el otro, como si fuera una ancha artesa, le pone como apoyo y base el aire. Pero la potencia que hace que esas cosas estén colocadas ahora en la forma mejor que pueden colocarse, a esa ni la buscan, ni creen tampoco que tenga una fuerza divina, sino que estiman que un día podrían descubrir a un Atlante más fuerte, más inmortal que el del mito y que sostenga mejor todas las cosas, sin pensar que es el bien y lo debido lo que verdaderamente ata y sostiene todas las cosas. Pues bien, por aprender cómo es tal causa, me hubiera hecho con grandísimo placer discípulo de cualquiera; pero, ya que me vi privado de ella, y no fui capaz de descubrirla por mí mismo, ni de aprenderla de otro, ¿quieres que te exponga, Cebes, la segunda navegación que en busca de la causa he realizado?

—Lo deseo extraordinariamente —respondió.

—Pues bien —dijo Sócrates—, después de esto y una vez que me había cansado de investigar las cosas, creí que debía prevenirme de que no me ocurriera lo que les pasa a los que contemplan y examinan el sol durante un eclipse. En efecto, hay algunos que pierden la vista, si no contemplan la imagen del astro en el agua o en algún otro objeto similar. Tal fue, más o menos, lo que yo pensé, y se apoderó de mí el temor de quedarme completamente ciego de alma si miraba a las cosas con los ojos y pretendía alcanzarlas con cada uno de los sentidos. Así, pues, me pareció que era menester refugiarme en los conceptos y contemplar en aquéllos la verdad de las cosas. Tal vez no se parezca esto en cierto modo a aquello con lo que lo comparo, pues no admito en absoluto que el que examina las cosas en los conceptos las examine en imágenes más bien que en su realidad. Así que por aquí es por donde me he lanzado siempre, y tomando en cada ocasión como fundamento el juicio que juzgo el más sólido, lo que me parece estar en consonancia con él lo establezco como si fuera verdadero, no sólo en lo referente a la causa, sino también en lo referente a todas las demás cosas, y lo que no, como no verdadero. Pero quiero explicarte con mayor claridad lo que digo porque, según creo, ahora tú no me comprendes.

—No, ¡por Zeus! —dijo Cebes—, no demasiado bien.

—Pues lo que quiero decir —repuso Sócrates— no es nada nuevo, sino eso que nunca he dejado de decir en ningún momento, tanto en otras ocasiones como en el razonamiento pasado. Así es que voy a intentar exponerte el tipo de causa con el que me he ocupado, y de nuevo iré a aquellas cosas que repetimos siempre, y en ellas pondré el comienzo de mi exposición, aceptando como principio que hay algo que es bello en sí y de por sí, bueno, grande y que igualmente existen las demás realidades de esta índole. Si me concedes esto y reconoces que existen estas cosas, espero que a partir de ellas descubriré y te demostraré la causa de que el alma sea algo inmortal.

—Ea, pues —replicó Cebes—, hazte a la idea de que yo te lo concedo: no tienes más que acabar.

—Considera, entonces —dijo Sócrates—, si en lo que viene a continuación de esto compartes mi opinión. A mí me parece que, si existe otra cosa bella aparte de lo bello en sí, no es bella por ninguna otra causa sino por el hecho de que participa de eso que hemos dicho que es bello en sí. Y lo mismo digo de todo. ¿Estás de acuerdo con dicha causa?

—Estoy de acuerdo —respondió.

—En tal caso —continuó Sócrates—, ya no comprendo ni puedo dar crédito a las otras causas, a esas que aducen los sabios. Así, pues, si alguien me dice que una cosa cualquiera es bella, bien por su brillante color, o por su forma, o cualquier otro motivo de esta índole —mando a paseo a los demás, pues me embrollo en todos ellos—, tengo en mí mismo esta simple, sencilla y quizá ingenua convicción de que no la hace bella otra cosa que la presencia o participación de aquella belleza en sí, la tenga por donde sea y del modo que sea. Esto ya no insisto en afirmarlo; sí, en cambio, que es por la belleza por lo que todas las cosas bellas son bellas. Pues esto me parece lo más seguro para responder, tanto para mí como para cualquier otro; y pienso que ateniéndome a ello jamás habré de caer, que seguro es de responder para mí y para otro cualquiera que por la belleza las cosas bellas son bellas. ¿No te lo parece también a ti?

—Sí.

—¿Y también que por la grandeza son grandes las cosas grandes y mayores las mayores, y por la pequeñez pequeñas las pequeñas?

—Sí.

—Luego tampoco admitirías que alguien dijera que un hombre es mayor que otro por la cabeza, y que el más pequeño es más pequeño por eso mismo, sino que jurarías que lo que tú dices no es otra cosa que todo lo que es mayor que otra cosa no lo es por otro motivo que el tamaño, y que por eso es mayor, por el tamaño, en tanto que lo que es más pequeño no es más pequeño por otra razón que no sea la pequeñez. Pues, si no me engaño, tendrías miedo de que te saliera al paso una objeción, si sostienes que alguien es mayor y menor por la cabeza, en primer lugar, la de que por el mismo motivo lo mayor sea mayor y lo menor menor y, en segundo lugar, la de que por la cabeza que es pequeña lo mayor sea mayor. Y esto es algo prodigioso, el que por algo pequeño alguien sea grande. ¿No tendrías miedo de esto?

—Yo, sí —respondió Cebes, echándose a reír.

—¿Y no tendrías miedo de decir —continuó Sócrates— que diez son más que ocho en dos, y que ésta es la causa de su ventaja, en vez de decir que lo son en cantidad y por causa de la cantidad? ¿Y que lo que mide dos codos es más que lo que mide uno en la mitad y no en el tamaño? Pues el motivo de temor es el mismo.

—Por completo —replicó.

—¿Y qué? ¿No te guardarías de decir que, cuando se agrega una unidad a una unidad, es la adición la causa de que se produzcan dos, o cuando se divide algo, lo es la división? Es más, dirías a voces que desconoces otro modo de producirse cada cosa que no sea la participación en la esencia propia de todo aquello en lo que participe; y que en estos casos particulares no puedes señalar otra causa de la producción de dos que la participación en la dualidad; y que es necesario que en ella participen las cosas que hayan de ser dos, así como lo es también que participe en la unidad lo que haya de ser una sola cosa. En cuanto a esas divisiones, adiciones y restantes sutilezas de ese tipo las mandarías a paseo, abandonando esas respuestas a los que son más sabios que tú. Tú, en cambio, temiendo, como se dice, tu propia sombra y tu falta de pericia, afianzándote en la seguridad que confiere ese principio, responderías como se ha dicho. Mas si alguno se aferrase al principio en sí, le mandarías a paseo y no le responderías hasta que hubieras examinado si las consecuencias que de él derivan concuerdan o no entre sí. Mas una vez que te fuera preciso dar razón del principio en sí, la darías procediendo de la misma manera, admitiendo de nuevo otro principio, aquel que se te mostrase como el mejor entre los más generales, hasta que llegases a un resultado satisfactorio. Pero no harías un amasijo como los que discuten el pro y el contra, hablando a la vez del principio y de las consecuencias que de él derivan, si es que quieres descubrir alguna realidad. Pues tal vez esos hombres no discuten ni se preocupan en absoluto de eso, porque tienen la capacidad, a pesar de embrollar todo por su sabiduría, de contentarse a sí mismos. Pero tú, si verdaderamente perteneces al grupo de los filósofos, creo que harías como yo digo.

—Dices muchísima verdad —exclamaron a la vez Simmias y Cebes.

EQUÉCRATES.—¡Por Zeus!, Fedón, es natural. Pues me parece que expuso esto con maravillosa claridad, incluso para quien tenga una corta inteligencia.

FEDÓN.—Efectivamente, Equécrates, así nos pareció también a todos los presentes.

EQUÉCRATES.—Y a nosotros los ausentes que ahora te escuchamos. Pero ¿qué fue lo que se dijo a continuación?

FEDÓN.—Según creo, una vez que se pusieron de acuerdo con él en esto, y se convino en que cada una de las ideas era algo, y que, por participar en éstas, las demás cosas reciben de ellas su nombre, preguntó a continuación:

—Si dices esto así, ¿no dices entonces, cuando aseguras que Simmias es más grande que Sócrates, pero más pequeño que Fedón, que en Simmias se dan ambas cosas: la grandeza y la pequeñez?

—Sí.

—Sin embargo —dijo Sócrates—, ¿no reconoces

que el que Simmias sobrepase a Sócrates no es en realidad tal y como se expresa de palabra? Pues la naturaleza de Simmias no es tal que sobresalga por eso, por ser Simmias, sino por el tamaño que da la casualidad que tiene. Ni tampoco le sobrepasa a Sócrates porque Sócrates es Sócrates, sino porque Sócrates tiene pequeñez en comparación con el tamaño de aquél.

—Es verdad.

—Ni tampoco es sobrepasado por Fedón porque Fedón es Fedón, sino porque Fedón tiene grandeza en comparación con la pequeñez de Simmias.

—Así es.

—Luego, por esta razón, Simmias recibe el nombre de pequeño y de grande, estando entre medias de ambos: al tamaño de uno ofrece su pequeñez, de suerte que le sobrepasa éste, y al otro presenta su grandeza, que sobrepasa la pequeñez de este último —y, a la vez que sonreía, añadió—: Parece que voy a hablar como un escritor artificioso, pero en realidad ocurre, sobre poco más o menos, lo que digo.

Cebes le dio su asentimiento.

—Y lo digo porque quiero que tú compartas mi opinión. En efecto, a mí me parece que no sólo la grandeza en sí nunca quiere ser a la vez grande y pequeña, sino también que la grandeza que hay en nosotros jamás acepta lo pequeño, ni quiere ser sobrepasada, sino que, una de dos, o huye y deja libre el puesto cuando sobre ella avanza su contrario, lo pequeño, o bien perece al avanzar sobre ella éste. Pero si espera a pie firme y aguanta a la pequeñez, no quiere ser otra cosa que lo que fue. Así, por ejemplo, yo, que he recibido y aguantado a pie firme la pequeñez, mientras sea todavía quien soy, soy ese mismo hombre pequeño. Asimismo, aquello que es grande no se atreve a ser pequeño. Y de igual manera también, la pequeñez que hay en nosotros nunca quiere hacerse ni ser grande, ni tampoco ninguno de los contrarios, mientras siga siendo lo que era, quiere hacerse y ser a la vez su contrario, sino que, o se retira o perece en ese cambio.

—Así me parece a mí por completo —repuso Cebes.

Y oyéndole uno de los presentes —no me acuerdo exactamente .quién fue— dijo:

—¡Por los dioses! ¿No convinimos en los razonamientos anteriores precisamente lo contrario de lo que ahora se dice, que lo mayor se produce de lo menor y lo menor de lo mayor, y que en esto simplemente estribaba la generación de los contrarios, en proceder de sus contrarios? Ahora, en cambio, me parece que se dice que esto nunca podría suceder.

Sócrates, entonces, volviendo hacia él su cabeza, le dijo, tras escucharle:

—Te has portado como un hombre al recordarlo; sin embargo, no adviertes la diferencia existente entre lo que se dice ahora y lo que se dijo entonces. Entonces se decía que de la cosa contraria nace la contraria; ahora, que el contrario jamás puede ser contrario a sí mismo, ni el que se da en nosotros, ni el que se da en la naturaleza. Entonces, amigo mío, hablábamos de las cosas que tienen en sí a los contrarios, y les dábamos el mismo nombre de aquéllos, pero ahora hablamos de los contrarios en sí, que están en las cosas, y cuyo nombre reciben aquellas que los contienen. Y son precisamente esos contrarios los que decimos que jamás querrían recibir su origen los unos de los otros —y mirando al mismo tiempo a Cebes, le dijo—: ¿Acaso también a ti, oh Cebes, te ha inquietado algo de lo que ha dicho éste?

—No —le respondió Cebes—, no me ha ocurrido

así. Con todo, no puedo decir que no haya muchas cosas que me inquieten.

—Lo que hemos convenido —replicó Sócrates— es simplemente esto: que jamás un contrario será contrario a sí mismo.

—Exactamente —dijo Cebes.

—Considera entonces también esto otro —continuó Sócrates—: a ver si te muestras de acuerdo conmigo: ¿hay algo que llamas caliente y algo que llamas frío?

—Sí.

—¿Acaso es lo mismo que la nieve y el fuego?

—No, ¡por Zeus!

—¿Entonces lo caliente es una cosa distinta del fuego y lo frío una cosa distinta de la nieve?

—Sí.

—Sin embargo, creo que, asimismo, opinas que la nieve, en cuanto tal, si recibe el calor, jamás volverá a ser lo que era, como decíamos anteriormente, es decir, nieve y calor a la vez, sino que, al acercarse el calor, o le cederá el puesto o perecerá.

—Exacto.

—Y el fuego, a su vez, al aproximársele el frío, o retrocederá, o perecerá, pero jamás, recibiendo la frialdad, se atreverá a ser lo que era, es decir, a ser fuego a la vez que frío.

—Es verdad lo que dices —respondió Cebes.

—Mas es posible —prosiguió Sócrates—, con respecto a algunas de tales cosas, que no sólo sea la propia idea lo que reclame para sí el mismo nombre para siempre, sino también otra cosa que no es aquella, pero que tiene, cuando existe, su forma. Pero con este ejemplo quedará aún más claro lo que digo. Lo impar debe siempre recibir el mismo nombre que acabamos de decir. ¿No es verdad?

—Por completo.

—Pues lo que yo pregunto es esto: ¿Es, acaso, la única realidad con la que ocurre esto, o existe otra cosa que no es exactamente lo impar, y no obstante, debemos darle siempre ese nombre, además del suyo propio, porque es tal, por naturaleza, que jamás se separa de lo impar? Y lo que digo es, por ejemplo, lo que ocurre con el número tres y otros muchos números. Pero considera la cuestión en el caso del tres. ¿No te parece a ti que siempre se le debe designar con su propio nombre y además con el de impar, a pesar de que lo impar no es exactamente lo mismo que el número tres? Pero, con todo, el número tres, como el cinco y la mitad entera de los números, son tales por naturaleza que, a pesar de no ser precisamente lo mismo que lo impar, siempre es impar cada uno de ellos. Y, a la inversa, el dos, el cuatro y la otra serie completa de los números, aunque no son lo mismo que lo par, son, sin embargo, siempre pares todos ellos. ¿Estás de acuerdo, o no?

—¡Cómo no voy a estarlo! —dijo Cebes.

—Considera, entonces —añadió— lo que quiero mostrarte. Es esto: evidentemente, no son sólo aquellos contrarios de que hablábamos los que no se admiten entre sí, sino que, al parecer, todas las cosas que, aún no siendo mutuamente contrarias tienen en sí uno de esos contrarios, tampoco admiten la idea contraria a la que hay en ellos, sino que, cuando sobreviene ésta, o dejan de existir, o dejan libre el campo. ¿O no vamos a decir que el tres perecerá o sufrirá cualquier cosa, antes de consentir, siendo todavía tres, el convertirse en par?

—Desde luego que sí —respondió Cebes.

—Y, no obstante —añadió—, el número dos no es contrario al número tres.

—Efectivamente, no lo es.

—Luego no son solamente las ideas contrarias las que no consienten su mutua aproximación, sino que hay también algunas otras cosas que no aguantan la aproximación de los contrarios.

—Grandísima verdad es la que dices —respondió.

—¿Quieres, pues, que definamos —prosiguió Sócrates—, si somos capaces, qué clase de cosas son éstas?

—Con mucho gusto.

—¿Podrían ser acaso, Cebes —prosiguió—, aquellas que cuando ocupan cualquier cosa la obligan no sólo a adquirir su propia idea, sino también la de algo que siempre es contrario a algo?

—¿Qué quieres decir?

—Lo que decíamos hace un momento. Sabes sin duda que las cosas de las que se apodere la idea de tres no sólo han de ser tres por necesidad, sino también impares.

—Desde luego.

—Ahora bien, a lo que es de tal índole jamás, según decimos, podrá llegarle la idea contraria a la forma aquella que lo produce.

—No.

—¿Y lo produjo la idea de impar?

—Sí.

—¿Y la idea contraria a ésta es la de par?

—Sí.

—Luego nunca llegará al tres la idea de par.

—No, sin duda alguna.

—Luego el tres no participa en lo par.

—No participa.

—Entonces, el tres es impar.

—Sí.

—He aquí, pues, lo que decía que iba a definir,

qué clase de cosas, a pesar de no ser contrarias a algo, no admiten la cualidad contraria. Por ejemplo, en el caso presente, el número tres, a pesar de no ser contrario a lo par, no por ello lo admite en sí, pues lleva siempre consigo lo que es contrario a lo par, de la misma manera que el dos lleva en sí lo contrario de lo impar y el fuego de lo frío, y así otras muchísimas cosas. Ea, pues, mira si das la definición de esta manera: no sólo es lo contrario lo que no admite a su contrario, sino también aquello que trae consigo algo contrario al objeto en que se presenta; es decir, lo que en sí lleva algo, jamás admite lo contrario de lo que lleva. Y de nuevo haz memoria, pues no es malo oírlo muchas veces. El cinco no admite la idea de par, ni el diez, su doble, la de impar. Y, éste, aunque también sea contrario a otra cosa, no admite la idea de impar; ni tampoco los tres medios, ni las restantes fracciones semejantes, el medio, el tercio y las demás fracciones de este tipo admiten la idea del entero, si es que me sigues y estás de acuerdo conmigo.

—Te sigo estupendamente, y comparto plenamente tu opinión —contestó.

—Ahora, respóndeme de nuevo —dijo Sócrates—, volviendo al principio. Pero no me contestes con los términos con los que te pregunte, sino imitándome a mí. Y lo digo, porque además de aquella respuesta segura de la que primero hablé, veo, según se desprende de lo dicho ahora, otra garantía de seguridad. En efecto, si me preguntaras qué debe producirse en el cuerpo de algo para que se ponga caliente, no te daré aquella respuesta segura y necia de que tiene que ser el calor, sino otra más aguda que se deduce de lo ahora dicho, a saber, la de que debe ser el fuego. Y si me preguntaras qué debe producirse en un cuerpo para que se ponga enfermo, no te contestaré que una enfermedad, sino que tiene que producirse en él fiebre. Y lo mismo si tu pregunta es qué debe producirse en un número para que se haga impar, no te diré que la imparidad, sino una unidad, y lo mismo haré con lo demás. Ea, pues, mira si te has enterado bien de lo que quiero.

—Perfectamente —respondió Cebes.

—Contesta, pues —prosiguió Sócrates—, ¿qué debe producirse en un cuerpo para que tenga vida?

—Un alma —contestó.

—¿Y esto es siempre así?

—¡Cómo no va a serlo! —dijo Cebes.

—¿Entonces el alma siempre trae la vida a aquello que ocupa?

—La trae, ciertamente.

—¿Y hay algo contrario a la vida, o no hay nada?

—Lo hay —contestó Cebes.

—¿Qué?

—La muerte.

—¿Luego el alma nunca admitirá lo contrario a lo que trae consigo, según se ha reconocido anteriormente?

—Sin duda alguna —dijo Cebes.

—¿Entonces qué? A lo que no admitía la idea de par ¿qué le llamábamos hace un momento?

—Impar.

—¿Y a lo que no admite lo justo o la cultura?

—Inculto e injusto —respondió.

—Bien. Y a lo que no admite la muerte, ¿qué le llamamos?

—Inmortal.

—¿Y no es cierto que el alma no admite la muerte?

—Sí.

—Luego el alma es algo inmortal.

—Sí.

—Está bien —dijo—. ¿Debemos decir, pues, que esto ha quedado demostrado? ¿Qué te parece?

—Que ha quedado perfectamente demostrado, Sócrates.

—¿Y qué, Cebes, —prosiguió—, si a lo impar le fuera necesario el ser indestructible, ¿no sería el tres indestructible?

—¡Cómo no iba a serlo!

—¿Y no es cierto también que si lo no-caliente fuera indestructible, cuando se arrimara calor a la nieve, se retiraría ésta sana y salva y sin fundirse? Pues no cesaría de existir, ni tampoco recibiría el calor esperándolo a pie firme.

—Es verdad lo que dices —repuso Cebes.

—Y de igual manera, creo yo, si lo no-frío fuera indestructible, cuando se lanzara contra el fuego algo frío, jamás se apagaría ni perecería, sino que se marcharía sano y salvo.

—Necesariamente —dijo Cebes.

—¿Y no es necesario también hablar así a propósito de lo inmortal? Si lo inmortal es, asimismo, indestructible, le es imposible al alma perecer cuando la muerte marche contra ella. Pues, según lo dicho, no admitirá la muerte ni quedará muerta, de la misma manera, decíamos, que el tres ni lo impar será par, ni el fuego ni el calor que hay en él será frío. Pero ¿qué es lo que impide —diría alguno— el que, por más que lo impar no se haga par cuando se le acerca lo par, según se ha convenido, se convierta, en cambio, una vez que deja de existir en par en lugar de lo que era? Al que así hablara no le podríamos refutar diciendo que lo impar no perece, puesto que lo impar no es indestructible. Pues si hubiéramos reconocido eso, fácilmente le refutaríamos diciendo que cuando se aproxima lo par, tanto lo impar como el tres se retiran. Y en lo relativo al fuego, y al calor, y a las demás cosas, le refutaríamos de la misma manera. ¿No es verdad?

—Por completo.

—Luego ahora también, si convenimos con respecto a lo inmortal que es indestructible, el alma sería, además de inmortal, indestructible. Si no, sería preciso otro razonamiento.

—Pero no se necesita para nada —replicó Cebes—, por esta razón: difícilmente podría haber otra cosa que no admitiera la destrucción, si lo inmortal, que es eterno, la admitiese.

—En todo caso —repuso Sócrates— la divinidad, la idea misma de la vida y todo lo demás que pueda ser inmortal, según creo, estarán todos de acuerdo en que no perecen nunca.

—Todos, sin duda, ¡por Zeus!, hombres y dioses —dijo Cebes—, éstos con mayor razón aún, si no me equivoco.

—Pues bien, desde el momento en que lo inmortal es incorruptible, si el alma es inmortal, ¿no sería también indestructible?

—De toda necesidad.

—Luego cuando se acerca la muerte al hombre, su parte mortal, como es natural, perece, pero la inmortal se retira sin corromperse, cediendo el puesto a aquélla.

—Es evidente.

—Entonces, con mayor motivo que nada, el alma es algo inmortal e indestructible, y nuestras almas tendrán una existencia real en el Hades.

—Yo, por mi parte, Sócrates —dijo Cebes—, no puedo objetar nada en contra de esto, ni encuentro motivo para desconfiar de tus palabras. Pero si Simmias, aquí presente, o algún otro tiene algo que decir, lo indicado es que no se calle; pues de no ser ésta, no sé para qué otra ocasión lo aplazará, si quiere decir o escuchar algo sobre estas cuestiones.

—Pues bien —intervino Simmias—, tampoco yo tengo motivo para desconfiar después de las razones expuestas. No obstante, por la magnitud del asunto sobre el que versa nuestra conversación, y la poca estima en que tengo a la debilidad humana, me veo obligado a sentir todavía en mis adentros desconfianza sobre lo dicho.

—No sólo es comprensible que la tengas, Simmias —dijo Sócrates—, sino que tienes razón en lo que dices, e incluso los supuestos primeros, por más que os parezcan dignos de crédito, han de someterse a un examen más preciso. Y si los analizáis suficientemente, seguiréis, según creo, el argumento en el grado mayor que le es posible a un hombre seguirlo. Y si esto queda claro, no llevaréis en punto alguno la investigación más adelante.

—Es verdad lo que dices —repuso Simmias.

—Pues bien, amigos —prosiguió Sócrates—, justo es pensar también en que, si el alma es inmortal, requiere cuidado no en atención a ese tiempo en que transcurre lo que llamamos vida, sino en atención a todo el tiempo. Y ahora sí que el peligro tiene las trazas de ser terrible, si alguien se descuidara de ella. Pues si la muerte fuera la liberación de todo, sería una gran suerte para los malos cuando mueren el liberarse a la vez del cuerpo y de su propia maldad juntamente con el alma. Pero desde el momento en que se muestra inmortal, no le queda otra salvación y escape de males que el hacerse lo mejor y más sensata posible. Pues vase el alma al Hades sin llevar consigo otro equipaje que su educación y crianza, cosas que, según se dice, son las que más ayudan o dañan al finado desde el comienzo mismo de su viaje hacia allá. Y he aquí lo que se cuenta: a cada cual, una vez muerto, le intenta llevar su propio genio, el mismo que le había tocado en vida, a cierto lugar, donde los que allí han sido reunidos han de someterse a juicio, para emprender después la marcha al Hades en compañía del guía a quien está encomendado el conducir allá a los que llegan de aquí. Y tras de haber obtenido allí lo que debían obtener y cuando han permanecido en el Hades el tiempo debido, de nuevo otro guía les conduce aquí, una vez transcurridos muchos y largos períodos de tiempo. Y no es ciertamente el camino, como dice el *Télefo* de Esquilo [43]. Afirma éste que es simple el camino que conduce al Hades, pero el tal camino no se me muestra a mí ni simple, ni único, que en tal caso no habría necesidad de guías, pues no lo erraría nadie en ninguna dirección, por no haber más que uno. Antes bien, parece que tiene bifurcaciones y encrucijadas en gran número. Y lo digo tomando como indicios los sacrificios y los cultos de aquí. Así, pues, el alma comedida y sensata le sigue y no desconoce su presente situación, mientras que la que tiene un vehemente apego hacia el cuerpo, como dije anteriormente, y por mucho tiempo ha sentido impulsos hacia éste y el lugar visible, tras mucho resistirse y sufrir, a duras penas y a la fuerza se deja conducir por el genio a quien se le ha encomendado esto. Y una vez que llega adonde están las demás, el alma impura y que ha cometido un crimen tal como un homicidio injusto, u otros delitos de este tipo, que son hermanos de éstos y obra de almas hermanas, a ésa la rehúye todo el mundo y se aparta de ella, y nadie quiere ser ni su compañero de camino ni su

---

[43] Obra actualmente perdida.

guía, sino que anda errante, sumida en la mayor indigencia hasta que pasa cierto tiempo, transcurrido el cual es llevada por la necesidad a la residencia que le corresponde. Y, al contrario, el alma que ha pasado su vida pura y comedidamente alcanza como compañeros de viaje y guías a los dioses, y habita en el lugar que merece. Y tiene la tierra muchos lugares maravillosos, y no es, ni en su forma ni en su tamaño, tal y como piensan los que están acostumbrados a hablar sobre ella, según me ha convencido alguien.

—¿Qué quieres decir con esto, Sócrates? —le preguntó entonces Simmias—. Sobre la tierra, es cierto, también he oído yo contar muchas cosas, pero, con todo, no he oído decir eso que a ti te convence. Así que te lo escucharía con gusto.

—Ciertamente, Simmias, no me parece que sea preciso el arte de Glauco [44] para exponerte lo que es. Sin embargo, al demostrar que es verdad, según mi modo de ver, es demasiado difícil, incluso para el arte de Glauco; y a la vez quizá no fuera yo capaz de hacerlo, y aunque lo supiera hacer, mi vida, Simmias, me parece que no sería suficiente para la extensión del relato. Con todo, nada me impide decir cómo, según mi convicción, es la forma de la tierra y cómo son sus lugares.

—Pues eso basta —replicó Simmias.

—Pues bien, estoy convencido —comenzó Sócrates—, en primer lugar, de que, si la tierra está en el centro del cielo y es redonda, no necesita para nada el aire ni ninguna otra necesidad de este tipo para no caer, sino que se basta para sostenerla la propia homogeneidad del cielo consigo mismo en todas sus

---

[44] Dicho proverbial para indicar algo difícil. Glauco, según la tradición, fue el primero en soldar el hierro.

partes y la igualdad de peso de la propia tierra. Pues un objeto que tiene en todas sus partes igualdad de peso, colocado en medio de algo homogéneo, no podrá inclinarse más o menos en una u otra dirección, sino que quedará inmóvil en la misma posición. He aquí lo primero —dijo— de lo que estoy convencido.

—Y con razón —replicó Simmias.

—Pero además lo estoy —continuó— de que es algo sumamente grande, y de que nosotros, los que vivimos desde Fáside a las Columnas de Heracles [45], habitamos en una minúscula porción, agrupados en torno al mar como hormigas o ranas alrededor de una charca; y, asimismo, de que hay otros muchos hombres en otros sitios que viven en lugares semejantes. Pues hay alrededor de la tierra por todas partes muchas cavidades de muy diferente forma y tamaño, en las que han confluido el agua, la niebla y el aire. En cuanto a la tierra, está situada pura en el cielo puro, en el que se encuentran los astros y al que llaman éter la mayoría de los que suelen hablar de estas cuestiones. De él precisamente son sedimento aquellos elementos que confluyen siempre en las cavidades de la tierra. Y en dichas cavidades vivimos nosotros sin advertirlo, creyendo que habitamos arriba, en la superficie de la tierra, de la misma manera que uno que habitara en el fondo del piélago creería morar en su superficie y pensaría, al ver el sol y los demás astros a través del agua, que el mar era el cielo, sin que jamás por culpa de su torpeza y debilidad hubiera llegado a flor del mar, ni visto, sacando la cabeza fuera del agua y dirigiéndola en dirección a este lugar de aquí, cuánto más puro y más bello es que aquel en que ellos viven, ni

---

[45] Es decir, desde el extremo oriental del Mar Negro al Estrecho de Gibraltar.

tampoco se lo hubiera oído contar a otro que lo hubiera visto. Y esto es precisamente lo mismo que nos ocurre a nosotros: a pesar de que vivimos en una concavidad de la tierra, creemos que habitamos sobre ella y llamamos al aire cielo, como si verdaderamente lo fuera y a través de él se movieran los astros. Y en esto también el caso es el mismo: por debilidad y torpeza somos incapaces de atravesar el aire hasta su extremo; pues, si alguien llegara a su cumbre, o saliéndole alas se remontara volando, y divisara las cosas de allí, levantando la cabeza tal y como la levantan los peces desde el mar para ver las cosas de aquí, en el supuesto de que fuera capaz su naturaleza para resistir esta contemplación, reconocería que aquello es el verdadero cielo, la verdadera luz y la verdadera tierra. Pues esta tierra, estas piedras y todo el lugar de aquí está echado a perder y corroído, como lo están por el agua salada las cosas del mar, en la que no se produce nada digno de mención ni, por decirlo así, perfecto, sino tan sólo hendiduras, arena, fango en cantidades inmensas y cenagales, incluso donde hay tierra; nada, por consiguiente, que pueda considerarse valioso en lo más mínimo en comparación con las bellezas que hay entre nosotros. Pero mucho mayor aún se mostraría la ventaja que sacan a su vez aquellas cosas a las que hay entre nosotros. Y si está bien contar un mito ahora, vale la pena escuchar, oh Simmias, cómo son las cosas que hay sobre la tierra inmediatamente debajo del cielo.

—Pues, a decir verdad, Sócrates —dijo Simmias—, por nuestra parte escucharíamos con gusto ese mito.

—Pues bien, amigo —empezó Sócrates—, se dice, en primer lugar, que la tierra se presenta a la vista, si alguien la contempla desde arriba, como las pelotas de doce pieles, abigarrada, con franjas de diferentes colores, siendo los que hay aquí y emplean los pintores algo así como muestras de aquéllos. Allí, en cambio, la tierra entera está formada de tales colores y de otros, aún mucho más resplandecientes y puros que éstos: una parte es de púrpura y de maravillosa belleza, otra de color de oro, la otra completamente blanca, más blanca que el yeso o la nieve; y de igual manera está compuesta de los restantes colores y de otros aún mayores en número y más bellos que cuantos hemos visto nosotros. Pues incluso sus propias cavidades, que están llenas de agua y de aire, proporcionan un tono especial de color que brilla en medio del abigarramiento de los demás, de tal suerte que ofrece un aspecto unitario continuamente abigarrado. Y siendo ella así, lo que en ella nace está en proporción, árboles, flores y frutos. E igualmente sus montañas y sus piedras son en la misma proporción más bellas en tersura, diafanidad y color. De ellas precisamente son fragmentos esas piedrecillas de aquí tan apreciadas: las cornalinas, los jaspes, las esmeraldas y demás piedras preciosas. Allí por el contrario, no hay nada que no sea igual, o aún más bello que éstas. Y la causa es que aquellas piedras son puras y no están corroídas ni estropeadas como las de aquí por la podredumbre y la salobridad debidas a los elementos que aquí confluyen y que tanto a las piedras como a la tierra y, asimismo, a animales y plantas producen deformidades y enfermedades. Mas la verdadera tierra está adornada con todos estos primores, a los que hay que añadir el oro, la plata y demás cosas de este tipo. Son éstas brillantes por naturaleza, pero como son muchas en número y grandes, y se encuentran por todas las partes de la tierra, resulta que el verla es un espectáculo propio de bienaventurados espectadores. Y hay en ella muchos seres vivos, entre los cuales hay también hombres que habitan, unos en el interior, otros alrededor del aire, de la misma manera que nosotros vivimos alrededor del mar, otros en islas que circunda el aire y que están cerca del continente. En una palabra: lo que para nosotros es el agua y el mar con respecto a nuestras necesidades, allí lo es el aire; y lo que para nosotros es el aire, para aquéllos es el éter. Y tienen las estaciones del año una temperatura tal, que aquéllos están exentos de enfermedades y viven mucho más tiempo que los de aquí. Y en lo tocante a la vista, el oído, la inteligencia y todas las facultades de este tipo, media entre ellos y nosotros la misma distancia que hay entre el aire y el agua, o el éter y el aire en lo que respecta a pureza. Tienen también recintos sagrados de los dioses y templos, en los que los dioses habitan realmente, y entre ellos y éstos se producen mensajes, profecías, apariciones divinas y tratos semejantes. Ven, además, el sol, la luna y las estrellas tal como son en realidad, y el resto de su bienaventuranza sigue en todo a esto [46]. Tal es la constitución de la tierra en su totalidad y la de lo que rodea a la tierra. Pero hay en ella, en toda su periferia, conforme a sus cavidades muchos lugares: unos son más profundos y más abiertos que aquel en que vivimos; otros son más profundos, pero tienen la abertura más pequeña que la de nuestro lugar, y los hay también que son menores en profundidad que el de aquí y más anchos. Todos estos lugares están en muchas partes comunicados entre sí bajo tierra mediante orificios, unos más anchos y otros más estrechos, y tienen, asimismo, desagües, por los que corre de unos a otros,

---

[46] Platón recoge en toda esta exposición doctrinas de Anaxágoras (p. ej., las concavidades de la tierra rellenas de agua), pitagóricas (la de la esfericidad de la tierra) y creencias mitológicas (p. ej., el mito de las islas de los Bienaventurados).

como si se vertiera en cráteras, mucha agua. La magnitud de estos ríos eternos que hay bajo tierra es inmensa y sus aguas son calientes y frías. Hay también fuego en abundancia y grandes ríos de fuego, como asimismo los hay en grandes cantidades de fango líquido más claro o más cenagoso, como esos ríos de cieno que corren en Sicilia antes de la lava, y también el propio torrente de lava. De éstos, precisamente, se llenan todos los lugares, según les llega en cada ocasión, a cada uno la corriente circular. Y todos estos ríos se mueven hacia arriba y hacia abajo, como si hubiera en el interior de la tierra una especie de movimiento de vaivén. Y dicho movimiento de vaivén se debe a las siguientes condiciones naturales. Una de las simas de la tierra, aparte de ser la más grande, atraviesa de extremo a extremo toda la tierra. Es ésa de que habla Homero, cuando dice:

Muy lejos, allí donde bajo tierra está el abismo más
[profundo [47]

y que en otros pasajes él y otros muchos poetas han denominado Tártaro. En esta sima confluyen todos los ríos y de nuevo arrancan de ella. Cada uno de ellos, por otra parte, se hace tal y como es la tierra que recorre. Y la causa de que todas las corrientes tengan su punto de partida y de llegada ahí es la de que ese líquido no tiene ni fondo ni lecho. Por eso oscila y se mueve hacia arriba y hacia abajo. Y lo mismo hacen el aire y el viento que lo rodea. Pues le sigue siempre, tanto cuando se lanza hacia la parte de allá de la tierra como cuando se lanza hacia la parte de acá; y, de la misma manera que el aire de los que respiran forma

---

[47] *Ilíada* VIII, 14.

siempre una corriente espiratoria o inspiratoria, allí
también, oscilando al mismo tiempo que el líquido, da
lugar a terribles e inmensos vendavales, tanto al entrar
como al salir. Así, pues, cuando se retira el agua
hacia el lugar que llamamos inferior, las corrientes
afluyen hacia las regiones de allá a través de la tierra,
y las llenan de una forma similar a como hacen los
que riegan. En cambio, cuando se retiran de allí y se
lanzan hacia acá, llenan a su vez las regiones de aquí,
y en las partes que han quedado llenas discurren a
través de canales y de la tierra, y cada una de ellas
llega a los lugares hacia los que tiene hecho camino,
formando mares, lagunas, ríos y fuentes. De aquí, sumergiéndose de nuevo en la tierra, tras dar las unas
mayores y más numerosos rodeos, y las otras menos
numerosos y más cortos, desembocan de nuevo en el
Tártaro, algunas mucho más abajo de donde se había
efectuado el riego, otras un poco solamente. Pero todas
tienen su punto de llegada más abajo que el de partida,
algunas completamente enfrente del lugar de donde
habían salido, otras hacia la misma parte. Algunas hay
también que dan una vuelta completa, enroscándose
una o varias veces alrededor de la tierra como las serpientes, y que, tras descender todo lo que pueden, desembocan de nuevo. Y en uno y otro sentido es posible
descender hasta el centro, más allá no, pues una y otra
parte quedan cuesta arriba para ambas corrientes. Las
restantes corrientes son muchas, grandes y de todas
clases, pero en esta gran multitud se distinguen cuatro [48]. De ellas es la mayor el llamado Océano, cuyo
curso circular es el más externo. Enfrente de éste corre
en sentido contrario el Aqueronte, que, además de re-

---

[48] Los cuatro ríos que se mencionan a continuación los
conoce ya Homero. El Océano, sin embargo, no es para el
poeta un río infernal, sino una corriente que rodea la tierra.

correr lugares desérticos y pasar bajo tierra, llega a la laguna Aquerusíade, adonde van a parar las almas de la mayoría de los muertos, y tras pasar allí el tiempo marcado por el destino, unas más corto y otras más largo, son enviadas de nuevo a las generaciones de los seres vivos. Un tercer río brota entre medias de éstos, y cerca de su nacimiento va a parar a un gran lugar consumido por ingente fuego, formando un lago, mayor que nuestro mar, de agua y cieno hirviente. De allí, turbio y cenagoso, avanza en círculo y, después de rodear en espiral la tierra, llega entre otras partes a los confines de la laguna Aquerusíade sin mezclarse con el agua de ésta; desemboca en la parte más baja del Tártaro, habiendo dado muchas vueltas bajo tierra. Este es el que llaman Piriflegetonte, cuyas corrientes de lava despiden fragmentos incluso en la superficie de la tierra allí donde encuentran salida. Y, a su vez, enfrente de éste hay un cuarto río que aboca primero a un lugar terrible y agreste, según se cuenta, que tiene en su totalidad un color como el del lapislázuli. A este lugar le llaman Estigio, y a la laguna que forma el río, al desaguar en él Estigia. Tras haberse precipitado aquí, y después de haber adquirido en su agua terribles poderes, se hunde en la tierra, avanza dando giros en dirección opuesta al Piriflegetonte y se encuentra con él de frente en la laguna Aquerusíade. Y tampoco el agua de este río se mezcla con ninguna, sino que, después de haber hecho un recorrido circular, desemboca en el Tártaro por el lado opuesto al del Piriflegetonte. Su nombre es, según dicen los poetas, Cócito. Siendo tal como se ha dicho la naturaleza de estos parajes, una vez que los finados llegan al lugar a que conduce a cada uno su genio, son antes que nada sometidos a juicio, tanto los que vivieron bien y santa-

mente como los que no. Los que se estima que han
vivido en el término medio, se encaminan al Aqueronte, suben a las barcas que hay para ellos y, a bordo
de éstas, arriban a la laguna, donde moran purificándose; y mediante la expiación de sus delitos, si alguno
ha delinquido en algo, son absueltos, recibiendo asimismo cada uno la recompensa de sus buenas acciones
conforme a su mérito. Los que, por el contrario, se
estima que no tienen remedio por causa de la gravedad
de sus yerros, bien porque hayan cometido muchos y
grandes robos sacrílegos, u homicidios injustos e ilegales en gran número, o cuantos demás delitos hay
del mismo género, a ésos el destino que les corresponde
les arroja al Tártaro, de donde no salen jamás. En
cambio, quienes se estima que han cometido delitos
que tienen remedio, pero graves, como, por ejemplo,
aquellos que han ejercido violencia contra su padre o
su madre en un momento de cólera, pero viven el
resto de su vida con el arrepentimiento de su acción,
o bien se han convertido en homicidas en forma similar, éstos habrán de ser precipitados en el Tártaro
por necesidad; pero, una vez que lo han sido y han
pasado allí un año, los arroja afuera el oleaje: a los
homicidas frente al Cócito, y a los que maltrataron a
su padre o a su madre frente al Piriflegetonte. Y una
vez que, llevados por la corriente, llegan a la altura
de la laguna Aquerusíade, llaman entonces a gritos, los
unos a los que mataron, los otros a quienes ofendieron, y después de llamarlos les suplican y les piden
que les permitan salir a la laguna y les acojan. Si logran convencerlos, salen y cesan sus males; si no, son
llevados de nuevo al Tártaro y de aquí otra vez a los
ríos, y no cesan de padecer este tormento hasta que
consiguen persuadir a quienes agraviaron. Tal es, en

efecto, el castigo que les fue impuesto por los jueces [49]. Por último, los que se estima que se han distinguido por su piadoso vivir son los que, liberados de estos lugares del interior de la tierra y escapando de ellos como de una prisión, llegan arriba a la pura morada y se establecen sobre la tierra. Y entre éstos, los que se han purificado de un modo suficiente por la filosofía viven completamente sin cuerpos para toda la eternidad, y llegan a moradas aún más bellas que éstas, que no es fácil describir, ni el tiempo basta para ello en el actual momento. Pues bien, oh Simmias, por todas estas cosas que hemos expuesto, es menester poner de nuestra parte todo para tener participación durante la vida en la virtud y en la sabiduría, pues es hermoso el galardón y la esperanza grande. Ahora bien, el sostener con empeño que esto es tal como yo lo he expuesto, no es lo que conviene a un hombre sensato. Sin embargo, que tal es o algo semejante lo que ocurre con nuestras almas y sus moradas, puesto que el alma se ha mostrado como algo inmortal, eso sí estimo que conviene creerlo, y que vale la pena correr el riesgo de creer que es así. Pues el riesgo es hermoso, y con tales creencias es preciso, por decirlo así, encantarse a sí mismo; razón ésta por la cual me estoy extendiendo yo en el mito desde hace rato. Así que, por todos estos motivos, debe mostrarse animoso con respecto de su propia alma todo hombre que durante su vida haya enviado a paseo los placeres y ornatos del cuerpo, en la idea de que eran para él algo ajeno, y en la convicción de que producen más mal que bien; todo hombre que se haya afanado, en cambio, en los placeres que versan sobre el aprender y

---

[49] Según el mito del *Gorgias* (524 E), los jueces son Minos, Éaco y Radamante.

adornado su alma, no con galas ajenas, sino con las que le son propias: la moderación, la justicia, la valentía, la libertad, la verdad; y en tal disposición espera ponerse en camino del Hades [con el convencimiento de que lo emprenderá cuando le llame el destino] [50]. Vosotros, oh Simmias, Cebes y demás amigos, os marcharéis después cada uno en un momento dado. A mí me llama ya ahora el destino, diría un héroe de tragedia, y casi es la hora del encaminarme al baño, pues me parece mejor beber el veneno una vez lavado y no causar a las mujeres la molestia de lavar un cadáver.

Al acabar de decir esto, le preguntó Critón:

—Está bien, Sócrates, Pero ¿qué es lo que nos encargas hacer a éstos o a mí, bien con respecto a tus hijos o con respecto a cualquier otra cosa, que pudiera ser más de tu agrado si lo hiciéramos?

—Lo que siempre estoy diciendo, Critón —respondió—, nada nuevo. Si os cuidáis de vosotros mismos, cualquier cosa que hagáis no sólo será de mi agrado, sino también del agrado de los míos y del propio vuestro, aunque ahora no lo reconozcáis. En cambio, os descuidáis de vosotros mismos y no queréis vivir siguiendo, por decirlo así, las huellas de lo que ahora y en el pasado se ha dicho, por más que ahora hagáis muchas vehementes promesas, no conseguiréis nada.

—Descuida —replicó—, que pondremos nuestro empeño en hacerlo así. Pero ¿de qué manera debemos sepultarte?

—Como queráis —respondió—, si es que me cogéis y no me escapo de vosotros. —Y, a la vez que sonreía serenamente, nos dijo, dirigiendo su mirada hacia

---

[50] Siguiendo a Hirschig, Burnet rechaza del texto lo incluido entre corchetes, que anticipa torpemente lo que se dice un poco más abajo.

nosotros—: No logro, amigos, convencer a Critón de que yo soy ese Sócrates que conversa ahora con vosotros y que ordena cada cosa que se dice, sino que cree que soy aquel que verá cadáver dentro de un rato, y me pregunta por eso cómo debe hacer mi sepelio. Y el que yo desde hace rato esté dando muchas razones para probar que, en cuanto beba el veneno, ya no permaneceré con vosotros, sino que me iré hacia una felicidad propia de bienaventurados, parécele vano empeño y que lo hago para consolaros a vosotros al tiempo que a mí mismo. Así que —agregó— salidme fiadores ante Critón, pero de la fianza contraria a la que éste presentó ante los jueces. Pues éste garantizó que yo permanecería. Vosotros garantizad que no permaneceré una vez que muera, sino que me marcharé, para que así Critón lo soporte mejor, y al ver quemar o enterrar mi cuerpo no se irrite como si yo estuviera padeciendo cosas terribles, ni diga durante el funeral que expone, lleva a enterrar o está enterrando a Sócrates[51]. Pues ten bien sabido, oh excelente Critón —añadió—, que el no hablar con propiedad no sólo es una falta en eso mismo, sino también produce mal en las almas. Ea, pues, es preciso que estés animoso, y que digas que es mi cuerpo lo que sepultas, y que lo sepultas como a ti te guste y pienses que está más de acuerdo con las costumbres.

Al terminar de decir esto, se levantó y se fue a una habitación para lavarse. Critón le seguió, pero a nosotros nos mandó que le esperáramos allí. Esperámosle, pues, charlando entre nosotros sobre lo dicho y volviéndolo a considerar, a ratos también comentando cuán grande era la desgracia que nos había acontecido,

---

[51] Las ceremonias fúnebres en Atenas constaban de tres momentos: la πρόθεσις (exposición del muerto), la ἐκφορά, o comitiva fúnebre, y el enterramiento (τάφος).

pues pensábamos que íbamos a pasar el resto de la vida huérfanos, como si hubiéramos sido privados de nuestro padre. Y una vez que se hubo lavado y trajeron a su lado a sus hijos —pues tenía dos pequeños y uno ya crecido—, y llegaron también las mujeres de su familia, conversó con ellos en presencia de Critón y, después de hacerles las recomendaciones que quiso, ordenó retirarse a las mujeres y a los niños, y vino a reunirse con nosotros. El sol estaba ya cerca de su ocaso, pues había pasado mucho tiempo dentro. Llegó recién lavado, se sentó, y después de esto no se habló mucho. Vino el servidor de los Once y, deteniéndose a su lado, le dijo:

—Oh Sócrates, no te censuraré a ti lo que censuro a los demás, el que se irritan contra mí y me maldicen cuando les transmito la orden de beber el veneno que me dan los magistrados. Pero tú, lo he reconocido en otras ocasiones durante todo este tiempo, eres el hombre más noble, de mayor mansedumbre y mejor de los que han llegado aquí, y ahora también bien sé que no estás enojado conmigo, sino con los que sabes que son los culpables. Así que ahora, puesto que conoces el mensaje que te traigo, salud, e intenta soportar con la mayor resignación lo necesario.

Y rompiendo a llorar, diose la vuelta y se retiró.

Sócrates, entonces, levantando su mirada hacia él, le dijo:

—También tú recibe mi saludo, que nosotros así lo haremos. —Y, dirigiéndose después a nosotros, agregó—: ¡Qué hombre tan amable! Durante todo el tiempo que he pasado aquí vino a verme, charló de vez en cuando conmigo y fue el mejor de los hombres. Y ahora ¡qué noblemente me llora! Así que, hagámosle caso, Critón, y que traiga alguno el veneno, si es que está triturado. Y si no, que lo triture nuestro hombre.

—Pero, Sócrates —le dijo Critón—, el sol, según creo, está todavía sobre las montañas y aún no se ha puesto. Y me consta, además, que ha habido otros que lo han tomado mucho después de haberles sido comunicada la orden, y tras haber comido y bebido a placer, y algunos, incluso, tras haber tenido contacto con aquellos que deseaban. Ea, pues, no te apresures, que todavía hay tiempo.

—Es natural que obren así, Critón —repuso Sócrates—, ésos que tú dices, pues creen sacar provecho al hacer eso. Pero también es natural que yo no lo haga, porque no creo que saque otro provecho, al beberlo un poco después, que el de incurrir en ridículo conmigo mismo, mostrándome ansioso y avaro de la vida cuando ya no me queda ni una brizna. Anda, obedéceme —terminó—, y haz como te digo.

Al oírle, Critón hizo una señal con la cabeza a un esclavo que estaba a su lado. Salió éste, y después de un largo rato regresó con el que debía darle el veneno, que traía triturado en una copa. Al verle, Sócrates le preguntó:

—Y bien, buen hombre, tú que entiendes de estas cosas, ¿qué debo hacer?

—Nada más que beberlo y pasearte —le respondió—, hasta que se te pongan las piernas pesadas, y luego tumbarte. Así hará su efecto.

Y, a la vez que dijo esto, tendió la copa a Sócrates. Tomóla éste con gran tranquilidad, Equécrates, sin el más leve temblor y sin alterarse en lo más mínimo ni en su color ni en su semblante, miró al individuo de reojo como un toro, según tenía por costumbre, y le dijo:

—¿Qué dices de esta bebida con respecto a hacer una libación a alguna divinidad? ¿Se puede o no?

—Tan sólo trituramos, Sócrates —le respondió—, la cantidad que juzgamos precisa para beber.

—Me doy cuenta —contestó—. Pero al menos es posible, y también se debe, suplicar a los dioses que resulte feliz mi emigración de aquí a allá. Esto es lo que suplico: ¡que así sea!

Y después de decir estas palabras, lo bebió conteniendo la respiración, sin repugnancia y sin dificultad.

Hasta este momento la mayor parte de nosotros fue lo suficientemente capaz de contener el llanto; pero cuando le vimos beber y cómo lo había bebido, ya no pudimos contenernos. A mí también, y contra mi voluntad, caíanme las lágrimas a raudales, de tal manera que, cubriéndome el rostro, lloré por mí mismo, pues ciertamente no era por aquél por quien lloraba, sino por mi propia desventura, al haber sido privado de tal amigo. Critón, como aun antes que yo no había sido capaz de contener las lágrimas, se había levantado. Y Apolodoro, que ya con anterioridad no había cesado un momento de llorar, rompió a gemir entonces, entre lágrimas y demostraciones de indignación, de tal forma que no hubo nadie de los presentes, con excepción del propio Sócrates, a quien no conmoviera.

Pero entonces nos dijo:

—¿Qué es lo que hacéis, hombres extraños? Si mandé afuera a las mujeres fue por esto especialmente, para que no importunasen de ese modo, pues tengo oído que se debe morir entre palabras de buen augurio. Ea, pues, estad tranquilos y mostraos fuertes.

Y, al oírle nosotros, sentimos vergüenza y contuvimos el llanto. El, por su parte, después de haberse paseado, cuando dijo que se le ponían pesadas las piernas, se acostó boca arriba, pues así se lo había aconsejado el hombre. Al mismo tiempo, el que le había dado el veneno le cogió los pies y las piernas y se los observaba a intervalos. Luego, le apretó fuertemente el pie y le preguntó si lo sentía. Sócrates dijo que no. A continuación hizo lo mismo con las piernas, y yendo subiendo de este modo, nos mostró que se iba enfriando y quedándose rígido. Y siguióle tocando y nos dijo que cuando le llegara al corazón se moriría.

Tenía ya casi fría la región del vientre cuando, descubriendo su rostro —pues se lo había cubierto—, dijo éstas, que fueron sus últimas palabras:

—Oh Critón, debemos un gallo a Asclepio. Pagad la deuda, y no la paséis por alto.

—Descuida, que así se hará —le respondió Critón—. Mira si tienes que decir algo más.

A esta pregunta de Critón ya no contestó, sino que, al cabo de un rato, tuvo un estremecimiento, y el hombre le descubrió: tenía la mirada inmóvil. Al verlo, Critón le cerró la boca y los ojos.

Así fue, oh Equécrates, el fin de nuestro amigo, de un varón que, como podríamos afirmar, fue el mejor a más de ser el más sensato y justo de los hombres de su tiempo que tratamos.

PRESENTACION DE «FEDRO»

Uno de los rasgos más notables de nuestro diálogo es el de que a primera vista no destaca cuál fue el objetivo que persiguió Platón al escribirlo. A una primera parte constituida por tres discursos, el de Lisias y los dos de Sócrates, que tienen por tema el amor, se opone una segunda que se consagra a una discusión sobre la retórica, seguida de un apéndice sobre la conveniencia o no conveniencia del escribir. Si a esto se agrega el hecho de que en el segundo discurso de Sócrates aparece una teoría del alma, que completa con la nueva prueba de la inmortalidad y la doctrina de su tripartición las concepciones formuladas en el Fedón y la República, el problema se embrolla todavía más. ¿Cuál es el verdadero tema del diálogo, la retórica, el amor o el alma? ¿Se puede hablar del Fedro como de un todo unitario, o bien debemos pensar que tiene más de un objetivo, y que Platón pasó de uno a otro un tanto inconsideradamente, uniendo inarmónicamente unas partes con otras?

Tan sólo una razón psicológica, apuntada con mucho tino por Taylor, nos da la clave para comprender la verdadera finalidad perseguida por el autor del diálogo. Suponiendo que el "main topic" de la obra sea la discusión de la retórica científica, discusión que toma por base el discurso de Lisias y los dos pronunciados por Sócrates, se comprende perfectamente que éste —es decir, Platón— se dejara arrastrar por sus propios sentimientos al hablar en tonos tan exaltados sobre el amor o el alma.

Pero una vez admitido esto, es lícito preguntarse el porqué salen a relucir precisamente en esta obra el tema del amor y el tema del alma, tratado éste en el segundo discurso de Sócrates, planteándose con ello el problema de la unidad del diálogo. Su solución no es difícil. Que Platón escogiera como punto de partida de discusión sobre la retórica un discurso sobre el amor, no es debido a una mera casualidad. El amor juega un papel de primer orden en la filosofía platónica, ya que merced al impulso que da al alma hacia las cosas bellas, a las "alas" que hace renacer en ella, puede ésta remontar su vuelo hacia la idea de la belleza, realizándose por anamnēsis *el primer acto cognoscitivo que empuja al alma a desear sumirse cada vez más en la contemplación de las formas eternas. El amor así sublimado es el fundamental empuje hacia la filosofía. ¿Y qué otra cosa es la retórica científica sino filosofía en su más puro sentido, un tratar de llegar al conocimiento de las verdaderas realidades de las cosas para infundir después en las almas de los componentes del auditorio la persuasión y la virtud? El tema del amor queda, pues, plenamente justificado dentro de la economía general del diálogo. Y lo mismo ha de decirse del tema del alma. Dentro de las exigencias de la retórica que quiera ser verdadera ciencia está la de tener previamente un conocimiento científico del alma, la de basarse en una psicología, según se nos dice repetidas veces a lo largo del diálogo. De ahí que sea necesaria la doctrina de su tripartición, y la demostración de su inmortalidad que se enlaza con el mito del destino de las almas, necesario también dentro del plan general de la obra por implicarse en él el ideal moral del orador.*

EL TEMA DEL AMOR

En un luminoso estudio, publicado hace ya unos cuantos años, un conocedor tan excelente de Platón como Diès[1] *ponía de relieve la honda repugnancia del hombre moderno a remover el fondo de fango del que Platón había trasplantado a su sistema "la rosa púrpura del Eros filosófico". Este sentimiento nos domina especialmente al leer el Fedro y al compararlo con otro diálogo en el que el filósofo formuló de una manera magistral y definitiva su teoría del amor: el* Banquete. *Si no conociéramos este diálogo, y en concreto, el discurso de Diotima, la imagen que tendríamos del amor platónico sería completamente distinta.*

A su concepción del amor el Fedro *no aporta nada nuevo. Su única novedad ha sido el unir lo que hasta el momento había aparecido separado en la obra platónica:* erōs *y* psychē, *y en describir en términos de gran plasticidad el drama interno del alma, personificado en los esfuerzos del cochero y del noble caballo para oponerse a la briosidad del corcel indómito.*

Pero si el Fedro *no es un tratado doctrinal sobre el amor, si en él no ha querido Platón desarrollar sus propias concepciones hasta sus últimas consecuencias, lo que sería un empeño inútil después de haber escrito el* Banquete, *al menos ha pretendido hacer propaganda del* erōs *filosófico, presentándolo con el sello de lo auténtico, frente a las pretensiones del amor sofístico, falso e inmoral. El amor es aquí una locura, un delirio que envían los dioses, que, aun en sus aberraciones, cuando es sincero, produce en las almas de quie-*

---

[1] Cf. *Autour de Platon. Essais de critique et d'histoire.* (*La transposition de l'Erotisme et de l'Orphisme*), París, 1927, II, pp. 432-49.

nes lo experimentan efectos mucho más nobles que la
"humana cordura", es decir, el puro y simple hedonismo sin la compañía del sentimiento. Y esta divina
fuerza es un patrimonio que el hombre no debe desbaratar ni malvender, por cuanto que, depurada progresivamente de todos los elementos innobles que en
ella puedan interferir, y dirigida a su verdadero objeto, es la única capaz de llevar al alma a su suprema
felicidad, es la única capaz de conferirle su salvación.
De ahí el canto decidido al amor, de ahí la firme defensa de la tesis "más vale otorgar sus favores al
amante", en la que Platón ha volcado su poderosa
personalidad. De ahí también que para dar un ejemplo de mala retórica escogiera precisamente un discurso que sostenía la tesis contradictoria, un discurso
alambicado de forma y de contenido falaz.

Es, en efecto, el "erótico" de Lisias un buen espécimen de un tipo de literatura frecuente en el siglo IV
y que tenía sus raíces en la sofística de finales del V.
En su origen el "discurso erótico" no es más que una
transposición a la prosa de la temática de la poesía
amorosa, tal como fue consagrada por Safo o Anacreonte, y revestía el carácter de una declaración de
amor. El género fue particularmente cultivado por los
sofistas por prestarse a declamaciones de aparato, y
posteriormente fue evolucionando hasta adquirir verdadera altura filosófica. Tal debió de ser la índole
de los tratados sobre el amor de ciertos discípulos de
Sócrates como Critias, Simmias, Antístenes y Euclides de Mégara, de cuya existencia nos informa Diógenes Laercio[2]. El "Erótico" de Lisias, empero, nos
transporta a los comienzos del género, con todo su

---

[2] Cf. FRANÇOIS LASERRE, Ἐρωτικοὶ λόγοι, *Museum Helveticum*, I, 1944, pp. 169-78.

brutal cinismo envuelto en frases elegantes que no logran disimular la escabrosidad del tema.

De su contenido, una vez indicada la tesis que sustenta, bien poco ha de decirse. Su único mérito estriba en la expresión, como el propio Sócrates reconoce, precisa y rotunda. No obstante, desempeña una función orgánica dentro del diálogo, al presumir el orador que el amor, un puro nombre para el deseo sexual, es una enfermedad (νοσεῖν 231 D), habiéndose de demostrar en el transcurso del diálogo la falsedad de esta suposición.

El primer discurso de Sócrates avanza un poco más en el camino que conducirá a la descripción del verdadero amor. Obligado a defender contra su voluntad la misma tesis que Lisias, no se decide a ello más que después de haber hecho la salvedad de que se compromete a variar la forma sin tocar el fondo, advirtiendo que en tales composiciones obligadas lo que se debe alabar es la "disposición" y no la "invención", aludiéndose con ello a las novedades verdaderamente importantes sobre el tema que habrá de exponer en su segundo discurso. Aparte de esto, la condena moral de la tesis lisíaca se pone de relieve en el hecho de hablar Sócrates con la cabeza velada por vergüenza, y en el hábil cambio de la situación que realiza, al poner en boca de un enamorado astuto y que finge no estarlo la tesis paradójica de que se deben otorgar los favores al no-enamorado con preferencia al que ama de verdad. Su discurso, además, reviste un carácter negativo al sostener que no se debe ceder al amante, absteniéndose posteriormente de hacer la defensa del no-enamorado, como le urge Fedro. Con ello se condena de nuevo la inmoralidad de la tesis de Lisias, y se tiene la ventaja de haber definido el amor negativamente, pues el amor que en este discurso se con-

dena, no es el verdadero amor, la μανία divina de que
se hablará en el segundo, sino el amor σκαιός, el mero
amor carnal. Desde el punto de vista lógico este discurso de Sócrates tiene la ventaja de partir de una
definición del amor, y presentar una mayor articulación en sus partes, exponiéndose metódicamente los
efectos perniciosos que el amante causa en el alma del
amado, en su cuerpo, en su hacienda, etc., para terminar con la descripción de la penosa situación de
ambos una vez que se ha apagado el fuego de la pasión. El amor, tal como es concebido en este discurso,
es un estado de desequilibrio (ὕβρις) que produce en
el alma el triunfo del apetito (ἐπιθυμία) sobre la ἐπίκτητος
δόξα ἐφιεμένη τοῦ καλοῦ. Este concepto del amor lo
une estrechamente a la psicología, y preludia el más
amplio desarrollo de esta cuestión en el segundo discurso socrático, habiéndose de ver a nuestro juicio
en las dos fuerzas motrices del alma aquí mencionadas, no una división dicotómica de la misma, como
estima Hackforth [3], sino un anticipo del símil de los
dos caballos que se habrá de hacer más adelante, según sugiere Friedländer [4].

El segundo discurso de Sócrates, la "palinodia",
provocada por una misteriosa llamada de su demonio,
nos introduce en el planteamiento propiamente platónico de la cuestión. Hasta aquí había sido Lisias quien
había llevado la voz cantante, y Sócrates no es quien
ha hablado propiamente, como él mismo reconoce,
sino Fedro, que le ha contagiado su transporte báquico.

Los anteriores discursos habían recriminado al
amor por ser una enfermedad, una locura, en el supuesto de que la locura es siempre un mal, lo cual

---

[3] *Plato's Phaedrus*, p. 41.
[4] *Die platonischen Schriften*, p. 490.

es enteramente falso. En efecto, frente a una locura humana, causada por trastornos funcionales, hay una locura de origen divino que es fuente para la humanidad de los mayores bienes. Tal es el caso de la mántica, la predicción del porvenir en estado de trance y posesión, el de los profetas que instituyeron los misterios, y el de la inspiración poética, tres tipos de delirio que no son más que otras tantas manifestaciones de la locura divina. El amor igualmente es una forma de locura, la más excelsa de todas, y la que mayores bienes produce en las almas, tanto del amante como del amado. Pero estos beneficiosos efectos del amor no pueden comprenderse bien mientras no se conozcan la naturaleza del alma, sus pasiones y sus operaciones. De ahí que Sócrates, interrumpiendo la marcha de su discurso, pase a demostrar primero de una forma racional la inmortalidad del alma, y el que metafóricamente haga después la célebre comparación de ésta con una biga alada y su cochero, y exponga en un bellísimo mito el doble destino del alma, tanto antes de encarnar en un cuerpo, como en sus sucesivas encarnaciones, una vez que ha sobrevivido a la primera muerte. Sólo ahora, tras esta digresión, se puede comprender el cometido que desempeña el amor. El alma caída a tierra tiene las alas rotas y los orificios por donde surgen los brotes de su plumaje endurecidos y taponados. No obstante, al observar en el mundo la belleza de las cosas sensibles, que percibimos por el más penetrante de nuestros órganos sensoriales, el alma evoca el espectáculo espléndido que contempló antaño de la belleza en sí, que es de todas las ideas la que más claras imágenes de sí procura. El alma entonces siente un escalofrío, y a continuación un calor inusitado, pues de la belleza recibe una emanación con la que se reaviva la germi-

*nación del plumaje de sus alas. Es este el "flujo de
pasión", el* ἵμερος [5]*, que le hace sentir congoja cuando
algo se interpone entre ella y el ser amado, y alivio
de sus penas cuando está junto a él. A este estado se
le da el nombre de amor. Pero no todas las almas
tienen el suficiente poder evocador para remontarse
a la contemplación de la belleza en sí, cuando ven en
este mundo un reflejo suyo en la belleza corporal del
bello mancebo. De ahí que las que contemplaron por
menor tiempo el maravilloso panorama de las ideas,
intenten, sin más, satisfacer de un modo animal sus
deseos, cediendo a las instancias del caballo indómito.
En cambio, aquellas otras que tuvieron mayor iniciación en los misterios de antaño, resisten a la tenta-
ción, cooperando en la lucha dramática contra el caballo negro, tanto el auriga del alma como el disciplinado corcel que dócilmente obedece a su voz y sus
mandatos. Y una vez domeñado aquél, y al compor-
tarse el amante ante su amado con un íntimo sentido
de veneración y respeto, éste va viendo nacer progresivamente en él un sentimiento de afecto hacia su
enamorado. Llámalo amistad, pero se equivoca, porque lo que realmente tiene es también amor, es un*
ἀντέρως [6], *pues el flujo de pasión que se derrama so-*

---

[5] Platón hace derivar esta palabra de ἱέναι ("emitir"),
μέρος ("partícula") y ῥεῖν ("fluir"). A lo largo del diálogo se
podrán encontrar una serie de etimologías semejantes, que en
ocasiones no son meros juegos sino una forma cómoda de exposición doctrinal. "Platón —dice Robin (Introducción a 'la
ed. Budé, p. CXVII)— me parece emplear la etimología de la
misma manera que usa el mito, como un medio secundario de
hacer tangible una intuición, que, por razones accidentales o
profundas, es incapaz de revelar en una forma científica."

[6] Platón usa aquí el término en el sentido de "amor recíproco", "amor correspondido" que tiene el verbo ἀντερᾶν en
Esquilo, *Agamenón* 544: τῶν ἀντερώντων ἱμέρῳ πεπληγμένοι.

*bre el amante, en parte se desborda de él, y, como el
eco, vuelve de nuevo al punto de partida, penetrando
en el amado e inundándolo a su vez. De ahí que a
partir de entonces experimente los mismos sentimientos que el amante, y esté dispuesto a hacer todo lo
que éste le ordene. Por consiguiente, se pueden distinguir dos casos, según predomine en los respectivos
miembros de la pareja la parte mejor del alma o la
peor. En el primero llevará un régimen ordenado de
vida en el amor de la sabiduría, y una vez que mueran se habrán transformado en seres ligeros y alados,
habiendo vencido uno de los tres asaltos olímpicos,
lo cual quiere decir que, si por tres veces consecutivas logran* παιδεραστεῖν μετὰ φιλοσοφίας, *sus almas, ya
enteramente aladas, volverán otra vez a formar parte
del cortejo de los dioses, librándose de la rueda de
las sucesivas encarnaciones. Por el contrario, si escogen un régimen de vida vulgar, con el amor de los
honores, pero no de la sabiduría, es muy probable
que se imponga en ellos la parte peor de sus almas,
muriendo sin haber recobrado las alas, pero con el
vivo deseo de tenerlas. Esta otra pareja, si bien no
recibe la recompensa de la anterior, saca un provecho no menguado de su amorosa locura: el de no
descender al reino de Hades, y el de esperar en común
en un mundo de luminosidad el momento en que les
broten de nuevo las perdidas alas. Los falsos amantes,
en cambio, los puros hedonistas, los que no tienen
en sí el delirio divino de Eros, los que sólo buscan
bienes humanos y mezquinos, recibirán como castigo
después de terminar su vida el de andar errantes en
el Hades durante nueve millares de años.*

*El sentido salvacionista del amor es fundamentalmente aquí el mismo que en el Banquete. Si Platón
no ha llegado a las cimas alcanzadas en dicho diálogo*

es por una simple diferencia de objetivos. Entonces se trataba de formular una teoría del erōs filosófico, ahora de hacer su propaganda exponiendo los beneficios del amor sincero frente a un tipo de literatura que adulteraba el sentido y los fines de una de las fuerzas motrices más poderosas del hombre.

NATURALEZA Y DESTINO DEL ALMA

La teoría platónica del amor se implica, como ya hemos dicho en el capítulo anterior, en una teoría del alma. La divina locura del erōs, tal como la formula Sócrates en la "palinodia", tiene por misión la de elevar al hombre al mundo inteligible de las ideas, la de hacer recuperar a su alma las alas perdidas, la de reintegrarla, en suma, a su propia naturaleza. Interesa, pues, conocer la esencia del alma y su destino, antes de exponer los beneficiosos efectos que en ella produce el amor. Y esto es lo que hará Sócrates antes de revelar a Fedro su concepción definitiva de la amorosa locura. Para ello se precisa en primer lugar demostrar la inmortalidad del alma —que para el Sócrates-Platón significa lo mismo que su eternidad—, como previo requisito de su conocimiento de la realidad inteligible de las formas, y dar a conocer después su naturaleza y destino. Lo primero será objeto de una demostración racional, puramente dialéctica, aunque no se exprese en forma de preguntas y respuestas, y lo segundo de uno de los más hermosos mitos de Platón.

En una época en que la filosofía natural y las enseñanzas de los sofistas habían sembrado la duda en los espíritus sobre la pervivencia personal, el tema del alma era un problema acuciante e intranquiliza-

dor. *Platón lo había ya abordado en varias ocasiones
y desde diversos puntos de vista: en el* Gorgias *y en
la* República *fue objeto de sendos mitos escatológicos
en los que hablaba de penas y recompensas en el otro
mundo, y en el* Fedón *fue tratado no solamente desde
el punto de vista moral, sino también desde el ángulo
dialéctico. Pero, a pesar de todo, es bastante probable que al filósofo no le satisficieran sus propios argumentos, como lo muestra el hecho de lo mucho que
se dejaba en el diálogo a la esperanza, a la fe, a la
creencia religiosa. Las dudas, pues, que se cernían sobre los acongojados amigos de Sócrates no acababan
de disiparse del todo, y no se excluía la posibilidad de
una investigación posterior más amplia y más profunda
sobre el tema. Platón, ciertamente, no debió cejar en
su caza de un nuevo argumento que le llevase a una
total certidumbre sobre la inmortalidad del alma, hasta
encontrar éste del* Fedro, *que tan maravillosamente
desarrolla.*

*Sobre los anteriormente empleados tiene la nueva
prueba la enorme ventaja de enraizar en la filosofía
natural. En efecto, por Aristóteles* (De anima, 405 a
30) *sabemos que Alcmeón de Crotona, un médico contemporáneo de Pitágoras, sostenía que el alma es semejante a los seres divinos, porque siempre está en
movimiento. No sabemos hasta qué punto Platón es
independiente o subsidiario en su argumento de su
predecesor; lo más probable, empero, es que las concepciones de éste únicamente le hayan procurado la
premisa mayor de su razonamiento, el célebre:* ψυχὴ
πᾶσα ἀθάνατος, τὸ γὰρ ἀεικίνητον ἀθάνατον. *La prueba
que con él se dará, advierte Platón, no será digna de
crédito para los hombres hábiles, pero sí para los
sabios, aludiéndose con ello, según apunta certeramente Hildebrandt, a los filósofos materialistas como De-*

mócrito contra los que se había combatido también
en el Fedón. El comienzo del argumento, no obstante,
plantea una cuestión de crítica textual, al dar el Pap.
Oxy. 1017 la lección αὐτοκίνητον que como buena acepta Robin entre otros. Las razones que han dado Carlo
Diano [7] y Hackforth [8] en defensa de la lectura tradicional (apoyada por los testimonios de Cicerón, Hermógenes, Estobeo y Hermias) nos relevan de la obligación de tener que justificarla aquí in extenso. El
juicio τὸ γὰρ ἀεικίνητον ἀθάνατον no es una tautología, sino un axioma, un ἔνδοξον [9] que actúa de premisa mayor de todo el razonamiento. La proposición τὸ
αὐτοκίνητον ἀθάνατον, por el contrario, no lo es, y si
tal hubiera sido lo que Platón hubiera querido establecer en primer lugar, se comprende mal que más
adelante agregue: τὸ αὐτὸ κινοῦν οὔποτε λήγει κινούμενον,
apoyando su aserto con la expresión ἅτε οὐκ ἀπολεῖπον
ἑαυτό, e identificando τὸ αὐτὸ κινοῦν con la ἀρχὴ κινήσεως.

*Vista esta cuestión previa, pasemos a considerar la
prueba. El razonamiento procede de la siguiente manera. Si dentro de las cosas móviles las hay que se
mueven a sí mismas, y las que mueven a otras pero
de otras reciben a su vez su movimiento, lo que siempre se mueve habrá de pertenecer necesariamente al
primer tipo de móviles, puesto que una cosa no se
abandona jamás a sí misma. Aparte de esto, lo que
siempre se mueve es inmortal, porque al no cesar de
moverse, no puede cesar de vivir. Pero a su vez lo
que siempre está en movimiento es el principio del*

[7] "*Quod semper movetur aeternum est*", La parola del pasato II, 1947, pp. 189-92.
[8] *Plato's Phaedrus*, pp. 65-66.
[9] O una definición (ἀρχή), cf. el citado artículo de Carlo Diano.

movimiento (ἀρχὴ κινήσεως), *y en su calidad de tal es ingénito* (ἀγένητον) *e indestructible* (ἀδιάφθορον), *pues el pensar que el principio tenga a su vez un principio es una contradicción, y si el principio del movimiento cesara de existir, todo el movimiento del universo y todo el proceso de generación se detendrían, sin que pudiera haber un nuevo principio del movimiento. Ahora bien, habida cuenta de que los seres que se mueven a sí mismos son los animados* (ἔμψυχα), *es decir, los que tienen un alma, no habrá dificultad en identificar el alma con lo que se mueve a sí mismo. Y si esto es así, el alma es por necesidad inmortal, ingénita e indestructible.*

La nueva prueba, como se ha notado, tiene cierta afinidad con el último argumento del Fedón, al unir esencialmente la idea de la vida con el alma, pero tiene sobre aquélla la gran ventaja de no basarse únicamente en puros conceptos, sino en un hecho empírico: el movimiento. De ahí que con el tiempo se convirtiera en la demostración favorita de Platón para la existencia del alma (es la que reaparece en las Leyes 839 B—898 D). Y el mismo hecho también explica el que un espíritu tan científico como Aristóteles se sirviera ampliamente de ella para demostrar la existencia de un primer motor inmóvil, y el que muchos siglos después, nuevamente elaborada, se convirtiera en una de las piezas claves de la filosofía cristiana al recurrir a ella Santo Tomás para llegar a la existencia de Dios.

Una vez probada la inmortalidad del alma, Sócrates pasa a hablar de su naturaleza (οἷόν ἐστι), *recurriendo a un símil* (ᾧ ἔοικε), *dado el que la dificultad del tema descarta la posibilidad de un tratamiento dialéctico y exige el empleo de un lenguaje alegórico. De ahí que nos diga que el alma puede compararse con una biga alada, en la que el auriga cuenta con un corcel noble* y disciplinado, frente a uno de mala casta e indómito. Se ha discutido el origen de esta comparación, y se ha pretendido con mayor o menor éxito quitarle el mérito a Platón de su descubrimiento. Lo que es un hecho evidente es que el filósofo, si de alguien la ha tomado, la ha elaborado hasta el punto de hacer de la descripción de ambos caballos, y de la lucha del auriga una pieza maestra de la literatura griega. Pero no es esto lo que aquí nos interesa discutir, y sí el considerar los problemas que esta alegoría entraña.

La rebuscada perífrasis con la que Platón introduce la metáfora (ἐοικέτω δὴ συμφύτῳ δυνάμει ὑποπτέρου ζεύγους τε καὶ ἡνιόχου) tiene, sin duda, por objeto el resaltar la unidad del alma que no se destruye con esta su tripartición. Pero, no obstante, aunque Platón distinguiera perfectamente entre las nociones de unidad y simplicidad, las dificultades que con dicha composición se suscitan se cuentan entre los más espinosos problemas de su filosofía, según vamos a ver acto seguido. Pero primero tratemos de descubrir el significado de la alegoría. Qué son el cochero y los dos corceles no se nos dice en todo el discurso, y sólo un lector del libro IV de la República sería capaz de reconocer en ellos el λογιστικόν μέρος, o parte reflexiva del alma, τὸ θυμοειδές, la pasional, y τὸ ἐπιθυμητικόν, la apetitiva. La misma tripartición se vuelve a encontrar en el Timeo, donde se designan incluso lugares del cuerpo en los que dichas tres partes del alma tienen su sede.

La concordancia entre estos tres diálogos es evidente y no habría problemas, si no se comparase esta doctrina con la del Fedón, donde el alma aparecía como algo simple, y quedaba reducida a la parte puramente intelectiva (νοῦς), pudiéndose encontrar el eco de esta concepción en otros pasajes platónicos (como, por ejemplo, en la República, X, 611 D-612 A), en *los que parece sugerirse que el alma en su verdadera naturaleza es simple. Las dificultades se agravan si se tiene en cuenta que en el libro X de las* Leyes *(897 A) se asignan al alma del mundo otros muchos componentes. Y de todo ello surge la natural pregunta de cuál ha sido la verdadera opinión del filósofo sobre esta cuestión: ¿consideraba Platón el alma como algo simple, o bien como una unidad resultante de la composición de dichas tres partes?*

El problema se implica con el de la inmortalidad del alma y con el de las relaciones entre ésta y el cuerpo: ¿son las apetencias y pasiones parte esencial del alma e independientes de su encarnación en un cuerpo, inmortales, por tanto, del mismo modo que la razón? ¿Derivan, por el contrario, del cuerpo, y con él perecen, siendo lo único que hay inmortal en nuestra alma el νοῦς?

En la primera de estas hipótesis se podría comprender la caída del alma, que no sería debida a otra cosa sino a su vehemente deseo de contemplar la verdadera realidad, por paradójico que esto pudiera parecer. En la segunda, resulta inconcebible que la parte puramente intelectiva pudiera encarnar en un cuerpo terrestre, excluyéndose, además, como dice con razón Hildebrandt, toda posibilidad de inmortalidad personal.

¿Cuál ha sido la verdadera creencia de Platón? Resulta aventurado alinearse en una u otra postura, pues el filósofo ha oscilado a lo largo de su vida entre uno y otro miembro de la alternativa. En la República, *611 C (pese a decidirse por la simplicidad del alma), ha comparado el alma humana con el dios marino Glauco, que, por su vivir continuo en el agua, tiene pegados a su cuerpo moluscos y algas como la quilla de un navío, pudiéndose encontrar de igual modo en el alma adherencias que son debidas a su contacto con*

el cuerpo. Esta concepción es la que aparece en el Timeo (69 C y ss.) donde se restringe la inmortalidad a la parte racional. En nuestro diálogo, sin embargo, la atribuye a cochero y corceles, siendo todos ellos partes esenciales no sólo del alma de los hombres, sino también del alma de los dioses.

Pretender extraer de todos estos datos contradictorios un sistema psicológico coherente en Platón es empresa perdida. La razón de todas estas incoherencias y contradicciones es la apuntada arriba. Platón se mueve entre distintas concepciones del alma, especialmente entre la órfico-pitagórica que la tenía por algo divino, simple, puramente racional, y divorciado de toda función física, y otra, procedente de la filosofía natural, que la consideraba como el principio de la vida y del movimiento. Ahora bien, de la consideración de los distintos "movimientos" que el alma produce en el cuerpo —afectos, pasiones—, se revelaba en última instancia, como Aristóteles[10] *se encargó de observar, que el puro pensamiento no mueve nada (διάνοια αὐτὴ οὐδὲν κινεῖ), existiendo otras partes en ella —voluntad y apetitos— que ejercen sobre aquél, de acuerdo o no con la razón, su influencia. De ahí la alternativa, simplicidad o composición del alma, que Platón no llegó nunca a resolver.*

Dejemos, pues, aquí la discusión de la tripartición del alma, y pasemos a considerar su destino una vez que no es conocida su inmortalidad y esencia. A partir de este momento nos movemos ya en pleno mito, llegando la "palinodia" a su más alto grado de exaltación. Sócrates gradualmente ha ido penetrando en un estado de inspiración poética, debido, en primer lugar,

---

[10] *Etica a Nicómaco* 1139 *a* 36. Debemos la referencia a Hackforth, *Plato's Phaedrus*, p. 76.

al contagio de los transportes coribánticos de su amigo, a la influencia telúrica, después, de Pan y las ninfas del lugar, y, por último, al divino entusiasmo de Eros.

El alma, cuando es alada, camina por lo alto y rige el mundo entero; cuando ha perdido sus alas cae y encarna en un cuerpo terrestre, pues la naturaleza del ala es la de levantar lo pesado hacia lo alto, y como lo más divino que hay entre las partes del cuerpo, se alimenta de lo que es afín a lo divino: lo bello, lo sabio y lo bueno, destruyéndose con lo contrario de esto. Ahora bien, ¿cómo ha podido perder el alma las alas que poseyó antaño? Preciso es para explicarlo hablar de su vida antes de encarnar en un cuerpo mortal, contar el mito de su predestinación, que habrá de completar el de su destino final, una vez que, entrada en la rueda de la generación, ha quedado separada por la muerte del cuerpo en que había encarnado.

Las almas siguen el cortejo de los dioses que encabeza Zeus, encuadradas en once escuadrones al mando cada uno de un dios, pues Hestia se queda en casa sin participar en esta divina comitiva. De este modo se encaminan hacia la parte más elevada del cielo, y una vez que han llegado a sus confines, salen afuera de la bóveda superior, y apoyadas en ella, se dejan transportar por su movimiento circular, mientras contemplan el lugar supraceleste en el que tienen su sede las verdaderas realidades: la justicia, la templanza, el conocimiento y la belleza. Reconfortadas por esta visión, tras recibir el alimento que les es propio, de nuevo se introducen en el interior del cielo, y el cochero —para quien únicamente son visibles aquellas Ideas—, al regresar a casa, lleva a la cuadra sus corceles, y les da de comer ambrosía y de beber néctar.

Mas esto sólo lo pueden hacer sin dificultad las almas de los dioses cuyos cocheros y corceles son per-

fectos. Las demás almas, al tener que conducir un mal caballo, indisciplinado, y que gravita hacia tierra, se esfuerzan por seguir a aquéllas, pero no todas pueden. Tropiezan, chocan unas con otras, a veces se elevan, otras se hunden, y la que más tan sólo consigue asomar la cabeza del auriga al lugar supraceleste y contemplar a duras penas las realidades. Y en esta pugna por elevarse, a muchas se les quebrantan las alas, y muchas también se tienen que retirar sin haber sido iniciadas en la contemplación del Ser, quedando obligadas a alimentarse de la opinión.

Y así se explica la predestinación del alma. En efecto, según la "ley de Adrastea", toda alma que haya podido contemplar alguna de las Ideas se librará de encarnar en un cuerpo hasta la próxima revolución. Las que, por el contrario, hayan perdido por cualquier desgracia sus alas y caído a tierra, habrán de encarnar en un cuerpo terrestre, liberándose en la primera generación de hacerlo en un cuerpo de animal. Y según su grado de iniciación, según hayan podido ver más o menos, así será la vida que hayan de llevar en la tierra. Se establece, pues, una jerarquización entre los hombres que depende de la conducta preempírica del alma, lo que tiene un paralelo en el Timeo [11]*, aunque allí es Dios quien coloca a las almas antes de nacer en el lugar donde podrán hacer el mayor bien o el menor mal, y aquí, en cambio, la vida en apariencia humana es determinada por la conducta moral del alma, ya antes de entrar en la generación. Hay, por consiguiente, una escala de valores en la tipología humana que comprende nueve grados, quedando incluidos en el primero los filósofos y en el último el tirano, el hombre más despreciable para Platón. Los*

---

[11] 41 D-42 D, 90 A-C, 91 D-92 C.

adivinos y los poetas quedan en los más bajos escalones, así como los artesanos y agricultores, en tanto que los reyes justicieros y los guerreros tienen reservados los más altos, ocupando el lugar intermedio los médicos y los que se dedican al cuidado del cuerpo. Pretender sacar conclusiones de esta clasificación nos parece aventurado. Al trazarla, Platón no sólo se ha dejado llevar por sus ideas filosóficas, sino también por sus gustos aristocráticos y el desprecio general en Grecia por el trabajo manual.

Mas una vez encarnada el alma en el cuerpo de hombre que determina su calidad, le espera un destino post mortem que depende en parte de su conducta moral en la vida, ya que al transcurrir diez milenios todas las almas habrán de volver por igual al mismo lugar de donde han venido. Después de la primera muerte, las almas son sometidas a un juicio, recibiendo como premio, las que han vivido justamente, el de ser elevadas a "cierto lugar del cielo", y como castigo, las que pasaron su vida en la injusticia, el de ser conducidas a los lugares de expiación del Hades. Pero esta recompensa o castigo, dependiente de la primera vida del alma, no es eterno, teniendo sólo una duración de mil años, transcurridos los cuales el alma deberá de nuevo encarnar.

Su segunda vida es determinada por un sistema mixto de elección y sorteo, tal como lo desarrolla el mito de Er en la República, sin cuyo conocimiento no se podría comprender bien este lugar. Lo más importante en este momento es que el alma puede encarnar en el cuerpo de un animal, y viceversa, la que había estado en el cuerpo de un animal, hacerlo de nuevo en el de un hombre. Este tipo de metempsicosis, empero, de clara raigambre pitagórica, se presta a ciertas dificultades que Platón ha pretendido soslayar. Si no hay di-

ferencia entre las almas, si ocupan éstas indiferentemente cuerpos humanos, o de fieras (incluso de astros: πᾶσα ψυχὴ παντὸς ἐπιμελεῖται τοῦ ἀψύχου, πάντα δ' οὐρανὸν περιπολεῖ, ἄλλοτ' ἐν ἄλλοις εἴδεσι γιγνομένη se dice en 256 B), ¿cómo explicar entonces que los animales no tengan razón? La respuesta será la siguiente: en forma de animal tan sólo puede encarnar el alma que no haya contemplado ninguna de las realidades, porque lo propio del hombre es comprender según lo que se llama "idea", es decir, según una representación mental unitaria a la que llega a partir de la pluralidad de las cosas sensibles, por un proceso de ἀνάμνησις. Y es evidente que en el alma que no haya tenido la visión de las esencias dicho proceso de reminiscencia no puede operarse. De ahí también que, para que pueda pasar el alma del cuerpo de un animal a la apariencia humana, haya tenido previamente que haber encarnado en esa forma. Y si en este último caso se preguntara qué había sido de la facultad evocadora de las ideas durante su período de vida animal, se podría contestar en última instancia que se mantuvo en estado letárgico, como la razón en el niño.

Con todo, la principal dificultad que suscita la teoría de la transmigración de las almas, tal como aparece en Platón, queda sin resolver. Un alma que cambia sucesivamente de cuerpos sin conservar en absoluto el recuerdo de sus experiencias en las distintas vidas carece de personalidad. Este no era el caso de la metempsicosis pitagórica, al recordar el maestro sus vivencias en anteriores encarnaciones. En cuanto a la ἀνάμνησις, puramente racional, de las realidades inteligibles es una cualidad rayana en lo impersonal o, si se quiere, sobrepersonal. Las almas tal como aparecen en la doctrina de Platón quedan reducidas a la categoría de simples fuerzas animadoras del cosmos, pese a su índole espiritual. *Pero contra este obstáculo, que parece oponerse a la pervivencia individual del hombre, irrumpe violentamente el fuerte sentido platónico de la personalidad que con tan elevados tonos vibra en la descripción de la lucha interior del alma, y en la de los efectos redentores del amor. Pues excepción dentro de la rueda de las generaciones son los que han filosofado sin engaño o amado a los mancebos con filosofía. Sus almas, si por tres veces consecutivas han escogido el mismo tipo de vida, regresan al cumplirse el tercer milenio al mismo punto del que han partido. ¿Cabe pedir otra formulación más clara de la persistencia individual?*

RETORICA Y DIALECTICA

La súplica con la que Sócrates termina su segundo discurso, pidiendo a Eros que Lisias cese de dedicarse a tales composiciones y se entregue de corazón a la filosofía, preludia en cierto modo lo que va a ser el objetivo perseguido en la segunda parte del diálogo. Toda ella, en efecto, no va a ser más que un llamamiento a la retórica para que supere el abismo que la separa de la filosofía. Y una vez que los discursos pronunciados procuran los ejemplos necesarios de lo que se debe hacer y de lo que no se debe hacer en la oratoria, el resto de la discusión se ha de centrar en los siguientes puntos. En primer lugar, en la crítica de la teoría y la praxis de la retórica del momento. En segundo lugar, en bosquejar los fundamentos sobre los que se puede apoyar un arte oratoria verdaderamente científica que una en armoniosa síntesis las enseñanzas de la retórica con el método filosófico. Y, por último, en exponer en qué consiste este método, que Platón llama "dialéctico".

El nuevo tema de la discusión se introduce al hacer constar Fedro sus temores de que Lisias no se muestre dispuesto a competir con el segundo discurso de Sócrates, componiendo a su vez otro, toda vez que recientemente fue censurado por un político por su profesión de componedor de discursos (λογογράφος). A ello responde Sócrates que el mero hecho en sí de escribir no es nada reprochable, sino el hacerlo mal, tomando la palabra logographia *no en su sentido habitual, sino en el etimológico de escribir discursos sobre cualquier materia. Sobre esta cuestión se habrá de volver al final del diálogo (274 B — 278 B), exponiendo Platón sus puntos de vista sobre la enseñanza escrita y la oral. Por el momento, esta introducción tiene por objeto el avisar al lector que el término retórica no se habrá de tomar en su sentido habitual, sino en otro mucho más amplio, abordándose definitivamente el tema verdadero de la discusión en 259 E, después de narrarse el delicioso mito de las cigarras.*

El ataque de Sócrates contra la retórica del momento se centra en la indiferencia que profesa con respecto a la verdad. ¿Es o no un requisito necesario para que un discurso sea bueno el que el orador conozca la verdad de aquello sobre lo que está hablando? Fedro habrá de responder que, según ha oído decir, el orador no debe aprender lo que es justo o bueno en la realidad, sino aquello que lo haya de parecer a los jueces. Y su respuesta, que expresa el sentir de los oradores de su época, preocupados exclusivamente de hacer triunfar su criterio tanto en los tribunales como en las asambleas políticas, adolece de dos defectos fundamentales: apreciar el εἰκός, *lo verosímil, sobre la verdad,* τὸ ἀληθὲς, *y el tener un concepto excesivamente* estrecho de lo que es el arte oratoria. Por ello se impone dar una definición de la retórica y hacer un examen de las pretensiones de la retórica al uso de ser una disciplina científica, una τέχνη en su sentido estricto.

El arte oratoria, según Sócrates, no es sino una ψυχαγωγία, un medio de seducir las almas por medio de la palabra, tanto en los tribunales y demás reuniones públicas como en las reuniones privadas. Con ello su esfera de aplicación se amplía notablemente, al caber dentro del nuevo concepto de retórica no sólo la oratoria judicial (el γένος δικανικόν), la política (γ. δημηγορικόν), y la de aparato (γ. ἐπιδεικτικόν), sino también las mismas aporías de un Zenón de Elea, que con la fuerza de su palabra hacía tener a su auditorio las mismas cosas por semejantes y diferentes, únicas y múltiples, móviles e inmóviles. La retórica, pues, es el arte de la antilogía, de la controversia, el arte que confiere a un individuo la capacidad de hacer semejante a todo todas las cosas susceptibles de ello, y asimismo la de sacar las cosas a la luz, cuando es otro el que realiza este proceso de ocultación de la verdad.

Ahora bien, para que el orador pueda realizar el engaño de su auditorio, sin ser él mismo engañado, tiene que conocer perfectamente la realidad de las cosas, sus semejanzas y sus diferencias, con el fin de poder hacer gradualmente el tránsito de una cosa a su contraria, pasando inadvertido a quienes le escuchan. La condición, pues, del arte retórica para ser tal, ha de ser el conocimiento de la verdad, la de basarse en la ἐπιστήμη y no en la δόξα.

Pero ¿cumple con este requisito la retórica profesada por los maestros de oratoria? En modo alguno, pues éstos, en lugar de molestarse en buscar el verdadero objeto sobre el que versa su arte, se han *preocupado como Tisias de elaborar la teoría del* εἰκός, *o bien de dar una serie de preceptos positivos que no constituyen el verdadero objeto de este arte, sino las condiciones previas para el mismo. Así han hablado de la disposición del discurso, acuñando una serie de términos técnicos como* προοίμιον, διήγησις; ἐπάνοδος, *para distinguir sus diferentes partes, pero se les ha escapado algo fundamental, y es que lo primordial en todo discurso no es esta artificiosa disposición, sino su articulación lógica, es decir, el ofrecerse como un organismo vivo provisto de cabeza, tronco y extremidades, de partes, en suma, congruentes entre sí y con la totalidad del conjunto. De ahí engendros como el "Erótico" de Lisias, cuyas partes parecen haberse tirado en revoltijo, y que no se diferencia en nada del epigrama de Midas, cuyos versos pueden leerse indiferentemente en un orden u otro. Han hablado asimismo de la* ἐκλογὴ τῶν ὀνομάτων, *distinguiendo una correcta dicción* (ὀρθοέπεια) *y varios estilos de expresión como la* διπλασιολογία, *la* γνωμολογία *y la* εἰκονολογία. *Han hablado, por último, del modo de producir estados de ánimo diferentes en el auditorio, pero desconocen lo principal: a quiénes se deben dirigir tales discursos, en qué momento y hasta qué punto. Exactamente igual que un individuo que conociera determinados medicamentos y sus efectos, pero ignorara el tipo de enfermos a quienes se deben aplicar. Por todo ello la retórica de los manuales no debe considerarse un arte, sino una pura rutina, una* ἄτεχνος τριβή.

Ahora bien, cabe una posibilidad de instauración de un nuevo género de retórica que sea verdaderamente científica, si se supera la antinomia existente entre filosofía y oratoria, si esta última se decide a plantearse con la misma seriedad que aquélla el problema del conocimiento. Pues, sin duda, el orador ha de conocer el objeto sobre el que se dispone a hablar, discerniendo si es un concepto de los que no se prestan a dudas en el auditorio, o bien si es uno de aquellos, como son los conceptos del bien o de la justicia, que dan pie a múltiples interpretaciones. Y en la exposición del tema ha de proceder como lo hicieron los dos discursos de Sócrates. Ambos hablaron sobre el amor, una de las cosas que a más erróneas interpretaciones se prestan, y pasaron gradualmente del vituperio a la alabanza. Pero esto lo pudieron hacer porque partieron previamente de una definición, porque le consideraron unitariamente como una forma de locura, y después le fueron dividiendo en sus especies. Uno de ellos hizo la disección de sus partes siniestras, vituperándole muy en justicia, y el otro en cambio se dirigió hacia la parte divina de esa locura, haciendo con razón su alabanza. El método que siguieron consta, pues, de dos momentos, uno de ellos es la "colección" (συναγωγή), es decir, "el llevar con una visión de conjunto a una sola forma lo que está diseminado en muchas partes", y el otro es la "división" (διαίρεσις), o sea el ir distinguiendo especies dentro de lo que se presenta como una unidad, siguiendo las articulaciones del objeto. Platón le da a este método filosófico el nombre de "dialéctico" (formado sobre διαλέγεσθαι "conversar"), que como denominación tenía un antecedente en la definición de Alcidamante [12] de la retórica como διαλογική τέχνη o "arte conversacional". Sin embargo, el sentido que da Platón al término por él acuñado es mucho más profundo: "la palabra διαλεκτικός —dice Hackforth [13]— significaba primariamente para Platón

---

[12] Cf. Mras, *Wiener Studien*, XXXVI, 1914, p. 311 y número 4, a quien debemos la referencia.
[13] *Plato's Phaedrus*, p. 135.

'*perseguidor de una seria investigación*', *como opuesto a* ἐριστικός, *y en su origen ha debido adoptarse para expresar su convicción de que la conversación* (διαλέγεσθαι) *de Sócrates con los que deseaban unirse a él en la búsqueda de la verdad era completamente diferente en objetivo y espíritu al porfiado disputar* (ἐρίζειν) *de hombres como Eutidemo o Dionisodoro*". Y lo que con el método así llamado se pretende es la adquisición gradual del conocimiento, mediante una clasificación de los conceptos en géneros y especies, no puramente subjetiva, sino ajustada a las condiciones de la realidad.

La base metodológica de la retórica es, por consiguiente, puramente filosófica, como más adelante vuelve a poner de relieve Sócrates, al citar a Pericles como un orador consumado, y dar como razón de su arte el que se hubiera llenado de "meteorología" —es decir, de especulaciones de altos vuelos— por su trato con Anaxágoras. Pues todas las artes importantes necesitan como aditamento el "charlatanear" (es decir, el discutir ampliamente) y el "meteorologizar" sobre la naturaleza. Y con ello se quiere decir, no que todas las artes hayan de fundarse en una cosmología como erróneamente se suele interpretar este aserto, sino que deben plantearse seriamente el problema de la naturaleza del objeto sobre el que versan.

Ahora bien, si la retórica tiene una esfera de aplicación que abarca toda clase de discursos y temas, tiene un único objeto: el alma del hombre. La retórica, en efecto, tiene la misma particularidad que la medicina, ya que si esta última requiere analizar la totalidad del cuerpo humano, para poder aplicarle con conocimiento de causa las debidas medicaciones que le procurarán la fuerza y la salud, aquélla necesita analizar la del alma, para estar en situación de dirigirle los discursos capaces de inculcarle las convicciones que se le quiera conferir. Y para realizar este análisis del alma se seguirá el método hipocrático empleado en el estudio del cuerpo, y que no es en esencia más que el método dialéctico anteriormente expuesto. Se habrá de ver primero si es algo simple o compuesto. Si es algo simple se examinarán sus facultades, tanto para el obrar como para el padecer. Si es compuesto, se enumerarán sus partes, y se procederá en cada una de ellas como en el caso de lo simple.

Con esto quedan sentadas las bases teóricas sobre las que ha de apoyarse la retórica científica. Las almas deben clasificarse según el método expuesto, y lo mismo debe hacerse con los discursos, deduciéndose de ambas clasificaciones paralelas qué clase de discursos son aptos para persuadir a determinada especie de almas, y qué otros no. Esto, en cuanto a la teoría. Pero para ser un orador consumado no basta con ella; hay que poseer además la facultad de poder discernir en la práctica el género de hombres con que se enfrenta uno, la de reconocer la oportunidad o inoportunidad del hablar o del callarse, y la del saber emplear certeramente los recursos catalogados por los manuales al uso. Todo ello es cuestión de dotes naturales (φύσις) y de práctica (μελέτη). El camino, empero, a recorrer para llegar a convertirse en un buen orador es arduo, y surge la cuestión de si no habrá otro más corto que conduzca a la misma meta. Sócrates, para responder a esta pregunta, somete a un nuevo examen la teoría del εἰκός *(272 B-274 B)* de Tisias, llegando a la conclusión de que tal proceder es un absurdo, y que no hay otra senda que conduzca a la verdadera retórica que la expuesta.

Ahora bien, si el esfuerzo parece grande, y si esta formulación del perfecto orador semeja un ideal casi imposible de alcanzar, no por eso el estudiante habrá de arredrarse, pues la verdadera finalidad que debe alentarle no ha de ser el mero afán del éxito, sino "el poder decir cosas gratas a los dioses, y el obrar en todo, según sus fuerzas, del modo que les es grato". La retórica con ello no sólo ha transcendido del plano de la opinión en que se movía al del verdadero conocimiento, sino también ha rebasado la esfera de la amoralidad, para dar el salto definitivo a la de la moral. Nos encontramos ya frente al orador entendido como vir bonus dicendi peritus. *La síntesis armoniosa entre filosofía y retórica se ha conseguido plenamente, o para expresarnos con la terminología de Diès, la transposición de la retórica al platonismo se ha realizado de una manera total.*

A Sócrates no le queda más que el tratar la cuestión que se esbozó al comienzo de la segunda parte del diálogo: la de la conveniencia o no del componer discursos escritos, planteándose el problema dentro de los amplios límites en que le encuadraba el sentido que se dio previamente al término logographia. *Se ha de ver aquí el eco de una polémica entre Alcidamante* [14], *partidario de la improvisación, e Isócrates, cuyas dotes naturales le impedían el ejercicio de la oratoria, y centraba sus enseñanzas especialmente en los discursos escritos. El mito de Theuth y de Thamus muestra bien a las claras cuál es la postura personal de*

---

[14] Alcidamante, en su discurso *Contra los que componen discursos escritos o sofistas*, ha emitido en lo fundamental los mismos conceptos que expresa aquí Platón: la palabra tiene vida (ἔμψυχός ἐστι καὶ ζῆ, 28), las letras son εἴδωλα καὶ σχήματα καὶ μιμήματα λόγων (cf. PAUL FRIEDLAENDER, *Platon, Eidos, Paideia, Dialogos*, cap. V, *Das geschriebene Werk*, pp. 129-30).

Platón. El escribir debe considerarse a lo más como un pasatiempo (παιδιά), *no como una ocupación seria, y su justificación sólo puede encontrarse en el hecho de querer atesorar recordatorios para la vejez. A la palabra muerta, hierática como las figuras de un cuadro, que siempre dice lo mismo y no puede ni responder a las preguntas que se le hacen, ni defenderse si es injustamente atacada, se debe preferir la palabra viva; ese discurso vivo y animado, cuya imagen imperfecta es el escrito, que al sembrarse en otras almas engendra a su vez otros discursos capaces de transmitir indefinidamente la semilla del saber.*

Pero estas afirmaciones hechas por Platón no dejan de extrañarnos: ¿es el Sócrates histórico quien verdaderamente habla, o el propio autor de este maravilloso diálogo? Si es así, ¿es sincero?, ¿hemos de creer que tenía en tan poca estimación su obra de escritor —y ya contaba en su haber con un buen número de diálogos— que la consideraba meramente un juego? De la sinceridad de esta opinión no cabe dudar, puesto que coincide con lo que dice en la epístola VII a propósito de la impropiedad de la palabra escrita como medio de enseñanza filosófico[15]. *Pero de ahí a creer que Platón no tuviera estima a su obra literaria hay mucho trecho. Para entender el verdadero alcance de la condena de la palabra escrita es menester leer el mensaje que Sócrates le encarga a Fedro llevar a Lisias y a todo escritor pasado y futuro. Únicamente tienen valor las obras de aquellos que las compusieron con conocimiento de la verdad, de aquellos que pueden salir en su defensa, y dejar con sus palabras empequeñecidos los productos de su plu-*

---

[15] 341 C-342 A, 343 E-344 D, y la misma opinión aparece en el *Protágoras*, 329 A.

ma, de aquellos, en suma, que pueden recibir con propiedad el nombre de filósofos, es decir, de amantes de la sabiduría [16]. Carecen de él las que tan sólo pueden mostrar un mérito meramente formal y son el resultado de un laborioso trabajo literario, sin que la calidad de su contenido iguale al pulimento de su estilo. Por otra parte, debe tenerse en cuenta que Platón enfoca la cuestión desde el punto de vista de la παιδεία [17], en la que, sin duda alguna, las enseñanzas orales del maestro, o mejor dicho, el διαλέγεσθαι, de éste con sus discípulos, producen muchos mejores frutos en la búsqueda de la verdad que no la letra muerta de los libros.

---

[16] Platón considera la escritura como un arte imitativo, inferior, por consiguiente, en todos los respectos al original, la palabra viva. Ahora bien, entre los productos de la escritura se han de distinguir los de la poesía, cuyo mero fin es agradar, y los de la filosofía, que son imitaciones de la verdad (cf. Friedlaender, *op. cit., l. c.*).

[17] Cf. H. Ll., Hudson-Williams, *Three Systems of Education. Some Reflections on the Implications of Plato's Phaedrus.* Oxford, univ. Pr. 1954.

FEDRO

Sócrates, Fedro

Sócrates.—Amigo Fedro, ¿adónde vas ahora, y de dónde vienes?

Fedro.—De estar con Lisias, Sócrates, el hijo de Céfalo[1], y voy a dar un paseo fuera de la muralla, porque allí pasé mucho tiempo sentado desde el amanecer. Y haciendo caso a nuestro común amigo Acúmeno[2], hago los paseos por los caminos, ya que, según afirma, son menos fatigosos que los que se dan en los lugares de costumbre[3].

Sócrates.—Pues lo dice con razón, compañero. Pero, a lo que parece, Lisias estaba en la ciudad.

---

[1] Céfalo, siracusano de nacimiento, se había establecido en Atenas por consejo de Pericles, y poseía en el Pireo una importante fábrica de escudos. Según se deduce del comienzo del libro I de la *República* estaba bien relacionado con los círculos intelectuales atenienses. Tanto él como sus hijos Lisias y Polemarco, a quien se menciona en este mismo diálogo (257 B), pertenecían al partido democrático, lo que tuvo funestas consecuencias para la familia. Durante el régimen de los Treinta Tiranos Polemarco fue ejecutado y Lisias tuvo que huir a Mégara.

[2] Médico de renombre y padre de Erixímaco, médico también y uno de los interlocutores del *Banquete*. Ambos son mencionados en 268 A. Fedro, según se pone de relieve en el diálogo anterior (176 D), prestaba gran crédito a las prescripciones de uno y otro.

[3] Δρόμος ("lugar de paseo") se aplica especialmente a los pórticos de las palestras.

Fedro.—Sí, con Epícrates [4], en esa casa que está cerca del templo de Zeus Olímpico, la de Mórico [5].

Sócrates.—¿Y en qué empleasteis el tiempo? Evidentemente Lisias os agasajó con sus discursos, ¿no?

Fedro.—Te enterarás si tienes tiempo de escucharme paseando.

Sócrates.—Por supuesto. ¿Crees que yo no estimaría como algo "por encima incluso de urgente quehacer", según dice Píndaro [6], el escuchar en qué os entretuvisteis tú y Lisias?

Fedro.—Adelante, entonces.

Sócrates.—Puedes hablar.

Fedro.—Por cierto, Sócrates, que lo que vas a oír es algo que te concierne, pues el tema sobre el que departimos estaba relacionado, no sé de qué manera, con el amor. En efecto, ha representado Lisias en un escrito a un bello mancebo requerido de amores, pero no por un enamorado; que en esto mismo reside la sutileza de su composición, puesto que dice que se ha de otorgar el favor a quien no está enamorado con preferencia al que lo está.

Sócrates.—¡Qué magnanimidad la suya! Ojalá escribiera que se debe ceder al pobre mejor que al rico, al viejo mejor que al joven y a cuantos reúnen las condiciones que hay en mí y en la mayoría de nosotros. Sus discursos entonces, a la vez que elegantes, serían de utilidad pública. Pero tan dominado

---

[4] Probablemente el mismo personaje que aparece en Aristófanes, *Eccl.* 71, del que dice el Escoliasta a dicho lugar que era un orador y demagogo.

[5] Fastuoso personaje, célebre por sus fiestas que gozaban de mala reputación. El templo de Zeus Olímpico, comenzado en tiempos de Pisístrato, permaneció desde su muerte hasta Antíoco Epífanes sin concluir.

[6] *Istmicas* I, 2.

estoy por el deseo de escucharte, que, aunque prolongues tu paseo hasta Mégara [7], y llegando, según la prescripción de Heródico [8], hasta la muralla, vuelvas sobre tus pasos, no hay miedo de que me quede a tu zaga.

FEDRO.—¿Cómo dices, amigo Sócrates? ¿Crees que lo que con mucho tiempo y calma compuso Lisias, el más hábil escritor de los de ahora, lo voy a repetir de memoria yo, que no soy un profesional, de un modo digno de él? Lejos estoy de ello. Y eso que quisiera poderlo hacer más que el entrar en posesión de una gran fortuna.

SÓCRATES.—¡Ay, Fedro!, si yo no conozco a Fedro, me he olvidado también de mí mismo. Pero no ocurre ninguna de las dos cosas. Bien sé que esa persona, puesta a oír el discurso de Lisias, no lo escuchó tan sólo una vez, sino que, volviendo muchas veces a lo dicho, le invitó a repetirlo, y aquél se dejó persuadir gustoso. Mas ni siquiera le bastó con esto, que, tomando consigo el manuscrito, terminó por inspeccionar lo que más deseaba. Y ocupado en este menester desde el alba, desfallecido de estar sentado, salió a pasear, sabiéndose de memoria, según creo yo, ¡por el perro!, el discurso, si no era uno excesivamente largo. Encaminóse entonces por fuera de la muralla para repasarlo, y habiéndose encontrado con uno que está loco por oír discursos, al verlo, se alegró porque iba a tener quien le acompañase en sus trans-

---

[7] Pequeña ciudad del istmo de Corinto a corta distancia de Atenas.
[8] Médico mencionado en el *Protágoras*, 361 E, y en la *República* I, 406 A. La alusión de Sócrates a los paseos higiénicos recomendados por Heródico no está exenta de ironía, dado el carácter de Fedro tan inclinado siempre a prestar fe ciega a los consejos de los médicos.

portes de Coribante⁹, y le invitó a seguir su camino. Pero, cuando el amante de discursos le pidió que lo pronunciara, hacía melindres como si no estuviera deseando declamarlo, pero al final habría de pronunçiarlo a la fuerza incluso, si su auditorio no se mostraba dispuesto a escucharlo. Así que tú, Fedro, pide a ese hombre que haga ya a partir de este momento lo que tal vez hará de todas formas.

Fedro.—Para mí, en verdad, es con mucho lo mejor el declamarlo tal y como pueda, puesto que me da la impresión de que no me soltarás por nada del mundo, hasta que lo pronuncie de una manera o de otra.

Sócrates.—Muy verdadera es la impresión que te doy.

Fedro.—Entonces así lo haré. Pero, para decir verdad antes que nada, Sócrates, no me aprendí de memoria las palabras. No obstante, el sentido de casi la totalidad de los pasajes, en los que expresó las diferencias entre la condición del enamorado y la del no-enamorado, lo expondré en sus puntos capitales y por orden, cuestión por cuestión, empezando desde el principio.

Sócrates.—No sin mostrar primero, amor mío, qué es lo que tienes en tu diestra debajo del manto, pues conjeturo que es el mismísimo discurso. Y si esto es así, hazte a la idea en lo que a mí respecta

---

⁹ Los Coribantes eran sacerdotes de Cibele, en cuyo honor celebraban unas danzas frenéticas. Platón gusta mucho de la metáfora κορυβαντιᾶν para indicar un arrebato de tipo intelectual, encontrándose en su obra cinco textos relativos a los Coribantes además de éste: *Eutid.* 277 D-E, *Leyes* 790 D-791 A *Critón* 54 D, *Ión* 533 C-534 B, 536 C y *Banq.* 215 E (cf. Iván Linforth, *The Corybantic Rites in Plato; Univ. of California, Publicat. in Class. Philol.* XIII, 1946, pp. 121-62).

de que, si bien yo te estimo mucho, estando de hecho presente Lisias, no estoy dispuesto en absoluto a prestarme a que ensayes a mi costa. Ea, pues, muéstralo.

FEDRO.—Para. Me has arrancado, Sócrates, la esperanza que tenía de ejercitarme contigo. Pero, ¿dónde quieres que nos sentemos a leerlo?

SÓCRATES.—Desviándonos por aquí, marchemos a lo largo del Iliso [10]. Luego nos sentaremos con tranquilidad donde nos parezca bien.

FEDRO.—Oportunamente, al parecer, da la casualidad de que estoy descalzo [11], pues tú, por descontado, lo estás siempre. Así que, lo más cómodo para nosotros es caminar por el arroyuelo remojándonos los pies, lo que tampoco será desagradable, especialmente en esta época del año y a esta hora del día.

SÓCRATES.—Guía, pues, y mira a la vez dónde nos vamos a sentar.

FEDRO.—¿Ves aquel altísimo plátano? [12]

SÓCRATES.—Sí.

FEDRO.—Allí hay sombra, una ligera brisa, y césped para sentarnos, o, si queremos, recostarnos.

SÓCRATES.—Puedes avanzar.

FEDRO.—Dime, Sócrates, ¿no es este el lugar de donde se dice que Bóreas [13] arrebató del Iliso a Oritiya?

---

[10] Riachuelo del Atica.

[11] La costumbre de Sócrates de andar descalzo es bien conocida, cf. *Banquete* 150 C, 174 A, Aristófanes, *Nubes* vv. 103 y 362, Jenofonte, *Memorables* I, 6, 2. En cuanto a Fedro, si va descalzo, es posiblemente por seguir alguna prescripción higiénica, como sugiere Robin.

[12] El plátano en cuestión estaba a la orilla izquierda del Iliso, según ha demostrado Ritter, "Miszellen", *Philologus* LXVII, 1908, p. 314.

[13] Bóreas, el viento Norte, gozaba de un culto especial en el Atica, por estar emparentado con los atenienses precisamente

SÓCRATES.—Así se dice, en efecto.

FEDRO.—Luego, ¿no fue de aquí? El riachuelo, al menos, se muestra encantador, límpido, transparente, y muy propio para que a sus orillas jugaran las doncellas.

SÓCRATES.—No fue de aquí, sino de más abajo, cosa de unos dos o tres estadios, por donde cruzamos hacia el santuario de Agras [14]. Incluso hay allí en alguna parte un altar consagrado a Bóreas.

FEDRO.—No me había fijado en absoluto. Pero dime, por Zeus, Sócrates, ¿estás convencido tú de que ese mito es verdad?

SÓCRATES.—Si lo pusiera en duda, como los sabios, no me saldría de lo corriente [15]. Diría en ese caso, dándomelas de instruido, que el soplo del Bóreas la despeñó de las rocas vecinas mientras jugaba con Farmacía [16], y que por haber muerto de esa manera se dijo que había sido raptada por el Bóreas. O bien colocaría la acción en el Areópago [17], pues también circula la versión de que fue allí y no aquí, de donde fue arrebatada. Pero yo, Fedro, aunque por una parte considero sugestivas tales explicaciones, las estimo por

---

por esta su unión con Oritiya, hija del rey Erecteo, con la que tuvo dos hijos: Zetes y Calais. De ahí la ayuda que les prestó en la batalla de Artemision, según decir de Heródoto VII, 189.

[14] Demo del Atica.

[15] En efecto, estaba de moda entre los sofistas la explicación racional de los mitos. La presente digresión sirve para poner de manifiesto la postura de Sócrates, es decir, del propio Platón, respecto a tales especulaciones, cf. J. Tate en *CQ*. XXIII, 1929 y XXIV, 1930.

[16] Ninfa de una fuente próxima al Iliso.

[17] Monte frontero a la Acrópolis. En él celebraba sus sesiones el famoso tribunal que según la tradición juzgó por primera vez en el matricidio de Orestes, y allí pronunció San Pablo un célebre sermón.

otra como obra de un hombre tan sutil y laborioso, como desafortunado. Y no por otro motivo, sino por el de que, sucesivamente, le será menester rectificar la figura de los Hipocentauros, y a continuación la de la Quimera, viniendo después, como un verdadero torrente, una muchedumbre de Gorgonas y Pegasos semejantes y multitudes de otros seres prodigiosos, sin contar con los portentos relativos a ciertas naturalezas objeto de leyendas. Y si alguno, por no creer en ellas, trata de reducirlas una por una a los límites de lo verosímil, haciendo uso de cierta rudimentaria sabiduría, se verá necesitado para ello de mucho tiempo. Y yo no tengo tiempo en absoluto para tales lucubraciones. El motivo, amigo mío, es el que no puedo aún conocerme a mí mismo, según prescribe la inscripción de Delfos [18]. Y me parece ridículo, ignorando todavía eso, considerar lo que a mí no me atañe. De ahí que, mandando a paseo esas cuestiones, y dando fe a lo que se cree de ellas, no ponga mi atención, como decía hace un momento, en ellas, sino en mí mismo, con el fin de descubrir si por ventura soy una fiera con más repliegues y tufos [19] que Tifón, o bien un animal más manso y más sencillo, partícipe por naturaleza de un algo divino y sin tufos. Pero, ¡oh, com-

---

[18] Esta misma razón es la que hace despreciar a Sócrates el estudio de la naturaleza, cf. Jenofonte, *Memorables* I, 1, 12.

[19] Tifón, monstruo de cien cabezas y cuerpo de serpiente, fue derrotado y arrojado al Tártaro por Zeus que puso sobre él la masa ingente del Etna. La cólera impotente del monstruo se deja sentir de vez en cuando por las erupciones del volcán. Platón hace aquí un juego de palabras entre τῦφος, Τυφῶν y ἐπιτεθυμμένος, que se puede conservar, en parte, en español, por tener la palabra "tufo" el mismo sentido de "soberbia" que en griego. En cuanto al término μοῖρα creemos que tiene aquí el sentido de "parte", "porción", y no el de "destino", como traduce Robin.

pañero!, dicho sea de paso, ¿no era ése el árbol hacia el cual me conducías?

Fedro.—En efecto, es éste.

Sócrates.—¡Por Hera!, bello retiro. Pues este plátano es muy corpulento y elevado, y sumamente hermosa la altura y la sombra de ese sauzgatillo [20], que además, como está en el apogeo de su florecimiento, puede dejar en extremo impregnado el lugar de su fragancia. A su vez, la fuente que mana debajo del plátano es placentera a más no poder, y su agua muy fría, según se puede comprobar por el pie. Consagrada a alguna ninfa o al Aqueloo [21] parece estar a juzgar por esas estatuillas e imágenes. Y fíjate también en el aire tan puro del lugar, ¡qué agradable, cuán sumamente delicioso es, y con qué sonoridad estival contesta al coro de las cigarras! Pero lo más exquisito de todo es el césped, porque crece en suave pendiente que basta para reclinar la cabeza y estar maravillosamente. De modo, amigo Fedro, que has sido un excelente guía de forasteros.

Fedro.—Te revelas, hombre admirable, como un ser extrañísimo. Pues pareces ni más ni menos un forastero que se deja guiar, como tú dices, y no uno del lugar. Tan es así que ni te ausentas de la ciudad para ir al extranjero, ni sales en absoluto, creo yo, fuera del muro [22].

---

[20] El sauzgatillo *(Vitex agnus castus)* es un arbusto que crece a orillas de los ríos.

[21] El Aqueloo, el mayor de los ríos de Grecia, nace en Epiro y desemboca en el golfo de Lepanto. Como divinidad fluvial era considerado padre de algunas ninfas, entre ellas Siringe, amada de Pan (cf. Ovidio, *Metamorfosis* I, 689 y ss.). Las estatuillas a que se hace mención son de índole votiva.

[22] Este es uno de los rasgos típicos de Sócrates. Salvo sus salidas a Potidea, Delion y Amfípolis, como soldado (cf. *Ban-*

Sócrates.—Perdóname, buen amigo. Soy amante de aprender. Los campos y los árboles no quieren enseñarme nada, y sí los hombres de la ciudad. Pero tú ciertamente pareces haber encontrado un remedio para hacerme salir. Porque, de la misma manera que los que agitan delante de las bestias hambrientas una rama o un fruto las hacen andar, tú, tendiendo ante mí discursos en un volumen, está visto que me harás dar la vuelta a toda el Ática y a cualquier otro lugar que te venga en gana. Pero de momento, llegado aquí, me parece que yo me voy a acostar. Tú escoge la postura en la que creas que leerás con mayor comodidad, y lee.

Fedro.—Escucha, pues: "Mi situación la conoces, y que estimo de nuestra conveniencia el que esto se realice, lo has oído también. Pero no por ello creo justo el no conseguir mi demanda, por el hecho precisamente de no estar enamorado de ti. Pues los enamorados se arrepienten de los beneficios que hacen, tan pronto como cesan en su deseo. En cambio, los que no lo están no tienen ocasión en que les toque arrepentirse. Como no obran bajo el imperio de su pasión, sino de grado, pueden decidir mejor que nadie sobre sus asuntos personales, y hacen sus beneficios con arreglo a sus posibilidades. Es más, los enamorados consideran aquellos asuntos propios que administraron mal por culpa del amor juntamente con los beneficios que hicieron, y añadiendo a esto los sinsabores que tuvieron, creen que han devuelto hace tiempo el debido agradecimiento a sus amados. Por el contrario, los no enamorados no pueden alegar descuido de sus intereses privados por esa causa, ni tener

quete 220 E, 221 A), y una peregrinación a los juegos ístmicos (cf. *Critón* 52 B) no abandonó nunca la ciudad.

en cuenta las penas pasadas, ni imputarles a los mancebos las diferencias con sus allegados. De suerte que, eliminados tantos males, no les queda otra posibilidad que la de hacer con buena voluntad lo que crean que, una vez cumplido, les hará gratos a los por ellos requeridos. Pero es más, si la razón de que valga la pena estimar en mucho a los enamorados es su afirmación de que quieren más que a nadie a los que son objeto de amor, y están dispuestos de palabra y obra a enemistarse con los demás por hacerse gratos a sus amados, fácil es percatarse, si dicen verdad, de que estimarán en más que a éstos a todos de cuantos se enamoren después; y está claro que, si a sus últimos amados les parece bien, harán mal incluso a los primeros. Y ciertamente, ¿cómo puede ser natural que se ceda en semejante asunto a quien está aquejado de una desgracia tal, que nadie, teniendo experiencia de ella, trataría siquiera de evitar? Pues los mismos enamorados reconocen que están más locos que cuerdos, y que saben que no están en su sano juicio, pero que no pueden dominarse. De modo que, una vez recobrada su sensatez, ¿cómo podrían considerar que están bien las cosas sobre las que toman una decisión en ese estado? Además, si fuera entre los enamorados donde escogieras al mejor, tu elección se haría entre unos pocos. En cambio, si fuera entre los restantes donde eligieras al más conveniente para ti, lo sería entre muchos. De modo que, al estar entre muchos, es mayor tu esperanza de alcanzar al hombre digno de tu amistad.

Pero si temes la costumbre establecida, es decir, el que al enterarse la gente caiga sobre ti el oprobio, lo natural es que los enamorados, por creer que son objeto de los celos de los demás, como los demás lo son de los suyos, se exalten hablando, y por vanagloriarse muestren ante todos que no han pasado penas en vano; en tanto que quienes no lo están, al saber dominarse, escojan lo mejor en lugar de la gloria ante los hombres. Pero aún hay algo más, necesariamente serán muchos quienes descubran a los enamorados y los vean acompañar a sus amados y dedicarse a eso, de suerte que, cuando se les vea conversar mutuamente, creerán entonces que su trato con el amado es debido a que se ha cumplido ya, o está a punto de cumplirse, su deseo. En cambio, a los que no están enamorados ni siquiera se les ocurrirá el inculparlos por su trato, puesto que saben que es algo normal que se converse con alguien, bien sea por amistad, bien por cualquier otro motivo de agrado. Y si te ha entrado miedo al considerar que es difícil que la amistad se mantenga, y que, surgida de cualquier manera una disensión, si bien la desgracia es común para ambos, para ti especialmente, si has hecho entrega de lo que más estimas, el daño sería grande, lo natural en ese caso es que temas más a los enamorados. Pues son muchas las cosas que les afligen, y creen que todo sucede en su propio perjuicio. Por ello evitan el trato de sus amados con los demás, temiendo que los que tienen hacienda les sobrepasen con sus riquezas, y que los que están educados les aventajen con su inteligencia. Y según que cada cual posea una buena cualidad, se precaven ante su influencia. Así que, habiéndote persuadido a enemistarte con éstos, te ponen en una completa soledad de amigos; y si tú, velando por tu interés, te muestras más sensato que ellos, incurrirás en desavenencias con ellos. Por el contrario, quienes, sin estar enamorados, han conseguido su demanda en razón de su mérito no mirarían con malos ojos a quienes tuvieran trato contigo; antes bien, aborrecerían a los que no quisieran tenerlo, por considerar que por estos últimos son menospreciados, y les son beneficiosos, en cambio, los primeros. De modo que los que aceptan sus requerimientos tienen muchos mayores motivos de esperar que sean amistades y no enemistades lo que les reporte su relación con ellos.

Además, muchos de los enamorados son dominados por el deseo del cuerpo antes de conocer el carácter y tener experiencia de las demás particularidades de sus amados, de suerte que para éstos queda en lo incierto si aún querrán ser amigos, cuando cesen en su deseo. En cambio, en el caso de quienes no están enamorados y consiguieron su demanda, existiendo previamente una mutua amistad, lo natural no es que los buenos ratos pasados disminuyan su amistad, sino que queden como un indicio de los que va a haber en el futuro. Y, ciertamente, es de tu incumbencia el hacerte mejor, haciéndome caso a mí y no a un enamorado. Pues esos hombres alaban, incluso contra lo que es lo mejor, dichos y hechos, en parte por temor a granjearse el encono de su amado, y en parte también por tener ellos peor criterio de juicio por culpa de su deseo. Pues he aquí los efectos que muestra el amor: a los desafortunados les hace considerar insoportable lo que a los demás no produce pena, a los afortunados les obliga a prestar su alabanza incluso a lo que no es digno de gozo. De manera que a los amados conviene mucho más compadecerlos que envidiarlos. En cambio, si me haces caso a mí, en primer lugar, en mis relaciones contigo no atenderé tan sólo al placer del momento, sino también al provecho que habrá en el futuro, sin ser vencido por el amor, sino dominándome a mí mismo; sin dejarme arrastrar por un fútil motivo a una gran enemistad, sino mostrando con calma a gran motivo poca ira; otorgando mi perdón a las faltas involuntarias, y tratando de evitar las voluntarias. Pues éstas son las pruebas de que una amistad ha de durar mucho tiempo. Mas si por ventura se te ha ocurrido pensar que no es posible que exista una profunda amistad, a no ser que se esté enamorado, menester es que reflexiones que en ese supuesto no estimaríamos tanto ni a nuestros hijos, ni a nuestros padres, ni a nuestras madres; ni serían tampoco fieles amigos nuestros aquellos que no los hemos creado por un deseo semejante, sino por otras relaciones.

Pero es más, si debe uno otorgar su favor a quienes más lo solicitan, conviene, incluso en otras cuestiones, no hacer bien a los mejores, sino a los más necesitados, porque cuanto mayores sean los males de que son liberados, mayor será el agradecimiento que nos tendrán. E incluso en nuestros banquetes privados lo indicado no es invitar a los amigos, sino a los mendigos y a los necesitados de un hartazgo. Pues éstos nos querrán [23], nos acompañarán, vendrán a nuestra puerta, se regocijarán grandemente, nos tendrán el mayor agradecimiento, y pedirán para nos-

---

[23] El discurso de Lisias hace gran uso de los σχήματα Γοργίεια: la ἀντίθεσις, los πάρισα e ἴσα, y el ὁμοιοτέλευτον; de ahí que resulte difícil su traducción por la imposibilidad de reproducir en castellano los mismos efectos rítmicos y fonéticos. En este párrafo, p. ej. (desde ἐκεῖνοι γὰρ hasta εὔξονται) se encuentran dos κῶλα con tres κόμματα con ὁμοιοτέλευτον (-σουσι, -σονται) cada uno. En el primero de aquéllos los κόμματα son πάρισα con número creciente de sílabas (καὶ ἀγαπήσουσι καὶ ἀκολουθήσουσι 7, καὶ ... ἥξουσι 9), en el segundo hay un κόμμα de ocho sílabas (καὶ ἠσθήσονται), y dos κόμματα ἴσα de once (καὶ ... εἴσονται, y καὶ ... εὔξονται) que cierran el párrafo. Hemos intentado imitarlos en lo que cabe en castellano mediante el empleo reiterado de la terminación -rán. Y al mismo expediente hemos recurrido en otros pasajes del discurso como el lector habrá podido comprobar.

otros muchos bienes. Pero tal vez no conviene otorgar nuestros favores a quienes los piden con grandes instancias, sino a quienes mejor pueden devolvernos el favor. Ni tampoco a quienes aman simplemente, sino a los dignos de su concesión; ni a cuantos vayan a aprovecharse de tu lozanía, sino a quienes, cuando envejezcas, te harán partícipe de sus bienes. Ni tampoco a los que, conseguido su empeño, se vayan a jactar ante los demás, sino a quienes por pudor callarán ante todos; ni a cuantos se interesan por poco tiempo, sino a los que han de ser por igual amigos toda la vida; ni, asimismo, a quienes, cuando cesen en su deseo, buscarán un pretexto de enemistad, sino a cuantos, una vez marchita tu lozanía, te mostrarán entonces su virtud. Conque acuérdate de lo dicho, y ten presente que a los enamorados les amonestan sus amigos en la idea de que su proceder es malo, y, en cambio, a los que no lo están, jamás les censuró ninguno de sus familiares en la idea de que por ello tomaban malas decisiones sobre sí mismos.

Tal vez podrías preguntarme si te aconsejo que otorgues tu favor a todos los que no están enamorados de ti. Pero yo creo que ni siquiera el enamorado te exhortaría a tener esa idea con respecto a todos los enamorados. Pues ni al que toma tu favor con sensatez le resulta esto digno de igual agradecimiento, ni a ti tampoco, si quieres pasar inadvertido a los demás, te será ello posible por igual en todos los casos. Y es preciso que de este asunto no resulte ningún daño, sino provecho para ambos.

En conclusión, yo por mi parte estimo suficiente lo que he dicho. Tú si echas de menos algo, por considerar que se ha pasado por alto, pregúntame".

¿Qué te parece el discurso, Sócrates? ¿No es una

extraordinaria pieza oratoria, entre otras razones, especialmente por su léxico?

Sócrates.—Divina ciertamente, compañero, hasta tal punto que quedé estupefacto. Y ese asentimiento lo he experimentado por tu causa, Fedro, poniendo en ti mis ojos, porque me parecías en medio de la lectura ponerte radiante por efecto del discurso. Te seguía por considerar que tú entendías más que yo de tales cosas, y al seguirte me contagié del delirio báquico que tú, divina cabeza, tenías.

Fedro.—¡Vaya! ¿Conque decides tomarlo a broma?

Sócrates.—¿Te doy la impresión acaso de bromear y no hablar en serio?

Fedro.—En modo alguno, Sócrates, pero dime la verdad, por Zeus, patrón de la amistad, ¿crees que algún otro griego podría decir cosas mejores en calidad y mayores en cantidad sobre el mismo tema?

Sócrates.—¿Y qué? ¿Debemos alabar nosotros, tú y yo, el discurso también en el sentido de que su compositor ha dicho lo debido, y no sólo en aquel otro de que cada una de sus palabras ha sido torneada con claridad, rotundidad y exactitud? Pues si es preciso hacerlo, te lo he de conceder como un favor, ya que a mí se me escapó por culpa de mi nulidad. En efecto, únicamente presté atención a su parte retórica, pero ni siquiera en este aspecto pensé que el propio Lisias lo considerara satisfactorio. Es más, Fedro, me pareció, a no ser que tú digas otra cosa, que repetía dos y tres veces los mismos conceptos, como si no estuviera sobrado de inspiración para decir muchas cosas sobre el mismo tema, o quizá como si no le importara nada semejante empeño. Asimismo se me revelaba pueril al demostrar que era capaz de decir lo mismo de una manera y de otra, y de hacerlo espléndidamente en ambas.

Fedro.— No dices nada de peso, Sócrates. Pues esa misma condición la posee, y en grado sumo, el discurso. En efecto, de las cuestiones implicadas en el tema que merecían ser expuestas, no ha pasado por alto ninguna, hasta el punto de que en comparación con lo dicho por él ninguno podría jamás decir más palabras y de mayor valía.

Sócrates.— De eso yo ya no seré capaz de dejarme convencer por ti. Pues sabios varones de antaño hay y mujeres, que por haber hablado y escrito sobre estas cuestiones, se encargarán de refutarme, si yo por congraciarme contigo te doy la razón.

Fedro.— ¿Quiénes son ésos? ¿Y dónde has oído tú razones mejores que éstas?

Sócrates.— Ahora y así, de pronto, no puedo decirlo. Pero es evidente que las he escuchado a alguien, bien fuera a Safo la bella, o a Anacreonte el sabio, o incluso a ciertos prosistas [24]. Y ¿de dónde saco yo mi afirmación? Por tener, divino amigo, en cierto modo el pecho rebosante, me doy cuenta de que podría decir otras razones no inferiores a éstas. Y que ninguna de ellas las he ideado por mí mismo bien lo sé, estando como estoy consciente de mi incompetencia. Por ello sólo queda, creo yo, el que en alguna parte, en fuentes ajenas y de oídas, me haya llenado de ellas a la manera de una vasija. Pero por culpa de mi estupidez incluso tengo olvidado cómo las oí y a quiénes se las escuché.

Fedro.— Bien dicho, mi noble amigo. Mas tampoco te invito yo a que me cuentes a quiénes y cómo las escuchaste. Haz tan sólo lo que dices. Has prometido

---

[24] Probablemente no se trata de una manifestación de la εἰρώνεια de Sócrates, sino de una alusión a los ἐρωτικοὶ λόγοι de moda entre los sofistas de la época. La ironía socrática, empero, aparece más abajo.

decir otras razones mejores en calidad y no inferiores en número a las contenidas en el volumen, sin tocar éstas. Yo por mi parte te prometo, como los nueve arcontes [25], consagrar en Delfos en oro y en tamaño natural, no sólo mi estatua sino también la tuya.

SÓCRATES.—Tú sí que eres, Fedro, además de excelente amigo, verdaderamente de oro [26], si crees que yo digo que Lisias ha errado por completo su meta, y que es posible decir otras razones diferentes a todas éstas. Esto, creo yo, no le podría ocurrir ni al más vulgar escritor. Por ejemplo, en lo que respecta al tema del discurso, ¿quién crees que diciendo que se debe otorgar favor al no-enamorado con preferencia al enamorado, si pasa por alto el encomio de la cordura y la censura de la insensatez, tópicos sin duda obligados, va a poder hacer luego alguna otra consideración? Son éstos, a mi entender, puntos que se han de dejar y permitir al orador; y en ellos no se ha de alabar la invención, sino la disposición. En cambio, en los que no son obligados de tocar, pero son difíciles de inventar, además de la disposición ha de alabarse la invención.

FEDRO.—Admito lo que dices, pues me parece que

---

[25] Los nueve arcontes, al tomar posesión de su cargo, juraban consagrar una estatua de oro si transgredían alguna de las leyes, según refiere Aristóteles, *Constitución de Atenas* VII, 1. No obstante, no se hace mención en este texto a que la estatua fuera de tamaño natural, ni a que tuviera que consagrarse en Delfos. Ambos detalles aparecen agregados en Plutarco, *Solón* 25 probablemente, como sugiere Hackforth, para conformar los términos del juramento con este pasaje del *Fedro*. Otras referencias a esta costumbre se pueden encontrar en Heraclides Póntico, fr. 1, ed. Köhl, y en la *Suda* s. v. χρυσῆ εἰκών.

[26] El adjetivo χρυσοῦς con el que Sócrates recoge festivamente el γρυσῆν εἰκόνα tiene en el lenguaje popular un sentido cariñoso o irónico. Aquí se aplica a la ingenuidad de Fedro.

te has expresado con mesura. Así que obraré también yo así. Te daré como tesis que el enamorado padece de un mal mayor que el no enamorado; y si en lo demás das más argumentos y de mayor valía que los de Lisias, quede erigida una estatua tuya, trabajada a martillo, en Olimpia junto a la ofrenda de los Cipsélidas [27].

Sócrates.—¿Te has picado, Fedro, porque ataqué a tu amado Lisias por burlarme de ti? ¿Crees acaso que yo de veras voy a tratar de decir, en competición con su talento, otra cosa más florida?

Fedro.—En esto, amigo, te dejaste coger por la misma llave [28] que yo. Ante todo has de hablar conforme a tu capacidad; y a fin de que no nos veamos obligados a desempeñar el vulgar oficio de comediantes, intercambiándonos mutuamente las invectivas, ponte en guardia, y no quieras obligarme a decir aquello de "si yo, Sócrates, no conozco a Sócrates, me he olvidado también de mí mismo", y lo de "ardía en deseos de hablar, pero hacía melindres" [29]. Hazte a la idea de que no nos marcharemos de aquí hasta que no digas lo que, según tu anterior afirmación, tenías en el pecho. Estamos los dos solos en lugar deshabitado, y yo soy más fuerte y más joven. De todo esto "comprende lo que te digo" [30], y no prefieras por

---

[27] ¿Se añade esta ofrenda a la anterior, o bien se trata de un descuido de Fedro que un poco más arriba ponía como lugar de erección de la estatua Delfos? Los Cipsélidas son los descendientes de Cípselo, tirano de Corinto.

[28] Metáfora tomada de la lucha: λαβή "acción de coger", εἰς λαβὰς ἐλθεῖν "llegar a ofrecer presa de uno mismo al adversario". De ahí la traducción que ofrecemos.

[29] Cf. 228 A, B.

[30] Verso de Píndaro (fr. 94 Bowra) convertido en proverbio.

ningún concepto hablar a la fuerza a hacerlo de buen grado.

Sócrates.—Pero, bienaventurado Fedro, ante un buen escritor, yo, un profano, haré el ridículo al improvisar sobre los mismos temas.

Fedro.—¿Sabes cómo está el asunto? Cesa de fingir ante mí. Pues tengo en la punta de los labios lo que he de decir para obligarte a hablar.

Sócrates.—Entonces, de ningún modo lo digas.

Fedro.—¡Quiá!; ahora mismo lo estoy diciendo. Y mis palabras serán un juramento. Te juro en verdad —pero ¿por quién, por qué dios?, ¿o prefieres que sea por este plátano? [31]— que, si no me pronuncias tu discurso ante este mismo árbol, jamás te volveré a leer o a dar noticias de ningún otro discurso, fuera de quien fuere.

Sócrates.—¡Ay!, granuja, ¡qué bien descubriste el medio de coaccionar a un hombre amante de discursos a hacer lo que ordenes!

Fedro.—Entonces, ¿qué excusa tienes para zafarte?

Sócrates.—Ninguna ya, una vez que tú has hecho este juramento. Pues ¿cómo sería yo capaz de abstenerme de semejante deleite?

Fedro.—Habla, pues.

Sócrates.—¿Sabes qué voy a hacer?

Fedro.—¿Respecto a qué?

Sócrates.—Me voy a cubrir el rostro para hablar, a fin de pasar de punta a punta el discurso, corriendo a toda velocidad, sin azorarme de vergüenza al mirarte.

Fedro.—Habla de una vez, y haz lo demás como quieras.

---

[31] Juramentos eufemísticos en asuntos de poca monta. Sócrates suele emplear νὴ τὸν κύνα "por el perro".

Sócrates.—Ea, pues, Musas melodiosas, bien sea la naturaleza de vuestro canto, bien el pueblo musical de los Ligures [32] la causa de que hayáis recibido esta denominación, prestadme vuestra ayuda en el mito que me obliga a contar ese hombre excelente que veis ahí, a fin de que su compañero, que ya antes le parecía sabio, se lo parezca ahora todavía más.

Era una vez un niño, o, mejor dicho, un mozalbete, sumamente bello, que tenía muchísimos enamorados. Era uno de ellos ladino y, a pesar de que estaba prendado de él más que ninguno, teníale convencido de que no le amaba. Un día, requiriéndole de amores, trataba de persuadirle precisamente de que se debía otorgar el favor al no-enamorado con preferencia al enamorado, y decía así:

"En todo asunto, muchacho, sólo hay un comienzo para los que han de tomar una buena determinación. Es preciso conocer aquello sobre lo que versa la determinación [33], so pena de errar totalmente. Pero a los más les pasa inadvertido que no conocen la realidad de cada cosa, y sin ponerse de acuerdo en la idea de que conocen su objeto al principio de la deliberación, en el transcurso de ésta reciben el natural castigo: no llegan a un asenso ni con ellos mismos, ni entre sí. Así que, no nos vaya a ocurrir a ti y a mí lo que

---

[32] Los antiguos no supieron percibir el tono festivo de esta invocación a las Musas. Dionisio de Halicarnaso *(Demóstenes,* 7) le critica acerbamente su ποιητική ἀπειροκαλία, sin darse cuenta de que Sócrates lo que pretende es justamente remedar la ἀπειροκαλία de los retores. Menos profundo Hermógenes (περὶ ἰδεῶν II, 322) alaba la γλυκύτης que confiere a la invocación el epíteto λιγεῖαι.

[33] Es fundamental el llegar a la definición de los objetos, para lo cual se aplicará más adelante (265 D) el método dialéctico.

censuramos a los demás, y puesto que tenemos planteada la cuestión de si es la amistad del enamorado o la del no-enamorado la que se debe buscar con preferencia, hagamos primero de mutuo acuerdo una definición sobre el amor, sobre su naturaleza y su poder, y luego, poniendo en ella la vista y refiriéndonos a ella, hagamos el examen de si acarrea provecho o perjuicio. Ahora bien, que el amor es una especie de deseo está claro para todo el mundo. Asimismo, el que también los que no están enamorados desean a los bellos es algo que sabemos. ¿Con qué criterio, pues, discerniremos al enamorado del no-enamorado? Preciso es de nuevo distinguir que en cada uno de nosotros hay dos principios rectores o conductores, que seguimos doquiera que nos guíen: el uno es un apetito innato de placeres, y el otro un modo de pensar adquirido [34] que aspira a lo mejor. A veces tienen ambos en nosotros un mismo sentir, otras, en cambio, están en pugna. En ocasiones es uno el que domina, en otras el otro. Si es ese modo de pensar que guía hacia lo mejor mediante el razonamiento el que detenta la victoria, se da a ésta el nombre de templanza. En cambio, si es el apetito que arrastra irracionalmente hacia los placeres lo que en nosotros domina, se aplica a este dominio el nombre de intemperancia. Pero la intemperancia tiene muchos nombres, pues consta de muchos miembros y formas; y entre esas sus formas aquella que por ventura se haga notar confiere su nombre a quien la posee; un nombre ni bello ni digno de llevarse. En efecto, si es en lo relativo a la comida donde prevalece el apetito

---

[34] La palabra δόξα aquí no tiene el sentido epistemológico de "opinión" como polo opuesto de la ἐπιστήμη o νόησις "conocimiento científico", sino que está empleada en su acepción vulgar de "modo de pensar".

sobre la noción de lo mejor y los restantes apetitos, se llama entonces glotonería, y hace que se llame glotón a quien lo tiene. A su vez, si es en lo tocante a la embriaguez donde se muestra como un tirano, y por ese camino conduce a quien lo posee, está claro qué denominación recibirá. Y en lo que respecta a los demás nombres hermanos de éstos y de apetitos hermanos, es asimismo evidente el que conviene aplicar, según sea el que en cada caso ejerza su despótico dominio. Mas ¿cuál es el apetito por cuya causa se ha dicho todo lo anterior? Poco más o menos ya está claro, pero, si se dice, quedará de todas formas más claro que si no se dice: el apetito que, prevaleciendo irracionalmente sobre ese modo de pensar que impulsa a la rectitud, tiende al disfrute de la belleza, y triunfa en su impulso a la hermosura corporal, fuertemente reforzado por sus apetitos parientes, es el que, recibiendo su denominación de su misma fuerza, ha sido llamado amor." [35]

Pero, ¡oh amigo Fedro!, ¿no te parece, como a mí, que he pasado por un trance de inspiración divina?

FEDRO.—En efecto, Sócrates, contra lo acostumbrado se ha apoderado de ti una vena de elocuencia.

SÓCRATES.—Escucha en silencio entonces. Pues en verdad parece divino el lugar, de suerte que, si al avanzar mi discurso quedo poseído por las ninfas, no

---

[35] Admitido que el amor es una ἐπιθυμία, Sócrates tiene interés en poner de relieve su "fuerza" que produce en el alma un estado de desequilibrio con predominio de la parte irracional de la misma sobre la racional, estado éste que entra en el concepto de ὕβρις. De ahí que ponga en relación el nombre del amor ἔρως con el de "fuerza" ῥώμη y el verbo ῥώννυμι. Aunque el juego de palabras es imposible de reproducir en castellano, sí lo es la paronomasia ἐρρωμένως ῥωσθεῖσα que traducimos "reforzado fuertemente".

te extrañes; que por el momento ya no ando muy lejos de entonar un ditirambo.

Fedro.—Gran verdad es lo que dices.

Sócrates.—Y el causante de ello eres tú. Pero escucha el resto, que tal vez esa desgracia inminente pueda evitarse. Pero de eso se cuidará la divinidad. Nosotros hemos de dirigirnos de nuevo al muchacho con nuestro discurso.

"Está bien, buen amigo. Lo que es el objeto sobre el que hemos de deliberar queda dicho y definido; así que, poniendo nuestra vista en ello, digamos lo que queda por decir: ¿qué provecho o perjuicio, según las probabilidades, sacará del enamorado y del no enamorado quien les conceda su favor? De hecho, quien es súbdito del deseo y esclavo del goce necesariamente pone al amado en situación de procurarle el máximum de placer. Porque para quien está enfermo es grato todo lo que no se le opone y aborrecible lo que le domina o es su igual. Así, pues, el amante no soportará de buen talante que el amado sea superior a él o se le iguale, y lo hará siempre inferior y más débil. E inferior es el ignorante al sabio, el cobarde al valiente, el incapaz de hablar al orador, el lerdo al avispado. Produciéndose tantos males —y aún más— en la inteligencia del amado, y también existiendo en ella por naturaleza, necesariamente el amante se alegrará de estos últimos y preparará los otros, so pena de quedar privado de su placer del momento. Por fuerza, pues, habrá de ser celoso; y al apartar a su amado de muchas provechosas relaciones con las que podría hacerse en el más elevado sentido de la palabra un hombre, por fuerza también habrá de ser el causante de un gran perjuicio; y del más grande, al apartarle de aquello que podría conferirle la mayor capacidad de juicio. Y esto es precisamente la divina filosofía, de la que forzosamente mantendrá a distancia el amante a su amado, por temor a incurrir en su menosprecio. En cuanto a lo demás, deberá ingeniárselas para que éste sea ignorante de todo y en todo ponga la vista en su enamorado, con lo que si aquél está en situación de serle sumamente placentero, lo está también en la de hacerse muchísimo daño a sí mismo. Así que, en lo que atañe a la inteligencia, el hombre con amor en modo alguno es provechoso como tutor y compañero.

A continuación, es preciso ver en lo relativo al estado del cuerpo y a sus cuidados, de qué temple será ese estado, y cómo cuidará su cuerpo aquel que haya caído en las manos de un hombre que está obligado a perseguir el placer en lugar del bien. Se verá efectivamente que un hombre así persigue a cualquier muchacho delicado, y no a uno robusto; criado no a pleno sol, sino en un sol y sombra; desacostumbrado a las fatigas viriles y a los secos sudores, acostumbrado, en cambio, a un régimen de vida muelle e impropio de varón; adornado con cosméticos y colores que no son suyos a falta de los propios; practicando en suma todas cuantas cosas están en consonancia con éstas, que por evidentes no vale la pena de seguir exponiendo, bastando con definir un solo punto capital antes de pasar a otra cuestión. En efecto, ante un cuerpo semejante, en el combate y demás ocasiones de gravedad, los enemigos cobran ánimos, en tanto que los amigos y los propios enamorados se aterran.

Así, pues, se ha de dejar esto por evidente y se ha de decir lo que viene a continuación: ¿Qué provecho o qué perjuicio nos ocasionará con respecto a nuestras posesiones el trato y tutela del enamorado? De hecho, hay algo que es evidente para todo el mundo, pero en especial para el enamorado, el que pediría antes que cosa alguna que su amado estuviera huérfano de los bienes más queridos, mejor intencionados para con él, y más divinos. En efecto, preferiría que estuviera privado de padre y de madre, de parientes y amigos, por considerarlos un obstáculo con sus censuras para su dulcísimo trato con él. Además, si tiene el amado riquezas, en oro o en otros bienes cualesquiera, no le considerará tan fácil de conquistar, ni, una vez conquistado, tan dócil de manejar. Por ello ha de dolerle de toda necesidad al amante que el amado tenga hacienda, y de alegrarle la pérdida de ésta. Pero aún más, su deseo sería el de que éste permaneciera el mayor tiempo posible soltero, sin hijos y sin casa, por su apetencia de recoger el mayor tiempo posible el fruto de su placer.

Existen, sin duda, también otros males, pero cierta divinidad puso en la mayor parte de ellos un gozo momentáneo: por ejemplo, el adulador, terrible engendro y sumamente dañino, en el que, con todo, mezcló la naturaleza un cierto placer, no exento de encanto. Igualmente se podría vituperar a la cortesana como algo pernicioso, así como a otras muchas criaturas de índole semejante, y formas de vida que al menos cumplen la condición de ser sumamente agradables en la diaria rutina. Pero para un amado el amante, aparte de serle nocivo, es lo más desagradable de todo para pasar en su compañía la jornada. Pues "cada cual se divierte con los de su edad"[36],

---

[36] El refrán completo, al decir del Escoliasta a este lugar, decía: ἧλιξ ἥλικα τέρπε, γέρων δὲ τέρπε γέροντα. Platón lo cita también en el *Banquete* 195 B, en el *Gorgias* 510 B y en

dice el refrán, ya que por conducir la igualdad de años a los mismos placeres procura, creo yo, la amistad por la semejanza de gustos. Aun así, produce también saciedad el trato con los coetáneos. Porque lo que es obligatorio, asimismo se dice, resulta pesado en toda cuestión a todo el mundo. Y esto es precisamente un inconveniente que, además de la desigualdad de edad, posee en grado sumo el amante con respecto del amado. Pues, como mayor en edad que es, y por tener trato con uno más joven, no admite de buen grado el ser abandonado por éste ni de día ni de noche. Antes bien, es impulsado por una fuerza irresistible y un aguijón que le empuja al ofrecerle constantemente placeres, al ver, al escuchar, al tocar, al tener cualquier experiencia sensorial con el amado; en consecuencia le presta sus servicios firmemente con placer. En cambio, ¿qué solaz o qué placeres dará al amado para lograr que, estando éste en su compañía el mismo tiempo, no llegue al colmo del hastío? Pues lo que ve el amado es un rostro envejecido y marchito, y las demás cosas que de esto derivan, que si no son agradables de oír de palabra, no digamos ya de enfrentarse con ellas de hecho, cuando siempre se tiene junto a sí la obligación de ello: el ser objeto de una vigilancia llena de injustas sospechas constantemente y frente a todos; el escuchar alabanzas inoportunas y exageradas; y lo mismo el recibir reproches que, si son insoportables cuando el amante está sereno, aparte de insoportables, son vergonzosos cuando éste, al emborracharse, emplea una franqueza estomagante y descarada.

Y si mientras está enamorado es pernicioso y des-

el *Lisis* 214 A. Más abajo se encuentra una cita a Eveno, fr. 8 Bergk o a Teognis, v. 472 (πᾶν γὰρ ἀναγκαῖον χρῆμ' ἀνιηρὸν ἔφυ); véase la nota a este lugar en Bergk.

agradable, cuando cesa de estarlo se convierte en desleal para el futuro; ese tiempo para el que hizo muchas promesas con muchos juramentos y súplicas, reteniendo a duras penas unas relaciones, que eran ya entonces difíciles de soportar para el amado, gracias a las esperanzas de bienes venideros que le infundía. Pero precisamente en el momento en que sería menester que las cumpliera, poniendo a otro guía y patrono en su interior: el buen juicio y la templanza en lugar del amor y la pasión, se convierte en otro hombre sin que el amado se dé cuenta. Reclámale éste el agradecimiento de los favores del pasado, recordándole los dichos y los hechos, como si estuviera conversando con el mismo hombre. Pero aquél, por vergüenza, ni se atreve a decir que se ha convertido en otro ser, ni tampoco sabe cómo podrá mantener los juramentos y las promesas de su anterior e insensato gobierno, ahora que ha adquirido juicio y calmado sus pasiones, sin convertirse otra vez, por hacer las mismas cosas que antes, en un hombre idéntico o semejante al de antaño. Así que, el amante del pasado viene a ser un desertor de sus propias promesas, forzado a la no comparecencia, y al caer de la otra cara la concha [37], da asimismo la vuelta y emprende la huida. En cuanto al muchacho, se ve obligado a per-

---

[37] Ἀπεστηρηκώς es una metáfora jurídica: el amante se encuentra por necesidad en un estado en que no puede cumplir sus promesas, siendo su situación similar a la del reo de fraude, condenado en rebeldía, al no presentarse a juicio. La expresión ὀστράκου μεταπεσόντος alude al juego llamado ὀστρακίνδα que explica bien Hermias: se lanza una concha al aire en medio de dos equipos, y según que caiga o no sobre la cara blanca, uno de los equipos tiene que echarse a correr y el otro lanzarse a su persecución. Los paremiógrafos (cf. ed. Leutsch II, 84) han recogido el dicho proverbial ὀστράκου περιστροφή.

seguirle, irritándose e invocando a los dioses, desconocedor en absoluto del asunto desde sus mismos comienzos, es decir, que nunca hubiera debido ser un hombre enamorado y por necesidad ofuscado a quien otorgara a su favor, sino muy al contrario, uno no enamorado y en su sano juicio. Pues, de no hacerlo así, forzosamente habría de entregarse a un hombre desleal, irritable, celoso, desagradable, perjudicial para la hacienda, perjudicial para el temple del cuerpo, pero mucho más perjudicial aún para la educación del alma, un bien en verdad que no tiene parejo ni tendrá en la estimación de los dioses y de los hombres. Esto es, pues, muchacho, lo que debes meditar, comprendiendo que la amistad de un enamorado nunca nace unida a la buena intención, sino como la afición por un manjar, por mor de la saciedad:

Tal como el lobo al cordero, ama el amante al man-
[cebo." [38]

Pero he aquí lo que decía, Fedro: No podrás ya oírme hablar más. Ea, tenga aquí su fin el discurso.

FEDRO.—¿Cómo? Yo me figuraba que estabas por su mitad y que ibas a hacer una exposición igual con respecto al no-enamorado, en demostración de que se le deben otorgar a él con preferencia los favores, enumerando en su turno cuantos puntos favorables tiene. ¿Por qué ahora, Sócrates, te paras?

SÓCRATES.—¿No te diste cuenta, bendito, de que estoy ya declamando versos épicos y no ditirambos?

---

[38] Según Hermias se trata de una adaptación de la *Ilíada* XXII, 263. Y nos parece también seguro que haya de leerse con él ἄρν' ἀγαπῶσ' con lo que se obtiene un hexámetro dactílico perfecto, adquiriendo así sentido la afirmación de Sócrates de más abajo (241 E) de estar declamando versos épicos.

Y eso que estaba haciendo el vituperio. Pero, si empiezo a hacer la alabanza del otro, ¿qué crees que iba a componer? ¿Acaso no comprendes que iba a quedar claramente poseído por las ninfas, a las que tú me arrojaste premeditadamente? Por ello digo de una vez que las contrarias de cuantas cosas hemos recriminado al uno son los puntos favorables que concurren en el otro. ¿Qué falta hace extenderse más? De ambos se ha dicho lo suficiente. De ese modo mi historia correrá la suerte que merezca correr. Y yo cruzo el río este y me voy, antes de ser obligado por ti a pasar por otra más grave.

FEDRO.—Aún no, Sócrates, antes de que pase el ardor del sol. ¿No ves que ya casi es mediodía, lo que se dice "pleno mediodía"? Ea, esperemos, conversando entre tanto sobre lo dicho, y tan pronto como refresque, nos iremos.

SÓCRATES.—Eres un ser divino con los discursos[39], Fedro, un ser sencillamente admirable. Pues creo yo que entre todos los discursos que ha habido durante tu vida nadie ha logrado que se hicieran más que tú, bien los pronunciaras tú, bien obligaras a pronunciarlos a los demás de una forma o de otra —exceptúo a Simmias el tebano[40]; que a los restantes los vences con mucho—. Y ahora también me parece que has sido la causa de que yo tenga que pronunciar cierto discurso.

[39] En efecto, en el *Banquete* Fedro es "el padre de la discusión", y más adelante se le llama "padre de bellos hijos" (261 A).

[40] Simmias de Tebas, perteneciente al círculo socrático, fue uno de los amigos del maestro que estuvo dispuesto a preparar su evasión de la cárcel. En el *Fedón* es uno de los interlocutores del diálogo, donde defiende ciertas teorías pitagóricas aprendidas de su anterior maestro Filolao. Diógenes Laercio le asigna veintitrés diálogos, hoy perdidos.

FEDRO.—No es precisamente la guerra[41] lo que anuncias. Pero, ¿cómo ha sido ello, y qué discurso es ese?

SÓCRATES.—Cuando me disponía, buen amigo, a cruzar el río, me vino esa señal divina[42] que suele producirse en mí —siempre me detiene cuando estoy a punto de hacer algo—, y me pareció oír de ella una voz que me prohibía marcharme, hasta que no me hubiera purificado, como si efectivamente hubiera cometido algún delito contra la divinidad. Soy, en efecto, adivino, no uno muy bueno, sino al modo de los malos escribientes, lo imprescindible tan sólo para bastarme a mí mismo. Y ya comprendo claramente mi pecado; que en verdad, compañero, el alma es también algo con cierta capacidad de adivinación. Pues hubo un no sé qué que me inquietó hace un rato mientras estaba pronunciando mi discurso, y me entró cierta preocupación, no fuera que, al decir de Ibico[43],

pecando ante los dioses, honor de los hombres a cam-
[bio recibiera.

Pero ahora me he percatado de mi ofensa.

FEDRO.—¿A qué te refieres?

SÓCRATES.—Es pavoroso, Fedro, es pavoroso el discurso que tú trajiste y el que me obligaste a mí a pronunciar.

FEDRO.—¿Cómo es así?

SÓCRATES.—Es necio y en cierto modo aspecto impío. ¿Qué otro podría haber más terrible?

---

[41] Es decir, "no es una mala noticia la que me das".
[42] Se trata de una manifestación del célebre "demonio" socrático. Cf. *Apología* 31 D y Jenofonte, *Memorables* IV, 8, 1.
[43] Fr. 51 Bergk.

FEDRO. —Ninguno, si es verdad lo que tú afirmas.
SÓCRATES. —¿Y qué? ¿No crees que es el Amor hijo de Afrodita y una divinidad? [44].
FEDRO. —Al menos así se dice.
SÓCRATES. —Mas no lo dice así ni Lisias, ni tu discurso, es decir, el que pronunció mi boca, hechizada por ti. Y si es el Amor, como lo es sin duda, un dios o algo divino, no podría ser en modo alguno algo malo. Pero los dos discursos de hace un momento hablaron de él como si lo fuera. En este sentido, pues, pecaron contra el Amor; y encima su necedad llega al colmo del refinamiento: el de ufanarse, sin decir nada sensato ni verdadero, como si tuvieran alguna consistencia, para ver de engañar a ciertos hombrecillos de poca valía y gozar en el futuro de buena fama entre ellos. A mí, pues, amigo, preciso me es purificarme. Y hay para los que pecan contra la mitología una antigua purificación que no percibió Homero, y sí, en cambio, Estesícoro. Pues, privado de la vista por culpa de su maledicencia contra Helena, no desconoció la causa como Homero, sino que, a fuer de buen artista, la descubrió y compuso inmediatamente:

*"No es cierto el decir ese,
ni embarcaste en las naves de buena cubierta,
ni llegaste al alcázar de Troya."*

Y al punto que hubo escrito toda la llamada "Palinodia" [45] recobró la visión. Ahora bien, yo seré más

---

[44] A la concepción popular de que Eros es un dios, sostenida por Agatón, se opone en el *Banquete* la de Diotima, expuesta por Sócrates, que le considera un genio, hijo del Recurso y de la Pobreza.

[45] La nueva versión del mito, tal como la ofrecía la *Palinodia*, de la que aquí se conserva el fr. 46 Bergk de Estesí-

sabio que aquéllos, al menos en eso mismo: antes de que me ocurra una desgracia por difamación del Amor, intentaré rendirle el tributo de mi palinodia, con la cabeza al descubierto y no velado como antes por vergüenza.

Fedro.—Nada hubieras podido decirme, Sócrates, más agradable que esto.

Sócrates.—En efecto, buen Fedro, pues te das cuenta de cuán desvergonzadamente se expresaron los dos discursos, este mío y el que se leyó de tu escrito. Suponte que por casualidad nos hubiera escuchado un hombre de carácter noble y apacible, que estuviese enamorado de otro tal como él, o lo hubiera estado alguna vez anteriormente, cuando decíamos que por fútiles motivos los enamorados suscitan grandes enemistades y que son envidiosos y dañinos para sus amados, ¿no crees tú que pensaría sin remedio que estaba oyendo hablar a hombres criados entre marineros y que no habían visto ningún amor propio de hombres libres? ¿No estaría muy lejos de estar de acuerdo con nosotros en lo que vituperamos al Amor?

Fedro.—Sí, por Zeus, tal vez, Sócrates.

Sócrates.—Pues bien, por vergüenza ante ese hombre y por temor al propio Amor, estoy deseoso de enjuagar, por decirlo así, con un discurso potable el regusto salobre de lo que acabamos de oír. Y mi consejo a Lisias es que lo antes posible escriba que es

---

coro, se puede reconstruir fundamentalmente por la *Helena* de Eurípides. Paris, al raptar a Helena, no llevó a Troya más que un εἴδωλον forjado por los dioses, en tanto que la verdadera Helena era transportada a Egipto y atendida por el rey Proteo. Al llegar allí Menelao de regreso de Troya, se desvanece el fantasma, y ambos esposos pueden reunirse felizmente. Homero, que no se dio cuenta de su difamación, fue ciego, como es sabido.

al enamorado mejor que al no-enamorado a quien en justa correspondencia se debe otorgar el favor [45 bis].

FEDRO.—Ea, ten bien sabido que así será. Habiendo pronunciado tú la alabanza del amante, de toda necesidad es que Lisias sea obligado por mí a escribir a su vez un discurso sobre el mismo tema.

SÓCRATES.—De eso estoy seguro, mientras seas tal como eres.

FEDRO.—Habla entonces con confianza.

SÓCRATES.—¿Dónde se me ha metido el muchacho a quien hablaba? Lo digo con la intención de que oiga también esto, y no se adelante, por no haberlo escuchado, a conceder su favor al no-enamorado.

FEDRO.—Ese está siempre a tu lado y muy cerquita, cuando quieres.

SÓCRATES.—Pues bien, bello mancebo, hazte a la idea de que el anterior discurso era de Fedro, hijo de Pitocles, varón de Mirrinunte, mientras que el que voy a pronunciar es de Estesícoro, hijo de Eufemo [46], natural de Hímera. Y se ha de exponer así: "no es cierto el decir" que afirme que, aún existiendo enamorado, se ha de conceder favor al no-enamorado, precisamente porque uno está loco, y el otro en su sano juicio. Si fuera una verdad simple el que la locura es un mal, se diría eso con razón. Pero el caso es que los bienes mayores se nos originan por locura, otorgada ciertamente por divina donación. En

---

[45 bis] La expresión ἐκ τῶν ὁμοίων no significa "en igualdad de condiciones", sino "en correspondencia a la acción de la otra parte" (cf. Fraenkel, nota a *Ag.* 1423 y Verdenius en *Mnemosyne* VIII, 1955, p. 275).

[46] Posible juego de palabras: εὔφημος es el "que se abstiene de palabras de mal agüero o irreverentes". En Hímera, asimismo, se puede encontrar una alusión al "flujo de pasión" (ἵμερος) del que se hablará más adelante.

efecto, tanto la profetisa de Delfos, como las sacerdotisas de Dodona es en estado de locura en el que han hecho a la Hélade, privada y públicamente, muchos hermosos beneficios, en tanto que en el de cordura, pocos o ninguno. Y si enumeráramos a la Sibila y a los demás que, empleando un tipo de mántica por rapto divino, predijeron a muchos muchas cosas para el futuro y acertaron, nos extenderíamos exponiendo lo que es evidente para todo el mundo. Lo que, no obstante, sí es digno de aducirse como testimonio es que tampoco aquellos hombres de antaño que pusieron nombres a las cosas tuvieron por deshonra ni oprobio la "manía"[47]; pues, de otro modo, no hubieran llamado "mánica" a esa bellísima arte, con la que se discierne el futuro, enlazándola con dicho nombre. Por el contrario, fue en la idea de que era algo bello, cuando se produce por divino privilegio, por lo que tal denominación le impusieron. Mas los hombres de ahora, en su desconocimiento de lo bello, introduciendo la *t* la llamaron "mántica". Pues asimismo a la investigación del futuro propia de los que están en posesión de sus facultades mentales y se sirven para realizarla de aves y restantes indicios, como mediante la reflexión procuran a la creencia humana comprensión e información, le dieron el nombre de "oionoística"; un arte, que actualmente llaman las nuevas generaciones "oionística", adornando el término pedantemente con la *o* larga. Pues bien, cuanto mayor es en perfección y dignidad la mántica con respecto a la oionística, su nombre con respecto al

---

[47] De nuevo Platón vuelve a divertirse jugando con las etimologías. Robin hace notar que este pasaje presupone la doctrina del *Cratilo* de que el lenguaje ha sido instituido por legisladores filósofos que combinaron los sonidos para reproducir las ideas.

nombre de ésta, y el quehacer de la una con respecto al quehacer de la otra, tanto mayor es en belleza, según el testimonio de los antiguos, la locura con respecto a la cordura; ese estado de alma que envía la divinidad con respecto a ese otro que procede de los hombres.

Aparte de esto, para las mayores enfermedades y sufrimientos que se produjeron en ciertas familias [48] de no se sabe qué antiguos resentimientos de los dioses, la locura, apareciendo donde debía aparecer y profetizando a quienes debía profetizar, encontró remedio, refugiándose en las súplicas y en el culto de los dioses; y de ahí consiguió ritos purificatorios e iniciaciones con los que hizo libre la culpa en el presente y en el futuro al que tiene parte de ella [49], des-

---

[48] Alusión a ciertas culpas hereditarias como las que pesaron sobre los Labdácidas, los Tindáridas, los Pelópidas, etc.

[49] La expresión ἐξάντη ἐποίησε τὸν ἑαυτῆς ἔχοντα ha sido interpretada de muy diversas formas. L. Parmentier, *RPh.* XXVI, 1902, pp. 354-359, propuso leer τὸν ἄτην ἔχοντα, basándose en una cita de Aristides, y en que el adjetivo ἐξάντης (empleado por Hipócrates en la acepción de "libre de enfermedad") tiene aquí un sentido religioso que explica bien el *Etym. M.* como ἔξω ἄτης. Y, en general, se ha tendido a suprimir ἑαυτῆς, o bien a corregir ἔχοντα en μετέχοντα. Fr. Pfister, *Der Wahnsinn des Weihepriesters, Cimbria Beiträge...* Dortmund, pp. 55-56, distinguía en el texto dos locuras: la del sujeto, patológica, y otra divina, la del sacerdote, entendiendo τὸν ἑαυτῆς ἔχοντα como "el que está en contacto con la locura del sacerdote" y viendo en ello un fenómeno de curación por contacto. Pero esta interpretación no es factible, dado el que ἔχειν (activo) no está atestiguado en esta acepción. Nosotros seguimos a Ivan Linforth, *Telestic Madness in Plato, Univ. of California Publicat. in Class. Philol.* XIII, 1946, páginas 163-72, para quien ἑαυτῆς es un gen. partitivo, que actúa de complemento directo de ἔχειν. Hackforth no tiene, a nuestro juicio, razón en suprimir con Burnet ἑαυτῆς del texto y entender τὸν ἔχοντα como "el paciente" (τὸν τὴν νόσον ἔχοντα).

cubriendo para quien está loco y poseído en su debida forma el medio de liberarse de las desgracias que lo afligen.

Pero hay un tercer estado de posesión y de locura procedente de las Musas que, al apoderarse de un alma tierna y virginal, la despierta y la llena de un báquico transporte tanto en los cantos como en los restantes géneros poéticos, y que, celebrando los mil hechos de los antiguos, educa a la posteridad. Pues aquél que sin la locura de las Musas llegue a las puertas de la poesía [50] convencido de que por los recursos del arte habrá de ser un poeta eminente, será uno imperfecto, y su creación poética, la de un hombre cuerdo, quedará oscurecida por la de los enloquecidos.

Tantos son, y aún más, los bellos efectos que te puedo enumerar de la locura que procede de los dioses. De suerte que no temamos el hecho en sí de la locura, y ningún razonamiento nos confunda, amedrentándonos con la afirmación de que se debe preferir como amigo al cuerdo y no al perturbado. Antes bien, que se lleve tal argumento el premio de la victoria, si además de eso prueba que no es en beneficio del amante y del amado como es enviado por los dioses el amor. Pero es lo contrario lo que por nuestra parte hemos de demostrar: que es con vistas a

---

[50] Platón se ha ocupado en distintas ocasiones de la inspiración poética: en el *Ión* 534 B, 536 C, en el *Menón* 98 B y siguientes y en la *Apología* 22 B-C. En todos estos lugares aparece como la nota distintiva del verdadero poeta el estar fuera de sí, el no estar en dominio de su mente, el estar poseído. En el *Fedro* es mucho más explícito al calificar de locura la inspiración poética. Anotamos también que Paul Friedländer, *CPh*. XXXVI, 1941, pp. 51-52 ha pretendido encontrar en este pasaje dos reminiscencias de Píndaro *(Peán,* 7, 13 e *Istmicas* VI, 22).

la mayor felicidad de ambos como les es otorgada
por parte de los dioses locura semejante. En cuanto
a la demostración, si no será convincente para los
hombres hábiles, lo será, en cambio, para los sabios.
Pero para ello es menester antes que nada comprender la verdad, viendo con relación a la naturaleza del
alma divina y humana tanto las pasiones como las
operaciones. Y he aquí el principio de la demostración.

Toda alma es inmortal, pues lo que siempre se mueve es inmortal. Pero aquello que mueve a otro y por
otro es movido, por tener cesación de movimiento,
tiene cesación de vida. Unicamente, pues, lo que se
mueve a sí mismo, como quiera que no se abandona
a sí mismo, nunca cesa de moverse, y es además para
todas las cosas que se mueven la fuente y el principio
del movimiento. Pero el principio es ingénito, pues es
necesario que todo lo que nace nazca del principio, y
éste no nazca de nada en absoluto. En efecto, si el
principio naciera de algo, ya no sería principio. Mas,
puesto que es ingénito, es necesario también que sea
imperecedero, pues si perece el principio, él no podrá
nacer nunca de otra cosa, ni otra cosa podrá nacer
de él, ya que es necesario que todo nazca del principio. Así, pues, el principio del movimiento es lo que
se mueve a sí mismo. Y esto es imposible que perezca ni que nazca, so pena de que el universo [51] entero y todo el proceso de generación, derrumbándose,
se detuvieran, y no tuvieran nunca una fuente para
volver de nuevo, recobrando el movimiento, a la existencia. Y habiéndose mostrado inmortal lo que se
mueve a sí mismo, no se tendrá vergüenza en afirmar

---

[51] Οὐρανός tiene aquí el sentido de "universo" como en el
Timeo 29 B, 92 C.

que es eso precisamente la esencia y la noción del alma. Pues todo cuerpo al que le viene de fuera el movimiento es inanimado, en tanto que todo aquél que lo recibe de dentro, de sí mismo, es animado, como si en esto mismo radicara la naturaleza del alma. Y si esto es así, a saber, que lo que se mueve a sí mismo no es otra cosa que alma, por necesidad el alma habrá de ser algo ingénito e inmortal.

Sobre su inmortalidad basta con lo dicho. Sobre su modo de ser se ha de decir lo siguiente. Describir cómo es, exigiría una exposición que en todos sus aspectos únicamente un dios podría hacer totalmente, y que además sería larga. En cambio, decir a lo que se parece implica una exposición al alcance de cualquier hombre y de menor extensión. Hablemos, pues, así. Sea su símil el de la conjunción de fuerzas que hay entre un tronco de alados corceles y un auriga. Pues bien, en el caso de los dioses los caballos y los aurigas todos son buenos y de buena raza, mientras que en el de los demás seres hay una mezcla. En el nuestro, está en primer lugar el conductor que lleva las riendas de un tiro de dos caballos, y luego los caballos, entre los que tiene uno bello, bueno y de una raza tal, y otro que de naturaleza y raza es lo contrario de éste. De ahí que por necesidad sea difícil y adversa la conducción de nuestro carro. Pero ahora hemos de intentar decir la razón por la que un ser viviente es llamado mortal e inmortal. Toda alma se cuida de un ser inanimado y recorre todo el cielo, aunque tomando cada vez una apariencia distinta. Mientras es perfecta y alada camina por las alturas y rige al universo entero; pero aquélla que ha perdido las alas es arrastrada hasta alcanzar algo sólido en donde se instala, tomando un cuerpo terrenal que da la impresión de moverse a sí mismo, gracias a su virtud. Llámase ser viviente al conjunto de este ajuste entre alma y cuerpo, que recibe además la denominación de mortal. En cuanto al nombre de inmortal, no procede en absoluto de ningún concepto del que podamos dar razón. Por el contrario, sin que lo hayamos visto ni lo podamos concebir de una manera satisfactoria, nos forjamos la idea de la divinidad como si fuera un viviente que no muere, con alma por un lado y cuerpo por otro, pero unidos eternamente por naturaleza. Mas quede esto tal como le plazca a la divinidad, y sea también así dicho. La causa, empero, de la pérdida de las alas, que determina el que éstas se le caigan al alma, considerémosla. Es más o menos la siguiente.

La propiedad natural del ala es la de levantar lo pesado a lo alto, elevándolo a la región donde habita el linaje de los dioses, y de un modo o de otro es dentro de las partes del cuerpo lo que más ha participado de la naturaleza divina. Pero lo divino es bello, sabio, bueno y reúne cuantas propiedades hay semejantes. Con ellas precisamente se crían y crecen en grado sumo las alas del alma, mientras que con lo feo, lo malo y los vicios contrarios a aquéllas se consumen y perecen. Pues bien, el excelso conductor del cielo, Zeus, auriga en su carro alado, es quien camina primero, ordenando y cuidándose de todo. Le sigue la hueste de dioses y divinidades formada en once escuadrones. Unicamente Hestia permanece en el hogar de los dioses; que todos los demás, encuadrados en el número de doce, van como jefes a la cabeza del destacamento que a cada uno le fue asignado. Y hay muchos y beatíficos espectáculos en el interior del cielo, así como órbitas que recorre el linaje de los dioses bienaventurados, ocupándose cada uno de lo que es de su incumbencia; entre tanto les sigue aquél que en cada caso quiere y puede. Pues la envidia está fuera del divino coro.

Mas cuando se dirigen a su festín a regalarse, caminar cuesta arriba por la cumbre de la bóveda que está debajo del cielo, precisamente por donde los vehículos de los dioses, que son por su equilibrio fáciles de conducir, avanzan con holgura, en tanto que los demás lo hacen a duras penas. Pues el corcel que participa de maldad es pesado, gravita hacia tierra, y entorpece a los cocheros que no estén bien entrenados. Allí precisamente se enfrenta el alma con su fatiga y lucha suprema. Las llamadas inmortales, una vez que han ascendido a la cumbre, salen afuera y se detienen en la espalda del cielo, y al detenerse las transporta circularmente su revolución, mientras contemplan las cosas que hay fuera del cielo.

En cuanto a ese lugar que hay por encima del cielo, jamás hubo poeta de los de aquí que lo celebrara de una manera digna, ni tampoco lo habrá. Pero, puesto que nos hemos de atrever a decir la verdad, especialmente cuando hablamos de la Verdad, he aquí su condición. Es en dicho lugar donde reside esa realidad carente de color, de forma, impalpable y visible únicamente para el piloto del alma, el entendimiento; esa realidad que "es" de una manera real, y constituye el objeto del verdadero conocimiento. Y puesto que la mente de la divinidad se alimenta de pensamiento y ciencia pura, como asimismo la de toda alma que se preocupe de recibir el alimento que le es propio, al divisar al cabo del tiempo al Ser, queda contenta, y en la contemplación de la verdad se nutre y disfruta, hasta que el movimiento de rotación la transporta circularmente al mismo punto. Y en esta circunvalación contempla a la justicia en sí, contempla a la templanza y contempla al conocimiento, pero no aquél, sujeto a cambios, ni aquél otro que es diferente al versar sobre los distintos objetos que ahora nosotros llamamos seres, sino el conocimiento que versa sobre el Ser que realmente es. Y tras haber contemplado de igual modo las restantes entidades reales y haberse regalado, de nuevo se introduce en el interior del cielo y regresa a casa. Y una vez llegada, el auriga pone los caballos junto al pesebre y les echa como pienso ambrosía, y después les da de beber néctar.

Esta es la vida de los dioses. En cuanto a las restantes almas, la que sigue mejor a la divinidad y más se le asemeja logra sacar al lugar exterior la cabeza del auriga, y es transportada juntamente con aquéllos en el movimiento de rotación; pero, como es perturbada por sus corceles, apenas puede contemplar las realidades. A veces se alza, a veces se hunde, y por culpa de la fogosidad de los caballos ve unas cosas y otras no. Las demás siguen con el anhelo todas de alcanzar la altura, sumergiéndose al fracasar en su intento y siendo arrastradas en el movimiento circular todas a la vez, pisoteándose mutuamente y embistiéndose, al tratar de adelantarse las unas a las otras. Así, pues, se produce un tumulto, una pugna, un sudor supremo, en el que por impericia de los aurigas muchas quedan cojas, muchas con muchas plumas quebrantadas, y todas, tras pasar por gran fatiga, se van de allí sin haber sido iniciadas en la contemplación del Ser, recurriendo a la opinión como alimento después de su retirada. Y la razón de ese gran afán por ver dónde está la Llanura de la Verdad es que el pasto adecuado para la parte mejor del alma procede del prado que hay allí, y el que con esto se nutre la naturaleza del ala, con la que se aligera el alma.

Y ésta es la ley de Adrastea[52]. Toda alma que, ha-

---

[52] Epíteto de Némesis (la justicia distributiva), cuya significación es la "irrehuible".

biendo entrado en el séquito de la divinidad, haya vislumbrado alguna de las Verdades quedará libre de sufrimiento hasta la próxima revolución, y si pudiera hacer lo mismo siempre, siempre quedará libre de daño. Pero cuando no las haya visto por haber sido incapaz de seguir el cortejo; cuando, por haber padecido cualquier desgracia, haya quedado entorpecida por el peso de una carga de olvido y maldad, perdido las alas a consecuencia de este entorpecimiento, y caído a tierra, la ley entonces prescribe lo siguiente. Dicha alma no será plantada en ninguna naturaleza animal en la primera generación, sino que aquélla que haya visto más lo será en el feto de un varón que haya de ser amante de la sabiduría, o de la belleza, un cultivador de las Musas, o del amor; la que sigue en segundo lugar en el de un rey obediente a las leyes, o belicoso y con dotes de mando; la que ocupa el tercero en el de un político, un buen administrador de su hacienda, o un negociante; la del cuarto en el de un hombre amante de la fatiga corporal, un maestro de gimnasia, o un perito en la cura del cuerpo; la quinta habrá de tener una vida consagrada a la adivinación o a algún rito iniciatorio. A la sexta le irá bien la vida de un poeta, o la de cualquier otro dedicado al arte de la imitación; a la séptima la de un artesano, o labrador; a la octava la de un sofista, o un demagogo; a la novena la de un tirano.

En todas estas encarnaciones, el que haya llevado una vida justa, alcanza un destino mejor, el que haya vivido en la injusticia uno peor. Pues al mismo punto de donde ha venido no llega ningún alma antes de diez mil años —ya que no le salen alas antes de dicho plazo—, con excepción del alma del que ha filosofado sin engaño, o amado a los mancebos con filosofía. Estas, si en la tercera revolución de un milenio han escogido por tres veces consecutivas dicho género de vida, adquiriendo de ese modo alas, al cumplirse el último año del tercer milenio se retiran. Las demás, cuando han terminado su primera vida, son sometidas a juicio, y una vez juzgadas van las unas a los penales que hay bajo tierra, donde cumplen su condena, y a las otras las eleva la justicia a un lugar del cielo, donde ·llevan una vida en consonancia con el merecimiento de la que llevaron en la apariencia humana. Al transcurrir un milenio, llegadas unas y otras al momento del sorteo y elección de la segunda vida, escoge cada una el tipo de vida que quiere. Es entonces cuando un alma que ha estado en un cuerpo humano encarna en uno animal, o cuando el que un día fue hombre, abandonando la forma animal, vuelve de nuevo a hombre. Pues no llegará a esta forma el alma que nunca ha visto la Verdad, ya que el hombre debe realizar las operaciones del intelecto según lo que se llama idea [53], procediendo de la multiplicidad de percepciones a una representación única que es un compendio llevado a cabo por el pensamiento. Y esta representación es una reminiscencia de aquellas realida-

---

[53] En nuestro artículo *Notas al "Fedro"*, *Emerita*, 1957, hemos dado las razones que nos han inducido a dar esta interpretación. A lo allí dicho agreguemos algo que puede venir en apoyo de nuestra conjetura. Gerald Frank Else, *The terminology of the Ideas*, *Harvard Studies in Classical Philology* XLVII, 1936, p. 34, señala que los términos εἶδος e ἰδέα normalmente suelen ser introducidos por Platón con expresiones que atenúan su empleo como τις ἰδέα o ἕν τι εἶδος. El autor interpreta esto como "una especie de apología" por emplear dichas palabras en un contexto no familiar al lector. Pero esta costumbre desaparece a partir del *Fedro*, lo que quiere decir que el filósofo considera al lector ya al tanto de su terminología; de ahí que no sea expuesto conjeturar κατὰ τὸ εἶδος λεγόμενον. Subrayemos, no obstante, que dicho autor corrige el texto de manera diferente a nosotros: κατ' εἶδος <τὸ> λ.

des que vio antaño nuestra alma, mientras acompañaba en su camino a la divinidad, miraba desde arriba las cosas que ahora decimos que "son" y levantaba la cabeza para ver lo que "es" en realidad. Por ello precisamente es la mente del filósofo la única que con justicia adquiere alas, ya que en la medida de sus fuerzas está siempre apegada en su recuerdo a aquellas realidades, cuya proximidad confiere carácter divino a la divinidad. Y de ahí también que el hombre que haga el debido uso de tales medios de recuerdo sea el único que, por estar siempre iniciándose en misterios perfectos, se haga realmente perfecto. Saliéndose siempre fuera de los humanos afanes y poniéndose en estrecho contacto con lo divino, es este hombre reprendido por el vulgo como si fuera un perturbado, mas al vulgo le pasa inadvertido que está poseído por la divinidad.

Pues bien, llegada a este punto, la totalidad de la exposición versa sobre la cuarta forma de locura —esa locura que se produce cuando alguien, contemplando la belleza de este mundo, y acordándose de la verdadera, adquiere alas, y de nuevo con ellas anhela remontar el vuelo hacia lo alto; y al no poder, mirando hacia arriba a la manera de un pájaro, desprecia las cosas de abajo, dando con ello lugar a que le tachen de loco— y aquí se ha de decir que es ése el más excelso de todos los estados de rapto, y el causado por las cosas más excelsas, tanto para el que lo tiene como para el que de él participa; y que asimismo es por tener algo de esa locura por lo que el amante de los bellos mancebos se llama enamorado. Pues, según se ha dicho, toda alma humana por condición de su naturaleza ha contemplado las verdaderas realidades de las cosas, ya que, de no ser así, no hubiera encarnado en este ser viviente. Ahora bien, el acordarse por las cosas de este mundo de aquellas otras no es algo fácil

Fedro 250 A—C

para la totalidad de las almas; no lo es para cuantas vieron entonces por corto espacio de tiempo las realidades de allí; ni tampoco para cuantas tuvieron la mala fortuna en su caída a este mundo de ser desviadas por ciertas compañías hacia lo injusto, llegando a olvidarse así de los santos espectáculos que habían visto en su día. Por ello son pocas las que quedan con suficiente poder evocador. Y éstas, cuando ven algo que ofrece semejanza con los objetos de allí, quedan fuera de sí, y ya no son dueñas de sí mismas; pero desconocen lo que les ocurre por la insuficiencia de sus percepciones. Pues en las réplicas terrenales tanto de la justicia como de la templanza y de cuantas otras cosas son apreciadas por las almas no hay ningún resplandor. Y no es sino a duras penas, por medio de órganos confusos, como únicamente unos pocos, yendo a las imágenes de aquéllas, contemplan los rasgos genéricos de lo reproducido. Fue posible ver la Belleza en todo su esplendor en aquella época en que en compañía de un coro feliz teníamos ante la vista un beatífico espectáculo, mientras íbamos, nosotros en el séquito de Zeus, y los demás en el de los restantes dioses; éramos entonces iniciados en el que es lícito llamar el más bienaventurado de los misterios, que celebrábamos íntegros y sin haber sufrido ninguno de los males que nos aguardaban en un tiempo posterior. Integras también, y simples, y serenas y felices eran las visiones que en el último grado de nuestra iniciación contemplábamos en su puro resplandor, puros y sin la señal de ese sepulcro [54] que ahora llevamos a nuestro alrededor y llamamos cuerpo, estando en él encarcelados como la ostra en su concha.

---

[54] En ἀσήμαντοι (literalmente "sin señalar") se ha de ver una alusión al σῶμα σῆμα ("el cuerpo es un sepulcro") órfico.

Quede esto como tributo rendido al recuerdo, que, infundiéndonos la añoranza de las cosas de antaño, ha sido ahora la causa de que nos hayamos extendido demasiado. Volvamos a la Belleza; según dijimos, estaba resplandeciente entre aquellas visiones, y al llegar a este mundo la aprehendemos por medio del más claro de nuestros sentidos, puesto que brilla con suma claridad. La vista, en efecto, es la más penetrante de las percepciones que nos llegan a través del cuerpo, pero con ella no se ve la sabiduría. De lo contrario, nos procuraría terribles amores, si diera aquélla una imagen de sí misma de semejante claridad que llegara a nuestra vista. Y lo mismo ocurriría con cuantas otras realidades hay dignas de amarse. Pero el caso es que únicamente la belleza tuvo esa suerte, de tal modo que es la más manifiesta y la más amable de todas ellas. Pues bien, quien no es un iniciado reciente o quien está corrompido no se deja transportar prontamente de aquí a allá, junto a la Belleza en sí, cuando contempla lo que en este mundo recibe el nombre de aquélla; de suerte que, al poner en ello su mirada, no experimenta un sentimiento de veneración. Por el contrario, entregándose al placer, intenta cubrir a la manera de un cuadrúpedo y engendrar hijos, y por estar sumido en el libertinaje no siente temor ni vergüenza al perseguir un placer contrario a la naturaleza. En cambio, el que acaba de ser iniciado, el que contempló muchas de las realidades de entonces, cuando divisa un rostro divino que es una buena imitación de la Belleza, o bien la hermosura de un cuerpo, siente en primer lugar un escalofrío, y es invadido por uno de sus espantos de antaño. Luego, al contemplarlo, lo reverencia como a una divinidad, y si no temiera dar la impresión de vehemente locura, haría sacrificios a su amado como si fuera la imagen de un dios. Y después de verlo, como ocurre a continuación del escalofrío, se opera en él un cambio que le produce un sudor y un acaloramiento inusitado. Pues se calienta al recibir por medio de los ojos la emanación de la belleza con la que se reanima la germinación del plumaje. Y una vez calentado, se derriten los bordes de los brotes de las plumas que, cerrados hasta entonces por efecto de su endurecimiento, impedían que aquéllos crecieran. Mas al derramarse sobre ellos su alimento, la caña del ala se hincha y se pone a crecer desde su raíz por debajo de todo el contorno del alma; pues toda ella era antaño alada. Y en este proceso bulle y borbota en su totalidad, y esos síntomas que muestran los que están echando los dientes cuando éstos están a punto de salir, ese prurito y esa irritación en torno de las encías, los ofrece exactamente iguales el alma de quien está empezando a echar las alas. Bulle, está inquieta y siente cosquilleos en el momento en que le salen las plumas. Ahora bien, siempre que pone su vista en la belleza del amado, al recoger de él unas partículas que vienen a ella en forma de corriente —y por eso precisamente se les da el nombre de "flujo de pasión"—, se reanima y calienta, se alivia de sus penas y se alegra. Pero, cuando queda separada y se seca, secándose con ella los agujeros de salida por donde surge el plumaje, se cierran e impiden el paso a los brotes de las alas. Quedan éstos encerrados dentro juntamente con el "flujo de pasión", brincan como un pulso febril, y golpea cada uno el orificio que tiene frente a sí; de tal manera que, aguijoneada el alma en todo su contorno, se excita como picada del tábano y sufre, en tanto que, al acordarse de aquel bello mancebo, de nuevo se regocija. Y como consecuencia de la mezcla de estos sentimientos se angustia por lo insólito de su situación; y en su perplejidad se pone rabiosa, y en este frenesí ni puede dormir de noche, ni quedarse quieta donde está de día, impulsándole su añoranza a correr adonde cree que ha de ver a quien posee la belleza. Y cuando lo ha visto, y ha canalizado hacia sí el "flujo de pasión", abre lo que hasta entonces estaba obstruido, recobra el aliento, cesa en sus picaduras y dolores, y recoge en ese momento el fruto de un placer que es el más dulce de todos. Por eso precisamente no consiente de buen grado en ser abandonada, ni pone a nadie por encima del bello mancebo. Antes bien, se olvida de madre, hermanos y compañeros, de todos; nada le importa la pérdida por descuido de su hacienda; y en cuanto a los convencionalismos y buenas maneras que anteriormente tenía a gala, los desprecia en su totalidad, dispuesta como está a ser esclava y a acostarse donde más cerca se le permita hacerlo del objeto de su añoranza. Pues, aparte del sentimiento de veneración que le inspira, ha encontrado en el que posee la belleza al único médico de sus mayores sufrimientos. Y a este estado, oh bello muchacho a quien va dirigido mi discurso, le dan los hombres el nombre de amor, pero si oyes el que le dan los dioses es natural que te rías por su rareza. Recitan algunos dos versos, procedentes, creo yo, del caudal épico de los homéridas, dirigidos al Amor, de los cuales el segundo es sumamente licencioso y no está muy de acuerdo con la métrica. Dicen así:

*"Llaman, por cierto, a Eros alado los mortales,
los inmortales Pteros, porque fuerza a criar alas"* [55].

---

[55] Una vez más, como en el caso de ἵμερος, mencionado en el prólogo, Platón se recrea en las etimologías.

Puedes darles crédito, y puedes no dárselo. Sin embargo, la causa de que les pase, y lo que les pasa a los enamorados, es precisamente eso que se ha dicho.

Pues bien, aquel de los compañeros de Zeus que se ha dejado coger puede soportar con mayor firmeza el fardo del dios que ha recibido su nombre de las alas. Pero cuantos eran servidores de Ares y con aquél daban la vuelta a los cielos, cuando son conquistados por el amor y creen que han recibido algún agravio de su amado, se vuelven sanguinarios y están dispuestos a inmolarse a sí mismos y a aquéllos. Y así, conforme al modo de ser del dios a cuyo coro haya pertenecido, cada cual vive honrándole e imitándole en lo posible, mientras no se haya corrompido su naturaleza y esté viviendo la primera generación en este mundo. Y de esa manera se comporta en su trato y relaciones con los amados y los demás. Así, pues, cada uno escoge su amor entre los bellos mancebos de acuerdo con su modo de ser, y como si éste fuera una divinidad se forja de él, por decirlo así, una imagen que adorna, dispuesto a rendirle honores y culto divinos. En consecuencia, los que pertenecían al cortejo de Zeus buscan como su amado a uno que por su alma haya pertenecido también al cortejo de Zeus. Observan si hay alguien que por naturaleza sea amante de la sabiduría o dotado para el mando, y cuando, tras encontrarlo, se enamoran de él, ponen todo lo que está de su parte para que llegue a ser tal como exige su naturaleza. Y aunque antes no se hayan metido en esta ocupación, al poner entonces manos a la obra, aprenden de dondequiera que puedan recibir una enseñanza, realizando ellos también por cuenta propia indagaciones. Y en este su rastreo se encuentran con abundancia de medios para descubrir por sí mismos la naturaleza de su propio dios, por el estar obligados a poner su vista en él continuamente. Alcanzándole con el recuerdo y poseídos por él, de él toman sus costumbres y sus ocupaciones, en lo que es posible que un hombre pueda participar de la divinidad. Pero precisamente estos efectos se los imputan a su amado, y por ello le aman todavía más. Y derramando sobre el alma del amado el cántaro que llenan, como las bacantes, en la fuente de Zeus, le hacen en el mayor grado posible semejante a su propio dios. A su vez, cuantos seguían a Hera buscan a un hombre con dotes de rey, y al encontrarlo hacen con respecto a él lo mismo. Los que pertenecían a Apolo y a los demás dioses, yendo cada uno en pos de su propia divinidad, buscan que su amado sea así por naturaleza. Y cuando lo tienen, con su propia imitación de la divinidad, con sus consejos persuasivos, y con su dirección conducen a sus amados al tipo de ocupación y manera de ser que son propias de aquel dios. Y lo hacen así en la medida de sus fuerzas, sin sentir envidia ni malevolencia impropia de hombres libres con respecto a su amado, tratando de llevarle lo mejor que pueden a una completa y total semejanza consigo mismos y con el dios a quien rinden culto. Tan bello, pues, y tan feliz resulta para el amado el interés de los que verdaderamente le aman —al menos si consiguen el objeto de su interés del modo que digo— y el recibir la iniciación de quien está enloquecido por causa del amor, si es conquistado. Y el que es conquistado lo es de la siguiente manera:

Al principio de esta narración dividimos cada alma en tres partes, dos de ellas que tenían la forma de caballo, y una tercera que tenía la de auriga. Mantengamos ahora también esta división. Pues bien, de los caballos, decimos, uno es bueno y el otro no. Pero cuál es la excelencia del bueno y el defecto del malo es algo que no expusimos y que ahora debe decirse.

Aquel de los dos que está en el lugar de preferencia es erguido de porte, de proporcionados miembros, cerviz alta, nariz corva, blanco de aspecto y de ojos negros; amante del honor con moderación y respeto, compañero de la verdadera gloria, sin necesidad de golpes se deja conducir con sólo la voz de mando. El otro, en cambio, es contrahecho, grande, constituido de cualquier manera, de cuello robusto y corto, chato, de piel negra, ojos grises y naturaleza sanguínea; compañero del desenfreno y la fanfarronería, con espesas crines en torno de las orejas, y sordo, a duras penas obedece al látigo y a los aguijones. En consecuencia, siempre que el cochero, al ver la persona que despierta su amor, siente ante esta percepción un calor por toda su alma, y se llena del cosquilleo y las picaduras de la añoranza, aquel corcel obediente al auriga, dominado entonces como siempre por el respeto, se contiene para no saltar sobre el amado. Pero el otro, que ya no hace caso ni de los aguijones ni del látigo del auriga, se lanza saltando impetuosamente; y poniendo a su compañero de tiro y al cochero en toda clase de apuros, les obliga a ir junto al amado y a hacerle mención de los deleites del amor. Al principio se oponen ambos encolerizados, como si fueran obligados a una acción terrible y criminal. Pero al fin, cuando ya el mal no tiene barrera, se encaminan, dejándose guiar, cediendo, y conviniendo hacer aquello a lo que se les invita. Y llegan junto al amado y ven el radiante espectáculo que ofrece. Al divisarlo el cochero, su recuerdo se transporta a la naturaleza de la belleza, y la ve de nuevo estar con la moderación en un santo pedestal. Al verla se llena de temor, y dominado de un religioso respeto cae de espaldas, quedando a la vez forzado a tirar de las riendas hacia atrás con tanta violencia que hace sentarse a ambos caballos

sobre sus grupas, el uno, de buen grado, por no oponer
resistencia, y el indómito muy contra su voluntad. Una
vez que se han retirado a cierta distancia, el buen
caballo, por su vergüenza y sobresalto, empapa de sudor a toda el alma; el otro, calmado el dolor que le
produjo el freno y la caída y recobrado apenas el
aliento, prorrumpe en injurias colérico, haciendo mil
reproches al auriga y a su compañero de tiro, como
si hubieran abandonado por cobardía y falta de virilidad su puesto y el convenio. Y presionándolos de
nuevo para acercarse en contra de su deseo, a duras
penas les concede ante sus súplicas dejar la tentativa
para más adelante. Pero una vez transcurrido el plazo
señalado, como finjan ambos no acordarse de su pro-
mesa, se la recuerda, y ejerciendo sobre ellos violencia,
entre relinchos y tirones, les obliga de nuevo a acercarse al amado para hacerle las mismas proposiciones.
Y una vez que se han acercado, agachando la cabeza,
estirando la cola y mordiendo el freno, tira de ellos
con desvergüenza. Mas el cochero, que aún más que
antes experimenta el mismo sentimiento, cae hacia atrás
como un corredor ante la barrera de salida, y con
fuerza aún mayor tira del freno del caballo indómito; sácaselo hacia atrás fuera de los dientes, llena
de sangre su boca malhablada y sus mandíbulas, y haciéndole apoyar sus patas y sus grupas en tierra se las
"entrega a los dolores" [56]. Así, cuando ha padecido lo
mismo el mal caballo muchas veces y cesa en su rebeldía, humillado, obedece ya a los propósitos del
auriga, y siempre que divisa al bello mancebo se muere
de miedo. De suerte que ocurre ya entonces que el
alma del amante sigue a su amado con un sentimiento
de respeto y de temor.

[56] Fórmula homérica, cf. *Od.* XVII, 567.

Así que, como recibe éste toda clase de cuidados, cual si fuera semejante a un dios, por parte de un amante que no es fingido, sino que siente el amor verdaderamente; y como asimismo él es por propia naturaleza amigo de su admirador; aunque anteriormente hubiera sido censurado por sus condiscípulos u otros cualesquiera, que le dijeran que era un deshonor acercarse a un amante, y por esta razón le hubiera rechazado; entonces ya, con el paso del tiempo, es impulsado no sólo por su edad, sino también por su conveniencia a aceptar al amante en su compañía. Pues no es cierto que el destino haya fijado que el malvado sea amigo del malvado, ni que el bueno no sea amigo del bueno. Y una vez que lo ha admitido y acogido favorablemente su conversación y su trato, la benevolencia del amante al mostrarse de cerca deja perplejo al amado, quien se percata de que la porción de amistad que todos sus demás amigos y familiares juntos le ofrecen no es nada en absoluto en comparación con un amigo poseído por un dios. Así, cuando haya pasado el tiempo haciendo esto, y adquirido intimidad con el amante con los contactos en los gimnasios, y en los demás lugares de reunión, entonces ya la fuente de aquella corriente, a la que Zeus enamorado de Ganimedes diera el nombre de "flujo de pasión", lanzándose a torrentes en el amante, en parte se hunde en él, y en parte, una vez lleno y rebosante, se derrama de él al exterior. Y de la misma manera que el viento o el eco, rebotando de una superficie lisa y dura, vuelve otra vez al punto de donde había partido, la corriente de la belleza llega de nuevo al bello mancebo a través de los ojos, el conducto por donde es natural que se encamine hasta el alma; y excitándola vivifica los orificios de las alas, y los impulsa a criar plumas, llenando a su vez de amor el alma del amado. Queda éste entonces enamorado, pero ignora de qué, y no sabe qué es lo que le pasa, ni puede explicarlo. Antes bien, como si se hubiera contagiado de una oftalmía de otro, no puede dar razón de su estado, y le pasa inadvertido que se está mirando en el amante como en un espejo. Cuando éste está presente, se le acaban sus cuitas de la misma manera que a aquél, y cuando está ausente, de la misma manera le añora que él es añorado, pues tiene como imagen del amor un "contra-amor". Pero no cree que sea amor, sino amistad, y así lo llama. Y su deseo de ver, de tocar, de besar, de yacer con el amante es semejante al que éste experimenta, aunque más débil. Por ello, como es natural, este deseo hace que se llegue rápidamente a las consecuencias que le siguen. Pues mientras yacen juntos, el caballo desenfrenado del amante sabe qué debe decir al auriga, y pretende, como recompensa de muchas fatigas, el disfrutar un poco. El amado, en cambio, no sabe decir nada, pero, turgente de deseo como está y lleno de perplejidad, abraza al amante y le besa, como si mostrara su cariño a uno que muy bien le quiere; y cuando comparten el mismo lecho está en situación de no negarle, por su parte, su favor al amante, si éste solicitara el obtenerlo. A su vez, el compañero de tiro con el auriga se oponen a esto con su sentido del respeto y su capacidad de reflexión. De ahí precisamente que, si se imponen las partes mejores de la mente conduciéndoles a un régimen ordenado de vida y al amor de la sabiduría, pasen ambos la vida de aquí en la felicidad y en la compenetración espiritual, dueños de sí mismos y moderados, tras haber dominado aquella parte del alma en la que está innato el vicio y liberado aquella otra en la que está innata la virtud. Y de ahí que al término de sus vidas, transformados en seres alados y ligeros, hayan vencido el primero de los tres asaltos de esta lucha verdaderamente olímpica, un bien que no tiene parejo entre los que pueden procurarle al hombre tanto la humana cordura como la locura divina. Por el contrario, si escogen un régimen de vida más vulgar y sin amor de la sabiduría, aunque sí con amor de los honores, es muy probable que en alguna ocasión, bien sea en las borracheras o en algún otro momento de descuido, los dos corceles desenfrenados de ambos, cogiendo desprevenidas sus almas, las lleven juntamente al mismo fin, eligiendo así y consumando aquello que para el vulgo es lo que procura mayor felicidad. Y una vez que han consumado el acto, en adelante ya usan de él, por más que no sea con frecuencia, puesto que hacen algo que no le parece bien a la totalidad de la mente. Los miembros de esta pareja, sin duda alguna, pasan también su vida en mutua amistad, aunque menos que los de aquella otra, tanto mientras dura su amor como cuando ha terminado, por considerar que se han dado y recibido mutuamente las mayores garantías de lealtad, que no es lícito violar jamás para entrar en enemistad. Así, al final de su vida salen de su cuerpo, sin alas, es cierto, pero habiendo deseado vivamente el tenerlas, de modo que no es pequeña la recompensa que se llevan de su amorosa locura. Pues no prescribe la ley que vuelven a las tinieblas del viaje subterráneo quienes han comenzado su viaje bajo el cielo, sino que sean felices llevando una vida de claridad, haciendo su camino juntamente, y recibiendo ambos a causa de su amor iguales alas, cuando les llegue el momento de tenerlas.

Tantos son, muchacho, y tan divinos los dones que te otorgará la amistad del enamorado. La familiaridad, en cambio, con el no-enamorado, mezclada de humana cordura, dispensadora de bienes humanos y mezquinos, y que produce en el alma del amigo una disposición impropia de hombres libres, encomiada por la masa como virtud, la hará ir y venir alrededor y bajo tierra nueve millares de años privada de razón".

Aquí tienes, oh querido Amor, la más bella y mejor palinodia que hemos podido ofrecerte en desagravio, y que entre otras cosas ha sido obligada a pronunciarse con ciertos términos poéticos a causa de Fedro. Ea, pues, concediendo tu perdón a mis palabras anteriores y tu favor a éstas, benevolente y propicio, no me quites, ni mutiles en un momento de cólera el arte amatoria que me otorgaste, y concédeme aún más que ahora el ser estimado entre los bellos mancebos. Y si anteriormente dijimos Fedro y yo en nuestras palabras algo duro para ti, echando la culpa de ello a Lisias, el padre de la discusión, apártale de discursos semejantes, y dirígile, como se ha dirigido su hermano Polemarco, a la filosofía, a fin de que también este su amante no nade más, como ahora, entre dos aguas, y dedique de una vez su vida a ocuparse del Amor con discursos filosóficos.

Fedro.—Uno a la tuya, Sócrates, mi súplica de que, si eso es mejor para nosotros, se cumpla. Pero en lo que respecta a tu discurso, desde hace rato estoy dominado por el asombro de cuánto más bello que el anterior lo conseguiste. De suerte que temo que Lisias se me vaya a mostrar mediocre en caso de que quiera oponerle otro. Pues, además, el otro día, oh hombre admirable, un político le reprendió y reprochó por su ocupación precisamente, calificándole a lo largo de toda su reprimenda de "escribe-discursos". Así que tal vez por amor a su reputación se nos abstenga de escribir.

Sócrates.—Ridícula, joven, es la decisión que dices, y te equivocas grandemente sobre tu amigo, si le tienes por hombre tan temeroso del reproche. Y tal vez crees también que su represor decía en tono de censura lo que decía.

FEDRO.—Pues lo aparentaba, Sócrates. Y tú también sabes que los que gozan de mayor influencia y respeto en las ciudades se abstienen por vergüenza de escribir discursos y de dejar obras debidas a su pluma, temiendo por su reputación en la posteridad, no sea que vayan a ser llamados sofistas.

SÓCRATES.—Eso es un "dulce recodo" [57], Fedro, y te ha pasado inadvertido que la expresión viene del largo recodo en el Nilo. Y además de lo del recodo, se te escapa el hecho de que son los políticos más pagados de sí mismos quienes con más ardor desean el escribir discursos y dejar escritos, pues siempre que escriben un discurso, tanto se complacen con sus panegiristas, que añaden en cláusula adicional y en primer lugar los nombres de los que en cada caso les alaban.

FEDRO.—¿Qué quieres decir con esto? No lo comprendo.

SÓCRATES.—¿No te das cuenta de que al comienzo del escrito de un político lo que está escrito primero es el nombre del ensalzador?

FEDRO.—¿Cómo?

SÓCRATES.—"Le pareció bien al Consejo", o "al Pueblo", o a ambos, viene a decir el autor, y añade: "Fulano presentó la propuesta", refiriéndose a sí mismo con gran solemnidad y elogio de su persona; luego expone lo que viene a continuación, demostrando su propia sabiduría a sus aprobadores, y haciendo

---

[57] Es decir, una excusa. El proverbio lo explican Gregorio de Chipre *(Paroemiographi Graeci* II, p. 66, ed. Leutsch), Hesiquio y Hermias, cf. la nota de Thompson a este lugar. Del ἀγκών del Nilo habla Heródoto II, 99.

con ello a veces el escrito sumamente largo. ¿Acaso te parece a ti que semejante composición difiere de un discurso redactado?

FEDRO.—A mí, no.

SÓCRATES.—Pues bien, en el caso de que ese discurso-propuesta tenga éxito, su autor se marcha del estrado lleno de alegría. En cambio, si aquélla es borrada de la orden del día, y éste queda frustrado en su capacidad de escritor de discursos, y no es tenido por digno de redactar una propuesta, se duelen tanto él como sus amigos.

FEDRO.—Y mucho.

SÓCRATES.—Evidentemente, no por desprecio de la profesión, sino por admiración.

FEDRO.—Exacto.

SÓCRATES.—¿Y qué? Cuando un orador o un rey, habiendo tomado el poder de un Licurgo, de un Solón o de un Darío, queda capacitado para llegar a ser un escritor de discursos inmortal en su ciudad, ¿no se considera a sí mismo como un ser semejante a los dioses, cuando aún está con vida, y no tiene la posteridad la misma opinión sobre él, cuando contempla sus escritos?

FEDRO.—Sin duda alguna.

SÓCRATES.—¿Crees entonces que un hombre de esa índole, cualquiera que fuera él y el motivo de su animosidad contra Lisias, le reprocharía el mero hecho de escribir?

FEDRO.—No es probable, de atenerse a lo que dices. Pues sería su propia aspiración lo que, al parecer, vituperaría.

SÓCRATES.—Luego es algo evidente para todo el mundo, que no es vergonzoso el hecho en sí de escribir discursos.

FEDRO.—En efecto.

Sócrates.—Pero esto otro, creo yo, ya sí lo es: el no hablar ni escribir bien, sino mal y de una manera vergonzosa.

Fedro.—Evidentemente.

Sócrates.—¿Cuál es entonces la manera de escribir bien o no? ¿Sentimos alguna necesidad, Fedro, de interrogar a Lisias sobre esta cuestión, o a cualquier otro que haya escrito alguna vez o vaya a escribir una obra sobre asunto político o privado, bien en verso como poeta, bien sin él como prosista?

Fedro.—¿Preguntas si sentimos esa necesidad? Y ¿por qué otro motivo se habría de vivir, por decirlo así, sino por mor de placeres semejantes? Pues, sin duda, no será por aquellos otros que exigen sufrir de antemano, so pena de no sentir gozo alguno; lo que precisamente entrañan casi todos los placeres corporales, y ha hecho que con razón se les haya dado el nombre de serviles.

Sócrates.—Así, pues, tenemos tiempo, al parecer. Y me da la impresión de que las cigarras a la vez que cantan por encima de nuestras cabezas y conversan entre ellas, como suelen hacer en pleno ardor del sol, nos están contemplando. Así que, si nos vieran a nosotros dos, como a la generalidad de los hombres a mediodía, sin conversar, y dando cabezadas, cediendo a su hechizo por pereza mental, se reirían de nosotros con razón, en la idea de que habían llegado a este retiro unos esclavos a echarse las siesta, como corderos, a orillas de la fuente. En cambio, si nos ven conversar y costearlas, como si fueran las sirenas, insensibles a su embrujo, tal vez nos concederían admiradas el don que por privilegio de los dioses pueden otorgar a los hombres.

Fedro.—¿Y cuál es ese don que pueden conceder? Pues, según parece, nunca he oído hablar de él.

Sócrates.—Pues es ciertamente impropio de un hombre amante de las musas el no haber oído hablar de tales cosas. Se dice que estos animalillos fueron antaño hombres de los que hubo antes de que nacieran las musas; y que, al nacer éstas y aparecer el canto, quedaron algunos de ellos tan transportados de placer, que cantando, cantando, se descuidaron de comer y de beber, y murieron sin advertirlo. De éstos nació después la raza de las cigarras que recibió como don de las musas el de no necesitar alimento; el de cantar, desde el momento en que nacen hasta que mueren, sin comer ni beber; y el de ir después de su muerte a notificarles cuál de los hombres de este mundo les rinde culto, y a cuál de ellas. Así, pues, a Terpsícore le ponen en conocimiento de los que la honran en las danzas, haciéndolos así más gratos a sus ojos; a Erato le notifican los que la honran en las cuestiones del amor; y hacen lo mismo con las demás, según el tipo de honor de cada una. Pero es a la mayor en edad, Calíope, y a Urania, que la sigue, a quienes dan noticia de los que pasan su vida entregados a la filosofía, y cultivan el género de música que ellas presiden. Y éstas precisamente, por ser entre las musas las que se ocupan del cielo y de los discursos divinos y humanos, son las que emiten la más bella voz. De ahí que por muchas razones debamos hablar en vez de dormir al mediodía.

Fedro.—Desde luego, debemos hablar.

Sócrates.—En ese caso lo que debemos hacer es ocuparnos de la cuestión cuyo examen propusimos hace un momento, a saber, la de cómo un discurso oral o escrito queda bien y cómo no.

Fedro.—Evidentemente.

Sócrates.—¿Y no es un requisito necesario para los discursos que han de pronunciarse bien y de una forma bella el que la mente del orador conozca la verdad de aquello sobre lo que se dispone a hablar?

FEDRO.—Sobre eso, amigo Sócrates, he oído decir lo siguiente: a quien va a ser orador no le es necesario aprender lo que es justo en realidad, sino lo que podría parecerlo a la multitud, que es precisamente quien va a juzgar; ni tampoco las cosas que son en realidad buenas o malas, sino aquéllas que lo han de parecer. Pues de estas verosimilitudes procede la persuasión y no de la verdad.

SÓCRATES.—No debe ser "palabra desdeñable" [58], Fedro, lo que digan los sabios. Lo que hay que hacer es examinar si dicen algo de peso. De ahí que lo dicho ahora no se haya de pasar por alto.

FEDRO.—Dices bien.

SÓCRATES.—Examinémoslo entonces de esta manera.

FEDRO.—¿Cómo?

SÓCRATES.—Si yo tratara de convencerte de que compraras un caballo para defenderte contra los enemigos en la guerra, y ambos desconociéramos lo que es un caballo, y yo tan sólo supiera con respecto a ti que Fedro tiene por caballo a aquel animal doméstico que tiene más grandes las orejas...

FEDRO.—Sería ridículo, Sócrates.

SÓCRATES.—En ese caso aún no, pero sí cuando tratara de persuadirte con ardor, componiendo un discurso en alabanza del asno, dándole el nombre de caballo [59], y asegurando que el bruto en cuestión es

---

[58] Fórmula homérica, cf. *Ilíada* II, 361 y III, 65.
[59] Aquí, probablemente, hay una alusión a un hecho real. Diógenes Laercio VI, 7 cuenta que Antístenes se levantó un día en la Asamblea para proponer que se nombrara por votación "caballos" a los asnos. Y ante el natural alboroto se defendió alegando que también se podía ver a muchos que

una posesión de inapreciable valor, tanto en casa, como en campaña, no sólo por su utilidad para combatir sobre él, sino también por su capacidad para el transporte de cargas, y por sus otras muchas aplicaciones.

FEDRO.—En tal caso sería ya ridículo a más no poder.

SÓCRATES.—¿Y no es mejor que el engaño sea ridículo y amistoso que temible y mal intencionado?

FEDRO.—Evidentemente.

SÓCRATES.—Pues bien, cuando el hombre que domina la retórica y desconoce el bien y el mal, habiéndoselas con una ciudad que se encuentra en la misma situación, trata de persuadirla, no sobre "la sombra de un asno" [60], haciendo su alabanza como si fuera un caballo, sino sobre lo que es malo como si fuera bueno, y por haber estudiado las opiniones de la masa la logra convencer a hacer el mal en lugar del bien, ¿qué clase de fruto crees que después de esto recogería la retórica de lo que había sembrado?

FEDRO.—No muy bueno.

SÓCRATES.—¿Pero acaso, mi buen amigo, no hemos vituperado con más rudeza que la debida al arte de los discursos? Ella tal vez nos podría decir: "¿Qué majaderías, hombres admirables, son esas que estáis diciendo? Yo no obligo a nadie a aprender a hablar ignorando la verdad. Por el contrario, si de algo vale, mi consejo es que la adquiera antes de hacerse conmigo. Pero he aquí la importante afirmación que

---

habían sido nombrados por votación estrategos sin que supieran nada.

[60] Alusión al proverbio ὄνου σκιά y περὶ ὄνου σκιᾶς (cf. *Paroemiographi Graeci* II, 193 y 565, ed. Leutsch), que citan entre otros Aristófanes, *Avisp.*, v. 191, Hesiquio y a Suda.

hago: sin mi concurso el conocedor de las realidades de las cosas no conseguirá en absoluto llegar a persuadir con arte."

FEDRO.—¿Y no hablará con justicia al decir esto?

SÓCRATES.—Sí, en el caso de que los argumentos que acudan en su auxilio atestigüen que es un arte. Pues me da la sensación como de oír a ciertos argumentos que se lanzan contra ella presentando el testimonio contrario, a saber, el de que miente y no es un arte, sino una rutina ajena por completo al arte. "Y un arte verdadero de la palabra —dice el Lacedemonio [61]— que no esté ligada a la verdad ni existe, ni habrá de existir jamás."

FEDRO.—Necesarios son esos argumentos, Sócrates. Ea, condúcelos hasta aquí, y examina qué dicen y cómo se expresan.

SÓCRATES.—Presentaos, pues, nobles criaturas [62], y persuadid a Fedro, el de los bellos hijos, de que, a no ser que filosofe lo bastante, jamás llegará a ser lo bastante capaz de hablar sobre cuestión alguna. Ahora que responda Fedro.

FEDRO.—Preguntad.

SÓCRATES.—¿No es tal vez, en su totalidad, el arte retórica una manera de seducir las almas por medio de palabras, tanto en los tribunales y demás reuniones públicas, como en las reuniones privadas? ¿No

---

[61] Stallbaum anota lo siguiente: *Lepidum est autem quod Laconum utitur testimonio; qua re nihil aliud videtur indicare, nisi hoc, vel sensum communem atque naturalem ad dicendi artem requirere solere veri scientiam et cognitionem.* Y cita a Plutarco, *Apophth. Lac.* 233 B, que depende probablemente de este pasaje del *Fedro*.

[62] Nótese: 1) el ritmo ᴗᴗᴗ — (peón); 2) la prosopopeya de los discursos, y 3) el uso de términos poéticos (καλλίπαις, θρέμματα). El pasaje es una parodia del estilo gorgiánico.

es una y la misma en las pequeñas y en las grandes cosas, y no más estimable su empleo correcto en los asuntos serios que en los asuntos sin importancia? ¿O cómo has oído tú decir esto?

Fedro.—No, ¡por Zeus!, así desde luego no, sino, más o menos, que es principalmente en los juicios donde se habla y se escribe con arreglo a los dictados del arte, y que de acuerdo también con ellos se habla en las alocuciones públicas. Pero más de esto no he oído decir.

Sócrates.—Entonces, ¿es que sólo has oído hablar de las "Artes retóricas" de Néstor y Ulises, que compusieron ambos en sus ratos de ocio en Troya, y no de las de Palamedes?

Fedro.—No, ¡por Zeus!, ni tampoco de las de Néstor; a no ser que me disfraces a Gorgias con los ropajes de un Néstor, o con los de un Trasímaco o Teodoro a Ulises.

Sócrates.—Tal vez. Pero dejemos a éstos, y dime: ¿qué hacen las partes litigantes en los tribunales? ¿No sostienen de hecho una controversia? O ¿qué hemos de decir?

Fedro.—Eso mismo.

Sócrates.—¿Sobre lo justo y lo injusto?

Fedro.—Sí.

Sócrates.—Y el que hace esto con arte, ¿no hará aparecer la misma cosa y a las mismas personas a veces justa y a veces, según su voluntad, injusta?

Fedro.—En efecto.

Sócrates.—Y en una alocución pública ¿no hará que parezcan a la ciudad las mismas cosas a veces buenas, y a veces lo contrario?

Fedro.—Así es.

Sócrates.—Y ahora, en lo que respecta al Palamedes de Elea[63], ¿no sabemos que hablaba con arte, de tal manera que le parecía a su auditorio que las mismas cosas eran semejantes y desemejantes, únicas y múltiples, y según los casos inmóviles o móviles?

FEDRO.—En efecto.

SÓCRATES.—Luego no son únicamente los tribunales y las alocuciones públicas sobre lo que se ejerce el arte de la controversia. Antes bien, según parece, hay solamente un arte, si es que lo hay, que se aplica a todo lo que se dice; y sería ésta la que puede conferir a un individuo la capacidad de hacer semejante a todo todas las cosas susceptibles de ello ante quienes se pudiera hacer esto, y asimismo la de sacar las cosas a la luz, cuando es otro el que realiza esta semejanza y ocultación.

FEDRO.—¿Qué quieres decir con esto?

SÓCRATES.—Si lo indagamos de este modo, creo que se nos mostrará con claridad. ¿Dónde se da mayormente el engaño, en las cosas que difieren mucho, o en las que difieren poco?

FEDRO.—En las que difieren poco.

SÓCRATES.—De ahí entonces que se advierta menos que has llegado a lo contrario, si pasas de una cosa a otra poco a poco, y no a saltos.

FEDRO.—¡Cómo no!

SÓCRATES.—Luego es preciso que quien se disponga a engañar a otro y a no ser él mismo engañado discierna con exactitud la semejanza y la desemejanza de las cosas.

FEDRO.—Ciertamente es necesario.

SÓCRATES.—¿Y será capaz, desconociendo la verdad de cada cosa, de distinguir en las demás la seme-

---

[63] Probablemente Zenón. Gorgias, como hace notar con razón Ast, es comparado con Néstor, *propter suavitatem orationis aetatisque longinquitatem.*

janza, grande o pequeña, del objeto por él ignorado?

Fedro.—Es imposible.

Sócrates.—Así, pues, en el caso de los que se forman opiniones en pugna con la realidad de las cosas y se equivocan, está claro que el error se ha insinuado en ellos en virtud de ciertas semejanzas.

Fedro.—En efecto, así se origina.

Sócrates.—Luego, ¿es posible de algún modo que posea la técnica de irse apartando gradualmente, por medio de semejanzas, de una realidad hasta llegar a su contrario, o de escapar personalmente de este engaño, aquel que no está en posesión del conocimiento de lo que es cada una de las realidades?

Fedro.—Jamás será posible.

Sócrates.—Luego el arte de la palabra que ofrecerá, compañero, quien no conozca la verdad, y haya andado a la caza de opiniones, será una ridícula, al parecer, y exenta de todas las perfecciones del arte.

Fedro.—En tal riesgo incurre.

Sócrates.—¿Quieres, pues, ver en el discurso de Lisias que traes y en los que pronunciamos nosotros algo de lo que decimos que está o no de acuerdo con las normas del arte?

Fedro.—Sí, con sumo gusto, pues por ahora hablamos, por decirlo así, sin armas, al no tener suficientes ejemplos.

Sócrates.—Por cierto que fue una suerte, al parecer, el que se pronunciaran aquellos dos discursos, ya que ofrecen ambos un ejemplo de cómo el conocedor de la verdad, jugando con las palabras, puede desviar del buen camino al auditorio. Y por mi parte, Fedro, echo la culpa de ello a los dioses del lugar, aunque tal vez sean los profetas de las Musas, es decir, esos cantores que tenemos encima de nuestras cabezas quienes nos hayan otorgado por inspiración ese don. Que desde luego yo no tengo ni arte ni parte en la oratoria [64].

Fedro.—Sea como dices. Tan sólo aclara tu afirmación.

Sócrates.—Venga, pues, léeme el principio del discurso de Lisias.

Fedro.—"Mi situación la conoces, y que estimo de nuestra conveniencia el que esto se realice lo has oído también. Pero no por ello creo justo el no conseguir mi demanda, por el hecho precisamente de no estar enamorado de ti. Pues los enamorados se arrepienten..."

Sócrates.—Para. Ahora toca decir cuál es el yerro del orador y en qué atenta su composición contra el arte. ¿No es verdad?

Fedro.—Sí.

Sócrates.—¿Y no hay al menos algo que es obvio para todo el mundo? Me refiero a lo siguiente, a saber, al hecho de que sobre algunas de las cosas de esta índole estamos de común acuerdo, y en discrepancia sobre otras.

Fedro.—Me parece entender lo que dices, pero repítelo con mayor claridad.

Sócrates.—Cuando alguien pronuncia el nombre del hierro o de la plata, ¿no nos representamos todos mentalmente el mismo objeto?

Fedro.—Exacto.

Sócrates.—¿Y qué ocurre cuando se dice el de lo justo o el de lo bueno? ¿No se va cada uno por su lado, y disentimos unos con otros, e incluso con nosotros mismos?

Fedro.—Efectivamente.

---

[64] La traducción literal es: "no tengo parte de ningún arte del hablar".

SÓCRATES.—Luego en unos casos concordamos y, en otros, no.

FEDRO.—Así es.

SÓCRATES.—¿Y en cuál de estos dos casos somos más susceptibles de engaño, y en cuál de estos dos tipos de objetos tiene mayor poder la retórica?

FEDRO.—Es evidente que en aquellos que vacilamos.

SÓCRATES.—Así, pues, quien se disponga a ir en busca del arte retórica debe, en primer lugar, hacer una clasificación metódica de dichos objetos, y aprehender algo que caracterice a cada una de sus dos especies, tanto a aquélla en la que indefectiblemente vacila el vulgo, como a aquélla otra en la que no.

FEDRO.—Excelente método, Sócrates, habría ideado quien aprehende dicha diferencia.

SÓCRATES.—En segundo lugar, creo yo, al encontrarse ante cada objeto, no le debe pasar inadvertido, sino darse cuenta inmediatamente de a cuál de las dos especies pertenece aquello sobre lo que se disponga a hablar.

FEDRO.—En efecto.

SÓCRATES.—¿Y qué? ¿Debemos decir que el amor es de las cosas que se prestan a discusión o de las que no?

FEDRO.—De las que se prestan a discusión sin duda. De lo contrario, ¿crees que te hubiera dado lugar a decir, como hace un momento dijiste, que es algo perjudicial para el amado y para el amante, y a sostener acto seguido que es el mayor de los bienes?

SÓCRATES.—Dices muy bien. Pero dime también esto —pues yo ciertamente, debido a mi rapto de inspiración, no me acuerdo en absoluto—, ¿definí el amor al principio de mi discurso?

FEDRO.—Sí, por Zeus, y con enorme precisión.

SÓCRATES.—¡Ay! ¡Cuánto más duchas en los discursos son, a tu decir, las Ninfas del Aqueloo y Pan, el hijo de Hermes, que Lisias, el hijo de Céfalo! ¿O estoy equivocado, y Lisias también nos obligó al principio de su "Erótico" a suponer el amor como un algo provisto de la realidad que él quiso conferirle, y llevó a término el resto de su discurso, ordenándolo con arreglo a este concepto previo? ¿Quieres que leamos otra vez su comienzo?

Fedro.—Sí, si a ti te parece. Pero lo que buscas no se encuentra en su discurso.

Sócrates.—Lee, para que le oiga a él personalmente.

Fedro.—"Mi situación la conoces, y que estimo de nuestra conveniencia el que esto se realice lo has oído también. Pero no por ello creo justo el no conseguir mi demanda, por el hecho precisamente de no estar enamorado de ti. Pues los enamorados se arrepienten de los beneficios que hacen, tan pronto como cesan en su deseo..."

Sócrates.—Ciertamente dista mucho, según parece, de hacer lo que buscamos. Pues intenta recorrer el discurso en sentido inverso, no desde el principio, sino desde el final, como si nadara a espalda, y comienza en el punto en que hablaría el amante a su amado al terminar ya. ¿Me equivoco acaso, Fedro, querido amigo?

Fedro.—No cabe duda, Sócrates, es un final el tema de su discurso.

Sócrates.—¿Y qué decir de lo demás? ¿No dan la impresión de haberse tirado en revoltijo las partes de su discurso? ¿Se ve acaso una necesidad que exija que lo dicho en segundo lugar haya de colocarse en segundo lugar, y no otra cosa cualquiera de las dichas? A mí, en efecto, en mi total ignorancia, me pareció que el escritor decía, no sin cierto atrevimiento, lo que se le iba ocurriendo. Pero ¿sabes tú de algún imperativo "logográfico" que le obligara a aquél a colocar así sucesivamente, unas al lado de otras, las partes de su discurso?

FEDRO.—¡Bueno estás!, si crees que yo soy capaz de penetrar tan agudamente en la intención de aquél.

SÓCRATES.—Pero esto sí creo que puedes afirmarlo: todo discurso debe tener una composición a la manera de un animal, con un cuerpo propio, de tal forma que no carezca de cabeza ni de pies, y tenga una parte central y extremidades, escritas de manera que se correspondan unas con otras y con el todo.

FEDRO.—¡Cómo no!

SÓCRATES.—Examina, pues, el discurso de tu amigo a ver si está escrito así o de otra manera, y encontrarás que no difiere en nada del epigrama [65] que, al decir de algunos, está inscrito en la tumba de Midas el Frigio.

FEDRO.—¿Qué epigrama es ese, y qué le ocurre?

SÓCRATES.—Helo aquí.

"De bronce doncella soy, y sobre la tumba de Midas
[*yazgo,*
en tanto que fluya agua, hayan árboles altos retoñado,
permaneciendo aquí mismo, sobre sepulcro tan llorado,
anunciaré a los que pasan que está aquí Midas en-
[*terrado."*

---

[65] Este epigrama (que Thompson compara con los *versus cancrini* medievales como *Otto tenet mappam madidam mappam tenet Otto), aparte del *Fedro*, se encuentra en la *Vida de Homero* del Pseudo-Heródoto 11, *Antología Palatina* VII, 153, Favorino, 38, Diógenes Laercio, I, 89. El v. segundo lo mencionan el autor del tratado *Sobre lo sublime* 36, 2, Sexto Empírico, *Hypot.* II, 37, *Adv. math* VIII, 184 y Libanio, *Or.* 17, 34. (Cf. Alfred Körte, *Festschrift Kretschmer* 110-15 y Leo Weber, *Hermes* LII, 1917, pp. 536-45.)

Y que no importa en absoluto el que se recite cualquiera de sus versos bien al principio, bien al final, es algo de lo que, según creo, te percatas.

FEDRO.—Estás haciendo escarnio de nuestro discurso, Sócrates.

SÓCRATES.—Pues bien, déjémosle estar, para que no te amohines. No obstante, me parece que tiene un montón de ejemplos que podrían ser de utilidad para quien pusiera su vista en ellos, a condición de que no intentara imitarlos en absoluto. Pero pasemos a los otros discursos. Había algo en ellos, que, según me parece, es interesante que vean los que quieren hacer un estudio de la oratoria.

FEDRO.—¿Qué es ese algo de que hablas?

SÓCRATES.—Eran los dos en cierto sentido contradictorios, puesto que decía el uno que había que otorgar favor al enamorado, y el otro al no-enamorado.

FEDRO.—Y con gran valentía lo decía.

SÓCRATES.—Creía que ibas a decir la verdad, que con locura. Pues, de hecho, lo que indagaban era eso mismo, ya que dijimos que el amor era una especie de locura. ¿No es verdad?

FEDRO.—Sí.

SÓCRATES.—Y había dos especies de locura, una producida por enfermedades humanas, y otra por un cambio de los valores habituales provocado por la divinidad.

FEDRO.—En efecto.

SÓCRATES.—Y en la locura divina distinguimos cuatro partes que asignamos a cuatro dioses, atribuyendo a Apolo la inspiración profética, a Dioniso la mística, a las Musas a su vez la poética, y la cuarta, la locura amorosa, que dijimos era la más excelsa, a Afrodita y a Eros. Y tratando de describir la pasión amorosa no sé con qué símiles, alcanzamos en parte tal vez la verdad; en parte también nos perdimos por otros caminos; amalgamamos un discurso que no es del todo increíble; y entonamos comedida y piadosamente un mítico himno en honor y solaz de mi señor y el tuyo, Fedro, el Amor, vigilante de los bellos mancebos.

FEDRO.—Y que no me fue en modo alguno desagradable de escuchar.

SÓCRATES.—Pues bien, captemos en él cómo pudo pasar del vituperio a la alabanza.

FEDRO.—¿En qué sentido dices esto?

SÓCRATES.—Para mí es evidente que todo lo demás ha sido verdaderamente un juego. Pero entre esas cosas que por fortuna se dijeron había dos tipos de procedimiento, cuya significación para el arte retórica no sería desagradable captar si se pudiera.

FEDRO. ¿Cuáles son, pues?

SÓCRATES.—El llevar con una visión de conjunto a una sola forma lo que está diseminado en muchas partes, a fin de hacer claro con la definición de cada cosa aquello sobre lo que en cada caso se pretende desarrollar una enseñanza. Precisamente tal y como hace un momento se habló sobre el amor, habiéndose definido mal o bien lo que realmente es. Pues, al menos, lo que había de claridad y concordancia consigo mismo en el discurso pudo éste conseguirlo por dicha razón.

FEDRO.—¿Y cuál es el otro procedimiento de que hablas, Sócrates?

SÓCRATES.—El ser, inversamente, capaz de dividir en especies, según las articulaciones naturales, y no tratar de quebrantar parte alguna, a la manera de un mal carnicero, sino hacerlo como lo hicieron hace un momento los dos discursos. Cogieron éstos lo que había de locura en la mente, en común y como una sola forma; pero de la misma manera que en un solo cuerpo hay dos series de miembros homónimos, que se llaman unos izquierdos y otros derechos, así también consideraron los dos razonamientos el caso de la locura; es decir, como si fuera en nosotros por naturaleza una única forma. Pero uno de ellos se dedicó a dividir la parte de la izquierda, y no desistió de ir haciendo nuevas divisiones, hasta el momento en que, encontrando en ellas un amor denominado "siniestro", lo vituperó muy en justicia. El otro, en cambio, conduciéndonos hacia las partes de la derecha de la locura, y encontrando a su vez un amor homónimo de aquél, pero divino, lo expuso a nuestras miradas, y lo alabó como el origen de nuestros mayores bienes.

FEDRO.—Dices una gran verdad.

SÓCRATES.—Y naturalmente, Fedro, yo mismo soy un enamorado de esas divisiones y sinopsis, a fin de poder ser capaz de hablar y de pensar. Y si estimo que otro tiene la capacidad natural de ver en unidad y en multiplicidad, voy "en pos de sus huellas, como si fuera un dios"[66]. Y ciertamente a los que pueden hacer eso, Dios sabe si les doy o no el nombre apropiado, pero hasta este momento les llamo "dialécticos". Pero ahora, una vez recibida la lección que tú y Lisias nos dais, dime qué les debemos llamar. ¿O acaso es esto que he expuesto el arte oratoria, con cuyo uso Trasímaco y los demás se han hecho ellos diestros en hablar y hacen a cuantos otros estén dispuestos a aportarles sus ofrendas como a reyes?

FEDRO.—Hombres de categoría regia son sin duda, pero no conocedores del objeto al que alude tu pregunta. Ahora bien, en lo que respecta a ese método, me parece que le das el nombre exacto al llamarlo "dia-

[66] Reminiscencia homérica tal vez, cf. *Od.* V, 192.

léctico". Con todo, me parece que el "retórico" aún se nos escapa.

Sócrates.—¿Cómo dices? ¿Puede haber algo de valía que, privado de estos requisitos, se adquiera, no obstante, por técnica? Bajo ningún concepto debemos ni tú ni yo menospreciarlo, sino decir qué es en verdad lo que aún queda de la retórica.

Fedro.—Un montón de cosas, Sócrates, al menos las que se encuentran en los tratados sobre el arte de la palabra.

Sócrates.—Hiciste bien en recordármelo. En primer lugar, creo yo, está eso de que debe pronunciarse un *exordio* al principio del discurso. ¿Te refieres —¿no es verdad?— a esas sutilezas del arte?

Fedro.—Sí.

Sócrates.—Y en segundo lugar una *exposición*, y a continuación los *testimonios*, y en tercer lugar los *indicios*, y en cuarto las *probabilidades*. Y creo que incluso habla de una *confirmación*, y una *confirmación adicional* ese excelente artífice de la palabra nacido en Bizancio...

Fedro.—¿Te refieres al hábil Teodoro?

Sócrates.—¡Cómo no! Y también dice que se debe hacer una *refutación* y una *refutación adicional* tanto en la acusación, como en la defensa. ¿Y no sacamos a la lid al extraordinario Eveno de Paros, que fue el primero que descubrió la *alusión velada* y los *elogios indirectos*? Y algunos hay que aseguran que hizo también *vituperios indirectos* en verso para que pudieran recordarse, pues era un verdadero sabio. ¿Y vamos a dejar dormir a Tisias y a Gorgias, que vieron que habían de estimarse más las verosimilitudes que las verdades, y por la fuerza de su palabra hacen aparecer las cosas pequeñas como grandes, las grandes como pequeñas, lo que es nuevo como si fuera viejo, y lo contrario como si fuera nuevo, y descubrieron cómo hablar con concisión o extenderse indefinidamente sobre cualquier materia? Oyéndome un día Pródico decir esto se echó a reír, y afirmó que él era el único que había descubierto la clase de discursos que requiere el arte: ni largos, ni cortos, sino de una extensión moderada.

Fedro.—Muy sabiamente dicho, Pródico.

Sócrates.—¿Y no hablamos de Hipias? Pues creo que a Pródico también le prestaría su voto el extranjero de Elis.

Fedro.—¡Qué duda cabe!

Sócrates.—¿Y cómo hemos de calificar las exquisiteces de los modos de expresión de Polo, verdaderos santuarios de las Musas [67], como la *expresión reiterativa*, la *expresión sentenciosa*, y la *expresión mediante imágenes*? ¿Y el rebuscamiento de sus vocablos "licimnios", que le diera Licimnio para contribuir a su elocuencia?

Fedro.—¿Y no había también, Sócrates, otras tantas invenciones de Protágoras semejantes a éstas?

Sócrates.—Sí, muchacho, una *correcta dicción*, y otras muchas cosas bellas. Pero en el arte de aplicar, aun al arrastre, discursos plañideros a la vejez y a la pobreza, me parece a mí que quien se lleva la palma es ese vigoroso orador de Calcedón [68], que asimismo

---

[67] Robin sigue a Heindorf al tener la expresión μουσεῖα λόγων como el título de una obra de Polo. Hackforth es también de esta opinión. Nosotros estimamos con Thompson que μουσεῖα rige tanto a λόγων como al ὀνομάτων de más abajo y equivale a "exquisitez, rebuscamiento". De ahí la traducción un tanto libre que ofrecemos.

[68] Nótese: 1) la ἀντονομασία (τοῦ Χαλκηδονίου); 2) la περίφρασις frecuente en Homero con σθένος; 3) la metáfora (ἑλκομένων); 4) el compuesto οἰκτρογόων altamente poético,

tenía la habilidad de provocar la indignación de la masa, y de nuevo calmar su ira con su embrujo, según afirmaba. De ahí que fuera el más experto tanto para lanzar calumnias, como para disiparlas. Pero en lo que ciertamente parece que hay un común acuerdo es en la terminación de los discursos, que llaman unos *recapitulación* y otros le dan otro nombre.

FEDRO.—¿Te refieres al recordar al final del discurso al auditorio en un resumen, uno por uno, los puntos que se han tratado?

SÓCRATES.—A eso me refiero. Y si tú puedes decir algo más con respecto al arte de la palabra...

FEDRO.—Pequeñeces, no dignas de mención.

SÓCRATES.—Dejemos entonces las pequeñeces, y veamos más bien a la luz esto de que estamos hablando, a saber, qué poder tienen los preceptos del arte, y cuándo.

FEDRO.—Uno y muy poderoso, Sócrates, al menos en las reuniones de la multitud.

SÓCRATES.—Lo tienen, en efecto. Pero, ¡ay, bienaventurado amigo!, mira también tú a ver si no te parece, como a mí, que su urdimbre deja huecos.

FEDRO.—No tienes más que mostrarlos.

SÓCRATES.—Dime entonces: si acercándose uno a tu amigo Erixímaco o a su padre Acúmeno le dijese: "Yo sé aplicar a los cuerpos medicinas tales que pueden calentarlos o enfriarlos, si quiero; obligarles a vomitar, si me place; a hacer de vientre, si es esa mi voluntad, y también producir en ellos otros muchos efectos semejantes; y por saber esto me creo capaz de ser médico, y de convertir en médico a quien trans-

---

y 5) el ritmo del pasaje. De nuevo Platón se burla de la prosa artística de su época.

mita el conocimiento de estas medicaciones"; ¿qué crees tú que dirían después de oírle?

FEDRO.—¿Qué otra cosa podrían hacer sino preguntarle si sabía además a quiénes debe aplicar cada uno de esos tratamientos, y en qué momento, y hasta qué límite?

SÓCRATES.—¿Y si él respondiera: "En absoluto. Pero estimo que el que aprende esto de mí queda capacitado por sí solo para hacer lo que preguntas"?

FEDRO.—En ese caso dirían, creo yo, que el individuo en cuestión está loco, y que por haber oído hablar de estas cuestiones en algún libro o haberse tropezado con medicamentos, cree haberse hecho médico, aunque no entiende nada de ese arte.

SÓCRATES.—¿Y qué me dices si, llegándose uno a Sófocles o a Eurípides, les dijera que sabe componer larguísimos parlamentos sobre un asunto de pequeña monta; o sumamente pequeños sobre uno importante; quejumbrosos, cuando quiere; o, por el contrario, temibles y amenazadores; y así sucesivamente con todas las cosas de este tipo; y se imaginara que enseñando esto transmite el modo de componer una tragedia?

FEDRO.—También éstos, Sócrates, se reirían, me supongo, de que alguien creyera que una tragedia es otra cosa que la disposición de dichos pasajes hecha de forma que se correspondan entre sí y con el todo de la obra.

SÓCRATES.—Sin embargo, creo yo, no le increparían con rudeza, sino que emplearían los mismos términos que un músico al tropezarse con un hombre que cree saber de armonía, porque conoce casualmente cómo se puede hacer dar a la cuerda la nota más aguda y la más grave. Pues no le diría violentamente: "¡Ay desdichado!, no estás en tu sano juicio", sino a fuer de músico en un tono más afable: "Buen hombre, es necesario, en efecto, que tenga también este conocimiento el que vaya a ser un armonizador, pero esto no quita que no entienda ni pizca de armonía quien se encuentra en tu situación. Pues posees los conocimientos necesarios que preceden a la armonía, pero no los relativos a ésta."

FEDRO.—Muy puesto en razón.

SÓCRATES.—Y así también Sófocles a quien les hizo, a él y a Eurípides, aquella demostración le diría que tenía los conocimientos previos a la tragedia, pero no los relativos a ésta; y lo mismo replicaría Acúmeno a su hombre, diciéndole que poseía los anteriores a la medicina, pero no los de esta ciencia.

FEDRO.—Completamente.

SÓCRATES.—¿Y qué creemos que harían Adrasto [69], el de la voz de miel, y Pericles, si oyeran hablar de esas bellísimas invenciones del arte oratoria que hace un momento expusimos: las braquilogías, las expresiones por medio de imágenes, y cuantos recursos dijimos al enumerarlos que debían ser considerados a plena luz? ¿Les haría acaso la rusticidad como a ti y a mí, decir coléricamente alguna palabra ineducada contra los que han escrito estas cosas y las enseñan como si fueran la retórica, o, como más sabios que nosotros, nos reprenderían incluso a los dos? Y dirían: "Oh Fedro, y tú Sócrates, no debe uno irritarse,

---

[69] Rey de Argos; el epíteto procede de Tirteo (fr. 8, 7 Bergk). Ast ha pretendido encontrar, encubierta bajo este nombre, una alusión a Antifonte de Ramnunte. Pero, según ha puesto de relieve Thompson, no es probable que así sea por haber considerado los antiguos su estilo deficiente en suavidad. Dionisio de Halicarnaso (*De comp. verb.*, p. 52, ed. Reiske) le tiene por un representante de la αὐστηρὰ λέξις, y la mención que de él se hace en el *Menéxeno* no es laudatoria.

sino perdonar, si algunos por no saber emplear el método dialéctico quedaron incapacitados para definir qué es la retórica, y a consecuencia de este percance creyeron, al estar en posesión de los necesarios conocimientos previos a este arte, que la habían descubierto. De ahí que, cuando enseñan dichos conocimientos a los demás, estimen que han quedado perfectamente instruidos por ellos en la retórica, y supongan que el emplear cada uno de dichos recursos de un modo convincente, y el que se estructure el todo de la obra congruentemente —¡casi nada!— es algo que deben sus discípulos procurarse por sus propios medios en sus discursos".

FEDRO.—En verdad, Sócrates, es muy probable que tal sea la índole del arte, que esos hombres califican de retórica tanto en sus enseñanzas como en sus escritos, y a mí al menos me parece que has dicho la verdad. Pero, entonces, ¿cómo y de dónde se podría uno procurar el arte del que en realidad es orador elocuente y persuasivo?

SÓCRATES.—El poder llegar a ser un maestro consumado en este arte, Fedro, es verosímil —y tal vez también necesario— que sea como todo lo demás. Si en tus condiciones naturales está el ser elocuente, serás un orador insigne, si a aquéllas añades la ciencia y la práctica. Y en lo que de éstas quedes corto, en eso mismo serás imperfecto. Pero en lo que hay en ello de arte, me parece que el buen camino no va por la senda seguida por Lisias y Trasímaco.

FEDRO.—Entonces, ¿por dónde va?

SÓCRATES.—Es muy probable, mi buen amigo, que Pericles haya sido con razón el hombre más perfecto de todos en la oratoria.

FEDRO.—¿Por qué?

SÓCRATES.—Todas las artes importantes necesitan

como aditamento el "charlatanear" y el "meteorologizar" [70] sobre la naturaleza. Pues de ahí parece que viene esa elevación mental y esa eficacia en todos los aspectos. Y esto, en adición a sus dotes naturales, fue lo que adquirió Pericles. Pues habiendo tropezado con Anaxágoras, un hombre, creo yo, que reunía esas condiciones, llenóse de "meteorología" y penetró en la naturaleza de la inteligencia y de la falta de inteligencia, sobre las que tantísimo hablaba Anaxágoras; y de ahí sacó y aplicó al arte de la palabra lo que le convenía.

FEDRO.—¿En qué sentido dices eso?

SÓCRATES.—Sobre poco más o menos la medicina y la retórica tienen la misma particularidad.

FEDRO.—¿Cómo?

SÓCRATES.—En ambas es preciso analizar una naturaleza, la del cuerpo en la una, y la del alma en la otra, si no es únicamente por la rutina y la práctica, sino de un modo científico como se pretende aplicar, al uno la medicación y el alimento conveniente, a fin de conferirle la salud y la fuerza, y a la otra los razonamientos y las prácticas de rigor, con objeto de comunicarle las convicciones que quieras y la virtud.

FEDRO.—Lo verosímil al menos, Sócrates, es así.

SÓCRATES.—¿Y crees que es posible comprender la naturaleza del alma de un modo digno de tenerse en cuenta sin haber comprendido la naturaleza de su totalidad?

---

[70] Sobre el sentido de estas expresiones ya se ha hablado en el prólogo; Sócrates alude en burla a las calumnias que se le hacen de ser un charlatán (cf. las *Nubes* de Aristófanes), y de especular sobre las cosas celestes (τὰ μετέωρα φροντιστής, *Apología* 18 B), empleando el mismo lenguaje que el vulgo, para quien el filosofar no es más que pura charlatanería y andarse por las nubes.

Fedro.—De prestar crédito a Hipócrates el Asclepíada, ni siquiera es posible comprender la del cuerpo, sin seguir ese método.

Sócrates.—Y su afirmación, compañero, es exacta. Pero, aparte de Hipócrates, es preciso examinar la razón a ver si concuerda con su aserto.

Fedro.—Sí.

Sócrates.—Pues bien, en lo relativo a la naturaleza observa qué es lo que dicen Hipócrates y la estricta razón. ¿No es así como se debe reflexionar sobre la naturaleza de cualquier cosa? En primer lugar, ver si es simple o complejo aquello sobre lo que queramos poseer un conocimiento científico, y tener la posibilidad de trasmitírselo a otra persona. Luego, si es simple, examinar sus capacidades: cuál es la que tiene por naturaleza para obrar, y en qué, y cuál otra para padecer, y por la acción de qué agente. Por último, si tiene varias partes; tras haberlas enumerado, ver en cada una de ellas, como en el caso del objeto simple, qué es lo que puede hacer por naturaleza y con cuál de ellas, y qué es lo que puede padecer, en qué parte, y por qué agente.

Fedro.—Es probable, Sócrates, que sea así.

Sócrates.—En efecto, pues, el método que prescindiera de esto se parecería al caminar de un ciego. Pero ciertamente no es ni con un ciego, ni con un sordo con quien se debe comparar al que persigue de un modo científico cualquier conocimiento. Por el contrario, está claro que si alguien enseña con arte a alguno discursos, le mostrará con precisión la realidad de la naturaleza de aquello a lo que éste vaya a aplicar dichos discursos. Y eso, sin duda, será el alma.

Fedro.—Desde luego.

Sócrates.—Así, pues, su esfuerzo entero va dirigido a eso, pues en ello intenta producir la persuasión. ¿No es verdad?

FEDRO.—Sí.

SÓCRATES.—Luego es evidente que Trasímaco o cualquier otro que enseñe con seriedad el arte retórica describirá primero con toda minuciosidad el alma y hará ver si es una cosa única y homogénea, o, a la manera del cuerpo, compleja. Pues en esto estriba, decimos, el mostrar la naturaleza de algo.

FEDRO.—Exactamente.

SÓCRATES.—En segundo lugar hará ver qué es lo que puede hacer, según su naturaleza, y con cuál de sus partes, o bien qué es lo que puede sufrir, y por la acción de cuál agente.

FEDRO.—Desde luego.

SÓCRATES.—Y en tercer lugar, clasificando los géneros de discursos y de almas, así como sus afecciones, expondrá todas las causas, acomodando a cada género el suyo, y enseñando qué clase de almas, por efecto de qué clase de discursos, y por qué causa necesariamente se convencen, unas sí, y otras no.

FEDRO.—Este sería, al menos, según parece, el mejor modo de proceder.

SÓCRATES.—Ni habrá nunca otro, amigo mío, con el que pueda decirse o escribirse con arte, ni esto de que hablamos, ni ninguna otra cuestión, bien sea en la forma de ejercicio de escuela, o de discurso propiamente dicho. Pero los escritores actuales de artes oratorias, a quienes tú has escuchado, son unos perfectos pillos, y a pesar de que conocen perfectamente lo que atañe al alma, lo disimulan. Por tanto, hasta que no hablen y escriban de ese modo, no les creamos que escriben con arte.

FEDRO. ¿Qué modo es ese?

SÓCRATES.—Decir las palabras precisas no es fácil.

Pero cómo se debe escribir, si ha de quedar el escrito en lo que es posible a la altura del arte, eso sí que estoy dispuesto a decirlo.

Fedro.—Habla, pues.

Sócrates.—Ya que la fuerza del discurso estriba en su hecho de ser un modo de seducir las almas, es necesario que quien vaya a ser orador conozca cuántas partes tiene el alma. Pues bien, son éstas tantas y cuántas, y tales y cuáles; y de ahí que unos individuos sean de esta manera, y los otros de esta otra. Y una vez clasificadas dichas partes de este modo, debe hacer lo propio con los discursos: hay en ellos tantas y cuantas especies, y cada uno es de tal y cuál naturaleza. Así que los hombres de tal condición son fáciles de convencer por tales discursos en virtud de tal causa para tales cosas, y difíciles los de tal otra por estas otras causas. Y una vez que tiene una noción suficiente de estas diferencias, al verlas después en la práctica y aplicadas a un caso concreto, ha de poderlas seguir con agudeza de espíritu, so pena de que no le valgan de nada los discursos que en su día escuchó cuando asistía a la escuela. Y cuando esté en situación de decir qué clase de hombre se convence y por qué clase de argumentos, y dándose cuenta de cuándo le tiene a su lado, sea capaz de indicarse a sí mismo que ese es el hombre, y que esa naturaleza que ahora tiene junto a sí de hecho es aquélla de la que en tal día se hablaba en la escuela, y a la que se debían aplicar estos razonamientos, y de este modo, a fin de conseguirla persuadir de estas cosas; en el momento, decimos, en que esté ya en posesión de todas estas cosas, y haya adquirido además el conocimiento de las ocasiones en las que se debe hablar o callar, y la facultad de reconocer la oportunidad o inoportunidad de las braquilogías, de los pasajes patéticos, de las exageraciones apasionadas, y de cuantos tipos hubiera aprendido de discursos; entonces precisamente, y no antes, es cuando ha llevado su arte a la plenitud de su belleza y perfección. Y si alguno se queda corto en estos requisitos, bien en sus discursos, en sus enseñanzas, o en sus escritos, y afirma que habla con arte, quien no le presta crédito se impone con su opinión. "En consecuencia, ¿qué decís?, oh Fedro, y tú Sócrates", dirá tal vez nuestro escritor, "¿os parece bien así, o se ha de aceptar otro modo cualquiera de definir el arte oratoria?"

FEDRO.—Tal vez es imposible, Sócrates, aceptar otro. Y aun así no parece ser empresa pequeña.

SÓCRATES.—Dices la verdad. Por eso ciertamente hay que revolver de arriba abajo todos los razonamientos para examinar si aparece por alguna parte un camino más fácil y corto que conduzca a este arte, a fin de no desviarse en vano por un largo y empinado camino, si es posible ir directamente por uno corto y llano. Por tanto, si puedes prestar alguna ayuda con lo que hayas oído decir a Lisias o a algún otro, intenta recordar sus palabras y dilas.

FEDRO.—Por probar, podría hacerlo; pero no estoy por el momento en situación de ello.

SÓCRATES.—¿Quieres entonces que te diga un aserto que he oído a algunos de los que se dedican a estas cuestiones?

FEDRO.—Por supuesto.

SÓCRATES.—En todo caso, Fedro, se dice que es justo también defender la causa del lobo.

FEDRO.—Entonces hazlo tú también así.

SÓCRATES.—Dicen en verdad esos hombres que no hace falta para nada ensalzar tanto estas cuestiones, ni subir tan arriba dando tan largo rodeo; porque es un hecho que quien se propone ser un orador cumplido no necesita en absoluto, según dijimos también al principio de esta discusión, el ocuparse de la verdad en relación con las cosas justas y buenas, ni en relación con los hombres que poseen estas cualidades por naturaleza o educación. Pues en los tribunales a nadie le interesa lo más mínimo la verdad sobre estas cuestiones, y sí, en cambio, lo que induce a persuasión. Y esto es lo verosímil, y a ello debe prestar atención quien vaya a hablar con arte. Pues ni aún se deben decir en ocasiones los hechos, en caso de que no hayan ocurrido de un modo natural, sino las probabilidades, y eso tanto en la acusación como en la defensa. Así que, cuando se habla, se ha de perseguir por todos conceptos lo verosímil, mandando mil veces a paseo la verdad, ya que es eso lo que, al mostrarse a través de todo el discurso, procura el arte en su totalidad.

FEDRO.—Has expuesto, Sócrates, precisamente lo que dicen quienes se las dan de ser expertos en el arte de la palabra. Y recuerdo que en lo anterior rozamos brevemente dicho asunto, que, por otra parte, les parece de grandísima importancia a los versados en estas cuestiones.

SÓCRATES.—Pues bien, a Tisias al menos le tienes trillado de arriba a abajo [71]. Que nos diga entonces Tisias, si a su decir lo verosímil es otra cosa que la opinión de la muchedumbre.

FEDRO.—¿Qué otra cosa iba a decir?

SÓCRATES.—De ahí, al parecer, que descubriera y compusiera aquello tan sabio y tan artificioso a la vez de que, si era llevado a juicio un hombre débil y valeroso por haber golpeado a uno fuerte y cobarde, y robado su manto u otra cosa, no debían decir

---

[71] El griego dice "pisado".

ninguno de los dos la verdad, sino afirmar el cobarde que no había sido golpeado sólo por el valiente, y el otro argüir que estaban los dos solos, y recurrir al célebre: "¿Cómo hubiera podido atacar yo, un hombre tan débil, a uno tan fuerte?". Este a su vez no reconocerá su propia cobardía, sino que, tratando de inventar otra mentira, pondrá tal vez en manos de su adversario un modo de refutarle. Y en lo demás son también de esta índole o poco menos las cosas que se dicen con arreglo al arte. ¿No es verdad, Fedro?

FEDRO.—En efecto.

SÓCRATES.—¡Ay!, es el descubrimiento de un arte oculto lo que parece haber hecho sagazmente Tisias, o quien sea su verdadero descubridor, y el nombre que le guste recibir [72]. Pero, oh compañero, ¿debemos o no decir a este hombre...?

FEDRO.—¿El qué?

SÓCRATES.—Esto: Oh Tisias, desde hace un rato, antes incluso de que tú comparecieras, venimos diciendo que esa noción de lo verosímil se produce en la mente del vulgo precisamente por la semejanza con la verdad. Y las semejanzas, acabamos de exponer, es siempre el conocedor de la verdad el que mejor las sabe encontrar. De manera que, si dices otra cosa sobre el arte de la palabra, te escucharemos, y si no, prestaremos crédito a eso que hace un momento exponíamos de que, a no ser que se enumeren las natu-

---

[72] Velada alusión a Córax, de quien Tisias era discípulo, como señala Hermias. La ironía del pasaje se pone de relieve al no mencionar por su nombre al orador *(Corax* es cuervo), y emplear el estilo ritual de las súplicas a los dioses (cf. *Cratilo* 400 E). Thompson saca a relucir el proverbio κακοῦ κόρακος κακὸν ᾠόν que pudiera acentuar la segunda intención del pasaje.

ralezas de los que van a componer el auditorio, y se tenga la capacidad tanto de dividir en especies las realidades, como de abarcarlas una por una en una sola idea, jamás se llegará a tener el dominio, en lo que esto es posible para un hombre, del arte oratoria. Y lo dicho nunca se podrá adquirir sin gran esfuerzo. Y no es el hablar y el negociar con los hombres aquello por lo que debe poner el hombre sensato ese esfuerzo, sino el poder decir cosas gratas a los dioses, y el obrar en todo, según sus fuerzas, del modo que les es grato. Pues, al decir de los más sabios que nosotros, Tisias, no debe ejercitarse el hombre con seso, salvo de un modo accesorio, en complacer a sus compañeros de esclavitud, sino en complacer a unos amos que son buenos y están hechos de buenos elementos. De manera que, si es largo el rodeo, no te admires. Pues son grandes las cosas por las que se debe dar, y no es como tú te figuras. Pero en verdad, según lo asegura nuestro argumento, se obtendrán también, si se desean obtener, de aquellas grandes cosas estas pequeñas en su mayor perfección.

FEDRO.—Muy bien dicho a mi entender, Sócrates, si es que hay alguien capaz de realizar lo expuesto.

SÓCRATES.—A quien intenta cosas bellas, bello le es también el padecer cualquier cosa que le acontezca padecer.

FEDRO.—En efecto.

SÓCRATES.—Así que, baste lo dicho sobre el arte y la falta de arte en los discursos.

FEDRO.—De acuerdo.

SÓCRATES.—En cambio, en lo relativo a la conveniencia o inconveniencia del escribir, queda por decir cómo, según la manera en que se haga, puede ser algo que esté bien o mal. ¿No es verdad?

FEDRO.—Sí.

Sócrates.—¿Y sabes de qué manera agradarás más a los dioses en esta cuestión de los discursos, tanto al hacerlos como al hablar de ellos?

Fedro.—En absoluto. ¿Y tú?

Sócrates.—Puedo al menos contarte una tradición que viene de los antiguos, pero lo que hay de verdad en ella sólo ellos lo saben. Con todo, si por nuestras propias fuerzas pudiéramos nosotros descubrirlo, ¿nos íbamos a preocupar ya más de lo que se figuran los hombres?

Fedro.—Ridícula pregunta. Ea, cuenta esa tradición que dices ha llegado a tus oídos.

Sócrates.—Pues bien, oí decir que vivió en Egipto en los alrededores de Naucratis uno de los antiguos dioses del país, aquél a quien le está consagrado el pájaro que llaman Ibis. Su nombre es Theuth[73] y fue el primero en descubrir no sólo el número y el cálculo, sino la geometría y la astronomía, el juego de damas y los dados, y también las letras. Reinaba entonces en todo Egipto Thamus que vivía en esa gran ciudad del alto país a la que llaman los griegos la Tebas egipcia, así como a Thamus le llaman Ammón. Theuth fue a verle y, mostrándole sus artes, le dijo que debían ser entregadas al resto de los egipcios. Preguntóle entonces Thamus cuáles eran las ventajas que tenía cada una y, según se las iba exponiendo aquél, reprobaba o alababa lo que en la exposición le parecía que estaba mal o bien. Muchas

---

[73] El mito, como el de las cigarras, parece ser una invención de Platón. Aceptamos más abajo la corrección de J. P. Postgate τὸν Θαμοῦν, en cuyo apoyo viene más adelante un lugar (274 C) a demostrar que Platón identifica a Thamus con Ammón. Menos convincente es la corrección de Scheidweiler (cf. *Hermes*, 1955, pp. 120-1), basada en un supuesto juego etimológico de Platón (Θαμοῦς=θεὸς Ἄμμων); cf. L. Gil, *Emerita* XXVI, 1958, 215-218.

fueron las observaciones que en uno y en otro sentido, según se cuenta, hizo Thamus a Theuth a propósito de cada arte, y sería muy largo el referirlas. Pero una vez que hubo llegado a la escritura, dijo Theuth: "Este conocimiento, oh rey, hará más sabios a los egipcios y aumentará su memoria. Pues se ha inventado como un remedio de la sabiduría y la memoria". Y aquél replicó: "Oh, Theuth, excelso inventor de artes, unos son capaces de dar el ser a los inventos del arte, y otros de discernir en qué medida son ventajosos o perjudiciales para quienes van a hacer uso de ellos. Y ahora tú, como padre que eres de las letras, dijiste por cariño a ellas el efecto contrario al que producen. Pues este invento dará origen en las almas de quienes lo aprendan al olvido, por descuido del cultivo de la memoria, ya que los hombres, por culpa de su confianza en la escritura, serán traídos al recuerdo desde fuera, por unos caracteres ajenos a ellos, no desde dentro, por su propio esfuerzo. Así que, no es un remedio para la memoria, sino para suscitar el recuerdo lo que es tu invento. Apariencia de sabiduría y no sabiduría verdadera procuras a tus discípulos. Pues habiendo oído hablar de muchas cosas sin instrucción, darán la impresión de conocer muchas cosas, a pesar de ser en su mayoría unos perfectos ignorantes; y serán fastidiosos de tratar, al haberse convertido, en vez de sabios, en hombres con la presunción de serlo."

FEDRO.—¡Ah, Sócrates!, se te da con facilidad el componer historias de Egipto o de cualquier otro país que te venga en gana.

SÓCRATES.—Los sacerdotes del templo de Zeus de Dodona, amigo mío, dijeron que las primeras palabras proféticas habían procedido de una encina. A los hombres de entonces, pues, como no eran sabios como vosotros los jóvenes, les bastaba en su simplicidad con oír a una encina o a una piedra, con tal de que dijesen la verdad. Pero a ti tal vez te importa quién es y de dónde es el que habla. Pues no atiendes únicamente a si las cosas son tal como las dice o de otra manera.

Fedro.—Con razón me reprendiste, y me parece que con respecto a la escritura ocurre lo que dice el Tebano.

Sócrates.—Así, pues, tanto el que deja escrito un manual, como el que lo recibe, en la idea de que de las letras derivará algo cierto y permanente, está probablemente lleno de gran ingenuidad y desconoce la profecía de Ammón, al creer que las palabras escritas son capaces de algo más que de hacer recordar a quien conoce el tema sobre el que versa lo escrito.

Fedro.—Muy exacto.

Sócrates.—Pues eso es, Fedro, lo terrible que tiene la escritura y que es en verdad igual a lo que ocurre con la pintura. En efecto, los productos de ésta se yerguen como si estuvieran vivos, pero si se les pregunta algo, se callan con gran solemnidad. Lo mismo les pasa a las palabras escritas. Se creería que hablan como si pensaran, pero si se les pregunta con el afán de informarse sobre algo de lo dicho, expresan tan sólo una cosa que siempre es la misma. Por otra parte, basta con que algo se haya escrito una sola vez, para que el escrito circule por todas partes lo mismo entre los entendidos que entre aquellos a los que no les concierne en absoluto, sin que sepa decir a quiénes les debe interesar y a quiénes no. Y cuando es maltratado, o reprobado injustamente, constantemente necesita de la ayuda de su padre, pues por sí solo no es capaz de defenderse ni de socorrerse a sí mismo.

FEDRO.—También esto que has dicho es muy exacto.

SÓCRATES.—Entonces, ¿qué? ¿Hemos de ver otro discurso hermano legítimo de éste, de qué modo nace, y cuánto mejor y más capacitado crece?

FEDRO.—¿Qué discurso es ese, y de qué manera dices que nace?

SÓCRATES.—Es aquél que unido al conocimiento se escribe en el alma del que aprende; aquél que por un lado sabe defenderse a sí mismo, y por otro hablar o callar ante quienes conviene.

FEDRO.—Te refieres al discurso que posee el hombre que sabe, a ese discurso vivo y animado, cuya imagen se podría decir con razón que es el escrito.

SÓCRATES.—Precisamente. Pero ahora respóndeme a esto. El agricultor sensato ¿sembraría acaso en serio durante el verano y en un jardín de Adonis [74] aquellas semillas por las que se preocupara y deseara que produjeran fruto, y se alegraría al ver que en ocho días se ponían hermosas? ¿O bien haría esto por juego o por mor de una fiesta, cuando lo hiciera, y en el caso de las simientes que le interesaran de verdad recurriría al arte de la agricultura, sembrándolas en el lugar conveniente, y contentándose con que llegaran a término cuantas había sembrado una vez transcurridos siete meses?

FEDRO.—Así haría, Sócrates, lo que hiciera con seriedad, y lo que no, de la manera opuesta, según dices.

SÓCRATES.—Y el que tiene el conocimiento de las cosas justas, bellas y buenas ¿hemos de decir que

---

[74] En las fiestas de Adonis se cultivaban en vasijas plantas que morían rápidamente, para simbolizar la muerte prematura del amante de Afrodita. La expresión Ἀδώνιδος κῆποι ha pasado a adquirir un valor proverbial (cf. Hesiquio, Diogeniano I, 14 y Gregorio de Chipre I, 7).

tiene menos seso con respecto a sus simientes que el agricultor?

FEDRO.—En absoluto.

SÓCRATES.—Luego lo que no hará seriamente será "el escribirlas en agua"[75], o lo que es igual, en tinta, sembrándolas por medio del cálamo con palabras que tan incapaces son de ayudarse a sí mismas de viva voz, como de enseñar la verdad en forma satisfactoria.

FEDRO.—No es, desde luego, probable.

SÓCRATES.—No lo es, en efecto. Por el contrario, los "jardines de las letras" los sembrará y escribirá, al parecer, por pura diversión, cuando los escriba, haciendo acopio, por si llega al "olvido que acarrea la vejez"[76], de recordatorios para sí mismo y para todo aquel que haya seguido sus mismos pasos; y se alegrará viéndolos madurar. Y cuando los demás se entreguen a otras diversiones, recreándose con festines y cuantos entretenimientos hay hermanos de éstos, entonces él, según es de esperar, preferirá a estos placeres pasar el tiempo divirtiéndose con las cosas que digo.

FEDRO.—Hermosísimo entretenimiento frente a uno vil ese que mencionas, Sócrates, del hombre capaz de jugar con los discursos, componiendo historias sobre la justicia y las demás cosas que dices.

SÓCRATES.—En efecto, amigo Fedro, así es. Pero mucho más bello, creo yo, es el ocuparse de ellas en serio, cuando, haciendo uso del arte dialéctica, y una

---

[75] Dicho proverbial ἐπὶ τῶν μάτην πονούντων que transmiten en la forma καθ' ὕδατος γράφεις Diogeniano II, 59 y la *Suda*.

[76] Literalmente "la vejez del olvido". La construcción, un tanto extraña, nos hace pensar que haya aquí una reminiscencia poética.

vez que se ha cogido un alma adecuada, se plantan y se siembran en ella discursos unidos al conocimiento; discursos capaces de defenderse a sí mismos y a su sembrador, que no son estériles, sino que tienen una simiente de la que en otros caracteres germinan otros discursos capaces de transmitir siempre esa semilla de un modo inmortal, haciendo feliz a su poseedor en el más alto grado que le es posible al hombre.

FEDRO.—Mucho más bello aún es esto que dices.

SÓCRATES.—Ahora ya, Fedro, una vez de acuerdo en esto, podemos juzgar aquéllo.

FEDRO.—¿El qué?

SÓCRATES.—Lo que queríamos ver y nos ha conducido a esto, a saber, el hacer un examen del reproche que se le hacía a Lisias por el hecho de escribir discursos, y otro, relativo a los discursos en sí, de los que se escribían con arte o sin arte. Ahora bien, lo que está de acuerdo con el arte, y lo que no, queda aclarado, me parece a mí, en su debida medida.

FEDRO.—Así ciertamente nos pareció. Pero recuérdame otra vez cómo.

SÓCRATES.—Hasta que no se conozca la verdad de todas y cada una de las cosas sobre las que se habla o se escribe; se tenga la capacidad de definir la cosa en cuanto tal en su totalidad; se sepa, después de definirla, dividirla en especies hasta llegar a lo invisible; se haya llegado de la misma manera a un discernimiento de la naturaleza del alma; se descubra la especie de discurso apropiada a cada naturaleza; se componga y se adorne según ello el discurso, aplicando discursos abigarrados y en todos los tonos al alma abigarrada, y simples a la simple; hasta ese momento, será imposible que el género oratorio sea tratado, en la medida que lo permite su naturaleza, con arte, tanto en su aplicación a la enseñanza, como en su aplicación a la persuasión, según nos lo ha indicado toda la discusión anterior.

FEDRO.—Efectivamente, así se puso de manifiesto.

SÓCRATES.—¿Y qué me dices sobre el que sea bello o vergonzoso el pronunciar o el escribir discursos, y la manera en que debe hacerse para que pueda ser o no calificado en justicia de oprobioso? ¿Es que no ha puesto en claro lo dicho un poco antes...?

FEDRO.—¿El qué?

SÓCRATES.—Que si Lisias u otro cualquiera ha escrito alguna vez o escribe en el futuro, como particular, o como hombre investido de poderes públicos que, al promulgar leyes, escribe una obra política, y considera que en ella hay una gran firmeza y certidumbre[77], en este supuesto hay ciertamente motivo de reprobación para el escritor, se diga o no. Pues el ser un ignorante, día y noche, en lo que atañe tanto a lo justo y lo injusto, como a lo malo y lo bueno no se substrae en verdad al hecho de ser reprobable, aun cuando toda la gente lo alabase.

FEDRO.—No se substrae, en efecto.

SÓCRATES.—En cambio, quien considera que en los discursos escritos sobre cualquier materia hay necesariamente gran parte de juego, y que jamás discurso alguno con verso o sin verso valió mucho la pena de ser escrito, o de ser pronunciado, a la manera que se pronuncian los de las rapsodias, sin previo examen ni doctrina y por el mero objeto de persuadir, quien cree que los mejores de ellos no son más que una manera de hacer recordar a los conocedores de la materia, y que son los que se dan como enseñanza, se pronuncian con el objeto de instruir, se escriben real-

---

[77] Mras (*WS*, 1914, p. 516, n. 2) estima que tal vez haya aquí una alusión a la *República* como en 276 D al *Banquete*.

mente en el alma, y versan sobre lo justo, lo bello y lo bueno los únicos en los que hay certeza, perfección e interés que valga la pena; quien piensa que tales discursos deben llamarse, por decirlo así, hijos legítimos suyos: primero el que tiene en sí mismo, en el supuesto de que esté en él por haberlo él mismo descubierto, y luego cuantos descendientes de éste y hermanos a la vez se producen en las almas de otros hombres según su valía; quien mande a paseo los demás discursos; ese hombre, Fedro, el hombre que reúne esas condiciones, es muy probable que sea tal como tú y yo, en nuestras plegarias, pediríamos llegar a ser.

FEDRO.—Por supuesto, lo que dices es enteramente lo que yo quiero y pido ser.

SÓCRATES.—Pues bien, cese aquí ya en su justo límite nuestro entretenimiento con los discursos. Y tú llégate a Lisias y hazle saber que, habiendo descendido ambos al arroyo de las Ninfas y a su santuario, oímos unas palabras que nos encomendaron transmitir un mensaje, tanto a Lisias y a todo aquel que componga discursos, como a Homero y a cuantos hayan compuesto poesía sin acompañamiento musical o para ser cantada, y en tercer lugar a Solón y a cualquier otro que, ocupado en la oratoria política, haya escrito obras denominándolas leyes. Helo aquí: si alguno de ellos compuso sus obras sabiendo cómo es la verdad, puede socorrerlas sometiéndose a prueba sobre lo que ha escrito, y con sus palabras es capaz de dejar empequeñecidos los productos de su pluma, no debe recibir en tal caso su nombre del género de sus escritos, sino de aquellas otras cosas en las que puso su más elevado empeño.

FEDRO.—¿Qué nombres le atribuyes entonces?

SÓCRATES.—El llamarle sabio, Fedro, me parece algo excesivo y que tan sólo a la divinidad corresponde.

En cambio, el llamarle amante de la sabiduría[78] o algo semejante le estaría más en consonancia y mejor acomodado.

FEDRO.—Y no sería en modo alguno impropio.

SÓCRATES.—A la inversa, al que tiene cosas de mayor valor que las que compuso o escribió, revolviéndolas tiempo y tiempo de arriba abajo, pegando unas con otras o amputándolas, ¿no le llamarás tal vez con justicia poeta, compositor de discursos o escritor de leyes?

FEDRO.—Desde luego.

SÓCRATES.—Pues dile eso a tu amigo.

FEDRO.—¿Y tú qué? ¿Cómo harás? Que tampoco hay que pasar por alto a tu compañero.

SÓCRATES.—¿A cuál te refieres?

FEDRO.—A Isócrates el bello. ¿Qué le comunicarás, Sócrates? ¿Qué vamos a decir que es?

SÓCRATES.—Todavía es joven Isócrates, Fedro. Pero lo que le vaticino estoy dispuesto a decirlo.

FEDRO.—¿El qué?

SÓCRATES.—Me parece que por naturaleza no admite comparación con los discursos de Lisias, y que además en su carácter tiene la mezcla de mejores elementos. De manera que no sería nada extraño que, al avanzar su edad, en ese tipo de discursos que ahora intenta sobrepasara a todos los que anteriormente escribieron más que si fueran niños; y mucho más aún, si no le contentaran estos discursos, y a cosas mayores le condujese un impulso más divino. Pues por natural disposición, amigo mío, hay en la mente de este hombre cierta filosofía. Esto es, pues, lo que yo de parte de estas divinidades comunicaré a Isócrates, como a mi

---

[78] El término filósofo está empleado aquí en su sentido etimológico.

amado, y eso otro lo que tú comunicarás a Lisias, como el tuyo.

FEDRO.—Así lo haré. Pero marchémonos, puesto que se ha mitigado el calor.

SÓCRATES.—¿Y no conviene antes de marcharse elevar una plegaria a estas divinidades?

FEDRO.—Desde luego.

SÓCRATES.—Oh, Pan querido, y demás dioses de este lugar, concededme el ser bello en mi interior. Y que cuanto tengo al exterior sea amigo de lo que hay dentro de mí. Ojalá considere rico al sabio, y sea el total de mi dinero lo que nadie sino el hombre moderado puede llevarse consigo o transportar. ¿Necesitamos pedir algo más, Fedro? A mí lo que he suplicado me basta.

FEDRO.—Suplícalo también para mí, puesto que son comunes las cosas de los amigos [79].

SÓCRATES.—Vámonos.

---

[79] Según nos informa el Escoliasta a este lugar el dicho es un proverbio pitagórico.

CONTENIDO

EL BANQUETE
Presentación   5
Texto de *El Banquete* 25

FEDON
Presentación 115
Texto del *Fedón* 137

FEDRO
Presentación 247
Texto de *Fedro* 277